KARIN GRAF

Die Behandlung von Verbraucherbeschwerden in Unternehmen

Beiträge zur Verhaltensforschung

Herausgegeben von

Prof. Dr. Meinolf Dierkes, Berlin
Prof. Dr. Gerhard Scherhorn, Hohenheim
Prof. Dr. Burkhard Strümpel †, Berlin

Heft 28

Die Behandlung von Verbraucherbeschwerden in Unternehmen

Von

Dr. Karin Graf

Duncker & Humblot · Berlin

CIP-Titelaufnahme der Deutschen Bibliothek

Graf, Karin:
Die Behandlung von Verbraucherbeschwerden in Unternehmen / von Karin Graf. – Berlin: Duncker und Humblot, 1990
(Beiträge zur Verhaltensforschung; H. 28)
Zugl.: Hohenheim, Univ., Diss., 1989
ISBN 3-428-07019-4
NE: GT

Fotoprint: Werner Hildebrand, Berlin 65
Printed in Germany

ISSN 0522-7194
ISBN 3-428-07019-4

Inhaltsverzeichnis

Tabellenverzeichnis

Abbildungsverzeichnis

Abkürzungsverzeichnis

Abb.	Abbildung
AGB	Allgemeine Geschäftsbedingungen
AGB-Gesetz	Gesetz zur Regelung der Allgemeinen Geschäftsbedingungen
Abt.	Abteilung
Anm.	Anmerkung
Aufl.	Auflage
Bd.	Band
BRD	Bundesrepublik Deutschland
bzgl.	bezüglich
bzw.	beziehungsweise
d.h.	das heißt
d.V.	die Verfasserin
ed(s).	editor(s)
EG	Europäische Gemeinschaft
etc.	et cetera
f.	folgende (Seite)
ff.	folgende (Seiten)
GFP	Geschäftsführungsprogramme
H.	Heft
Hg.	Herausgeber
HEA	Hauptberatungsstelle für Elektrizitätsanwendung e.V.
i.d.R.	in der Regel
i.e.S./ i.w.S.	im engeren Sinne/ im weiteren Sinne
incl.	inclusive
Jg.	Jahrgang
Kap.	Kapitel
No.	number
Nr.	Nummer
o.a.	oben aufgeführte
o.g.	oben genannte
o.V.	ohne Verfasser
pp.	pages
PR	public relations
S.	Seite
$SPSS^x$	Statistical Package for the Social Sciences (x= extended)
Tab.	Tabelle
TARP	Technical Assistance Research Programs Inc.
u.a.	unter anderem bzw. und andere(s)
u.ä.	und ähnliches
u.a.m.	und andere(s) mehr
u.E.	unseres Erachtens
USA	United States of America
usw.	und so weiter
u.U.	unter Umständen
v.a.	vor allem
VA	Verbraucherabteilung
vgl.	vergleiche
Vol.	Volume

WiSt	Wirtschaftswissenschaftliches Studium, Zeitschrift für Ausbildung und Hochschulkontakt
z.B.	zum Beispiel
zit.	zitiert
z.T.	zum Teil

Vorwort

Wenn Unternehmen die Probleme und Beschwerden von Verbrauchern entgegenkommend behandeln, dient dies nicht nur den Verbrauchern. Es dient auch den Unternehmen selbst, und zugleich fördert es die Funktionsfähigkeit des Marktes. Denn diese beruht auf der Abwanderung und dem Widerspruch der Nachfrager: Durch Abwanderung finden sie den besseren Anbieter, durch Widerspruch steigern sie seine Leistungsfähigkeit.

Die Abwanderung ist – und bleibt – die Grundlage des Wettbewerbs. Doch die Nachfrager artikulieren ihren Bedarf nicht nur dadurch, daß sie von einem Anbieter abwandern, sobald ein anderer eine bessere Marktleistung bietet. Sie sind Experten sowohl in der Beurteilung ihres eigenen Bedarfs als auch in der subjektiven Bewertung des gelieferten Produkts. Das gilt zwar nicht ohne Einschränkungen, doch allemal soweit, daß Anbieter, die dieses Expertenwissen nutzen, auf dem Markt im Vorteil sind.

Es ist aber für Unternehmen, zumal auf Konsumgütermärkten, gar nicht so einfach, die Nachfrager als "Experten in eigener Sache" ernstzunehmen. Denn dazu müßten sie den Widerspruch der Nachfrager nicht nur zulassen und anhören, sondern sogar erleichtern. Es ist zwar schon heute recht gut belegt, daß dies dem Interesse auch des Unternehmens weit besser dient als das Abwimmeln aller irgend abweisbaren Beschwerden. Aber paternalistische Einstellung und hierarchische Struktur bewirken in vielen Unternehmen noch immer, daß Beschwerden tendenziell als Nörgelei abgetan und damit als Strategieansatzpunkt gar nicht wahrgenommen werden.

Dieser in der Praxis verbreiteten Haltung steht in der Wissenschaft mittlerweile eine Fülle von Überlegungen und Untersuchungen gegenüber (S. 31–51). Danach läßt sich Unzufriedenheit von Verbrauchern größtenteils auf Enttäuschungen in der Vorkauf-, Kauf- oder Nachkaufphase zurückführen. Solche Enttäuschungen gibt es bei einem relativ großen Teil der Käufe als auch der Konsumenten. Nur eine Minderheit neigt dazu, sich zu artikulieren, wenn möglich mit einer Beschwerde, andernfalls mit negativer Mundpropaganda. Denn die Beschwerdeneigung ist kein Zeichen von Querulanz, sondern von aktivem Interesse. Sie hängt deshalb im wesentlichen davon ab, wie sehr das Einlegen von Beschwerden erleichtert oder erschwert wird und welche Erfahrungen die Verbraucher damit gemacht haben.

Ein effizientes Beschwerdemanagement im Unternehmen (S. 53 – 66) kann auf zwei unterschiedliche Zielsetzungen gerichtet sein, auf das Interesse an der Nutzung von Verbraucherbeschwerden einerseits und auf das Interesse an einem kooperativen und dialogischen Verhältnis zum Verbraucher andererseits. Daß die beiden Zielsetzungen miteinander nicht unverträglich sind, kommt in der Konzeption der Verbraucherabteilung (Consumer Affairs Department) zum Ausdruck, die ein partnerschaftliches Verhältnis des Unternehmens zum Konsumenten begründen kann, wenn sie in bezug auf inhaltliche Zuständigkeit, hierarchische Eingliederung, formelle Einflußrechte und Sachkompetenz bestimmten Mindestanforderungen genügt.

Um empirisch zu ermitteln, wieweit derartige Vorstellungen in westdeutschen Unternehmungen Fuß gefaßt haben, hat Frau Graf 125 Unternehmungen der Konsumgüterindustrie, des Handels und des Dienstleistungsbereichs untersucht. Sie ging dabei von sechs Annahmen aus (S. 68 – 72), die die Befragung und die Auswertung geleitet haben. Die Untersuchung bestand aus einer telefonisch vorbereiteten und begleiteten schriftlichen Befragung mit einer Rükklaufquote von 63%, sowie aus zusätzlichen persönlichen Interviews in 10 von den befragten 125 Unternehmen. Die Kombination von schriftlichen und persönlichen Befragungen hat sich als für die Arbeit sehr fruchtbar erwiesen, erlaubt sie es der Verfasserin doch, die zahlenmäßige Darstellung der Ergebnisse der postalischen Umfrage durch anschauliche Beispiele zu unterstützen, die aus den Einzelinterviews gewonnen wurden.

Insgesamt zeigt die Untersuchung, daß die Unternehmen dem Beschwerdemanagement im Prinzip aufgeschlossen gegenüberstehen, aber seine Möglichkeiten noch relativ wenig nutzen (S. 83 – 115). Beschwerdebearbeitung und Informationsgewinnung sind nur selten in einer selbständigen Instanz zentralisiert. Das Arsenal der Kommunikationserleichterungen für Verbraucher wird noch wenig genutzt. Eingehende Beschwerden werden vorwiegend unter Marketing-Gesichtspunkten verwertet. Das führt zwar zu Kontroll- und Verbesserungsmaßnahmen im Produkt- und Servicebereich, aber zum einen bleiben diese meist auf die Ebene der gerade betroffenen Fachabteilungen beschränkt, zum anderen gehen die gezogenen Konsequenzen nicht über die reaktive Anpassung von Produkt und Service hinaus. Auch die interne Verrechnung der Kosten der Beschwerdebearbeitung wird vielfach noch nicht strategisch genutzt. So gibt nur etwa ein Drittel der Unternehmen mit zentraler Beschwerdebearbeitung an, daß mit den Kosten einer Beschwerde diejenige Abteilung belastet wird, in deren Zuständigkeitsbereich der betriebsinterne Anlaß für die Beschwerde liegt (S. 116 f.).

Das letzte Argument freilich läßt sich umkehren: Schon heute belasten ein Drittel der Unternehmen mit zentraler – und darüberhinaus auch zahlreiche Unternehmen mit dezentraler – Beschwerdebearbeitung die Beschwerdekosten den Abteilungen, die sich den Anlaß der Beschwerde zurechnen lassen müssen. In der "verursachergerechten" Zurechnung der Beschwerdekosten aber dürfte die Keimzelle zu sehen sein, aus der sich ein "verbrauchergerechtes" Beschwerdemanagement entwickeln läßt. Denn bei der Beschwerdebearbeitung wiegt – richtig gerechnet – der damit erreichbare Nutzen die Kosten bei weitem auf (S. 162). Das gilt in verstärktem Maße, wenn die Zurechnung der Kosten strategisch eingesetzt wird, um die Beschwerdeanlässe zu mindern. Von da ist es nur noch ein Schritt zur "verbraucherorientierten Rechnungslegung", in der der Erfolgsbeitrag der Beschwerdeabteilung an der Erreichung konkret definierter Kommunikationsaufgaben gemessen wird.

Die Chancen des Beschwerdemanagements werden ja erst dann wirklich genutzt, wenn dieses nicht nur zur fallweisen Bearbeitung individueller Beschwerden und zur Gewinnung von Informationen über umsatzschädigende Funktionsmängel bei einzelnen Produkten oder Serviceleistungen eingesetzt wird, sondern darüberhinausgehende Aufgaben erhält. Welches diese Aufgaben sein können, wird aus der Aufbereitung der zehn Fallbeschreibungen besonders deutlich, die die Autorin auf den Seiten 122 bis 151 darstellt. Gerade weil die Studie bei den Unternehmen zwar große Aufgeschlossenheit, aber auch manche Verbesserungsmöglichkeit ans Licht bringt, sind die anschaulichen Fallbeschreibungen von großem Interesse, können sie doch über die wissenschaftliche Verwertung hinaus auch der unternehmerischen Praxis Anregungen für die konkrete Gestaltung des Beschwerdemanagments geben.

Gerhard Scherhorn

A. Kundennähe – noch immer ein Fernziel

"Der wichtigste heute vernachlässigte Managementgrundsatz ist wohl die Nähe zum Kunden, seine Bedürfnisse zu erfüllen und seinen Wünschen zuvorzukommen. Für allzu viele Unternehmen ist der Kunde zum lästigen Störenfried geworden: sein unberechenbares Verhalten wirft wohldurchdachte strategische Pläne über den Haufen, seine Handlungen bringen die EDV durcheinander und obendrein besteht er auch noch hartnäckig darauf, gekaufte Produkte müßten funktionieren."

Lee Young, Chefredakteur der Business Week

Mit diesem Zitat eröffnen *Peters* und *Waterman* (1984, S. 189) – zwei sicherlich vertrauenswürdige Zeugen – das Plädoyer für "Nähe zum Kunden", das in ihrem weltbekannten Lehrbuch für Manager ein zentrales Kapitel füllt. Es klingt paradox, daß in einer Wirtschaft, die jahrzehntelang von kaum einer ökonomischen Disziplin so stark geprägt worden ist wie von der Marketingwissenschaft, die Kundennähe noch immer ein Problem sein soll.

In der Theorie ist sie es nicht. In Marketingdefinitionen kommt immer wieder die Forderung zum Ausdruck, *sämtliche* unternehmerische Aktivitäten müßten "ihre Ursache in den Bedürfnissen, Wünschen und Problemen der Abnehmer haben und daher in ihrer Wirkung auf die Befriedigung dieser Bedürfnisse, Wünsche und Probleme ausgerichtet werden" (Albrecht, 1971, S. 20). Doch der Verwirklichung dieses Prinzips steht in der Praxis das Bestreben entgegen, die Bedürfnisse der Konsumenten im Sinne der eigenen Unternehmensziele zu steuern. Eine Unternehmenspolitik der "geplanten Nachfrage" aber ist anfällig gegenüber nicht einkalkulierten Faktoren im Konsumentenverhalten und muß dieses als störend empfinden.

So ist es auch heute noch nötig, Managern in Erinnerung zu rufen, daß der Markterfolg in einer Wettbewerbswirtschaft von der Kundennähe abhängt: "Erfolgreiche Unternehmen schenken dem Markt mehr Aufmerksamkeit als erfolglose. Erfolgreich innovierende Unternehmen reagieren mit Innovationen auf Marktbedürfnisse, beziehen potentielle Benutzer in die Innovationstätigkeit ein und verstehen die Benutzerbedürfnisse besser" (Peters/Waterman, 1984, S. 232).

Das Prinzip der "Kundennähe" als ein Kriterium für den Erfolg eines Unternehmens beruht auf dem Gedanken eines gut funktionierenden Dialogs zwischen Anbietern und Nachfragern:

Mit einem offenen Ohr für den Kunden sollen Einstellungs- und Verhaltensänderungen auf Konsumentenseite frühzeitig erkannt werden, so daß sie sich weniger "zerstörend" auf die unternehmerische Planung auswirken. Denn einerseits lassen sich durch die Kommunikation mit dem Konsumenten zusätzliche Informationen gewinnen, die zur Reduzierung des Marktrisikos – der Unsicherheit über die absetzbaren Leistungen – beitragen. Andererseits geben sie den Unternehmen noch rechtzeitig die Chance, auf die sich ändernden Bedingungen zu reagieren. Zudem werden dialogische Kommunikationsformen als geeignet angesehen, "eine akquisatorische Abhebung von der Konkurrenz zu erleichtern" (Raabe, 1985, S. 57).

Hinter dieser Vorstellung steht die Erkenntnis, daß die Befriedigung ihrer Wünsche die Verbraucher nicht zufriedener gemacht hat. In den USA beispielsweise stiegen zwischen 1946 und 1970 die Pro-Kopf-Einkommen im Durchschnitt um 62 Prozent, wogegen in mehrfach wiederholten Bevölkerungsumfragen "der Anteil der Menschen, die sich als sehr zufrieden, ziemlich zufrieden und nicht zufrieden bezeichnen, sich fast überhaupt nicht verändert hat. Demnach stehen wir uns wirtschaftlich zwar immer besser, aber wir sind deswegen offenbar nicht glücklicher" (Scitovsky, 1977, S. 18).

Die Verbraucher sind heute nicht zufriedener, wohl aber anspruchsvoller und kritischer. Dazu tragen der gestiegene Wohlstand und das gehobene Qualitätsniveau der Produkte bei, aber auch deren größere Komplexität, das erwachte Umweltbewußtsein, die Sättigung vieler Märkte und das ungebrochene Tempo des wirtschaftlichen Wandels. Es ist schwieriger geworden, die Bedürfnisse der Verbraucher zu kennen und ihre Reaktionen vorauszusehen, wenn man sich allein auf eine Marktforschung verläßt, die für gegebene Marketingkonzepte die geeigneten Marketingmaßnahmen sucht ("conceptualisation-to-data"). Sie muß durch Informationen nach dem Prinzip "data-to-conceptualisation" ergänzt werden, durch die Sammlung spontaner Basisinformationen also, die zur Bildung neuer Marketingkonzeptionen führen (Fornell, 1979).

Ein hohes Aktivitätspotential zur Abgabe von Information ist bei Endverbrauchern vor allem bei fehlgeschlagenem Konsum und der damit verbundenen persönlichen Betroffenheit gegeben. Nach empirischen Erhebungen werden über 50% aller von Konsumproblemen betroffenen Verbraucher gegenüber dem Anbieter persönlich, schriftlich oder telefonisch aktiv (Reifner, 1986, S. 274). Das Aktivitätspotential reicht, wie eine Berliner Erhebung ergeben hat, sogar noch über die tatsächlichen Aktivitäten hinaus, denn ein großer Teil der "apathischen" Verbraucher will beim nächsten Mal weit mehr unternehmen, um sein Problem zu lösen (Reifner et al., 1980). Sucht ein Unternehmen also nach Informationen, die vom Konsumenten direkt kommen, so eignen sich als Ansatzpunkt insbesondere Beschwerden und die damit geäußerten Probleme, die im Konsumprozeß entstehen. Beschwerden gehören zu den alltäglichen Erscheinungen in einem Unternehmen und können u.U. Anregungen für Verbesserungen geben. Gleichzeitig eröffnen sie aber auch die Möglichkeit, negativen Kundenreaktionen (z.B. Markenwechsel) vorzubeugen und einen verärgerten Kunden wieder zufriedenzustellen.

In der Bundesrepublik Deutschland ist diese Erkenntnis u.a. in den Arbeiten von *Bruhn* (1982) [1] und *Riemer* (1986) [2] aufgegriffen worden. So stellt beispielsweise *Riemer* umfassend dar, wie sich Beschwerden und die in Beschwerden enthaltenen Informationen für strategische Marketingziele verwerten lassen und welche Gestaltungsaspekte bei der Durchführung eines effektiven Beschwerdemanagements zu beachten sind. Unter "Beschwerdemanagement" versteht er "ein System von Handlungsweisen, Strukturen und Mitteln für den Umgang mit Beschwerden unter der Zielsetzung, diese für das Marketing zu nutzen" (Riemer, 1986, S. 28).

Auch aus den USA liegen verschiedene Studien vor, die sich mit Maßnahmen auseinandersetzen, die Unternehmen im Umgang mit der (artikulierten) Verbraucherunzufriedenheit ergreifen [3].

Von Verbraucherseite werden diese "kundenorientierten" Entwicklungen im Marketingbereich unterschiedlich beurteilt. Die Meinungen differieren zwischen kritischer Beargwöhnung und Befürwortung. Von den Kritikern wird befürchtet, daß für den Verbraucher keine echten Chancen für eine partnerschaftliche Interessendurchsetzung bestehen, solange die Berücksichtigung von verbraucherinitiierter Kritik für die Unternehmen unverbindlich ist und vor allem unter dem Aspekt der Profitabilität vonstatten gehen soll (Hansen/Stauss, 1979, S. 490).

Denn der Nutzen eines Beschwerdemanagements ist für Konsumenten und Unternehmen nicht unbedingt gleichgerichtet: Gerade dann, wenn die Beachtung von Verbraucheräußerungen für die Unternehmen besonders vorteilhaft (und wirtschaftlich) ist – beispielsweise auf stagnierenden, wettbewerbsintensiven Märkten – ist der Widerspruch für den Verbraucher angesichts der Abwanderungs- und Protestmöglichkeiten nicht unbedingt erforderlich. Umgekehrt erscheint ein Beschwerdemanagement für die Anbieter gerade dort nicht notwendig, wo es für den Verbraucher besonders wichtig wäre – beispielsweise bei monopolistischer oder

---

[1] Bruhn, Manfred (1982): Konsumentenunzufriedenheit und Beschwerden.

[2] Riemer, Martin (1986): Beschwerdemanagement.

[3] vgl. z.B. Fornell, Claes (1976): Consumer input for marketing decisions; TARP (1979): Consumer Complaint Handling in America: Final Report.

monopolähnlicher Marktstruktur, in der die Verbraucher keine Chance zur Abwanderung haben; wenn die Konsumenten nicht wissen, wohin sie sich andersweitig mit ihren Beschwerden wenden können; oder wenn Abwanderungen für Unternehmen nicht gravierend erscheinen, da sie auf Wiederholungskäufe nicht angewiesen sind (Hansen/Stauss, 1979, S. 491).

Gegen diese Befürchtungen steht die Hypothese, daß zwar zunächst mit einer Strategie der verstärkten Konsumentenorientierung lediglich positive Absatzwirkungen erzielt werden sollen, daß aber nur dann in vollem Umfang die Chancen der konsumenteninitiierten Kommunikation genutzt werden können, wenn es dem Unternehmen *insgesamt* um eine Verbesserung im Verhältnis zum Verbraucher geht. *Scherhorn* beschreibt den Prozeß folgendermaßen: "Bei manchen jener Unternehmen, die heute schon ein verbraucherfreundliches Beschwerdemanagement praktizieren, stehen Marketingüberlegungen noch im Vordergrund. Schließlich machen sie die Erfahrung, daß ihnen diese Strategie einen Vorsprung vor Konkurrenten verschafft. Aber je besser sie die neue Aufgabe erfüllen, desto deutlicher zeigt sich, daß es auch ihnen selbst um ein anderes Verhältnis zum Konsumenten geht" (Scherhorn, 1987, S. 46).

Sowohl die eine als auch die andere Argumentation läßt sich so lange aufrechterhalten, als es noch an empirischen Untersuchungen darüber mangelt, inwieweit ein praktiziertes Beschwerdemanagement tatsächlich auch zu Verbesserungen für den Verbraucher führt.

In der BRD liegen derzeit keine Untersuchungen dazu vor. Auch die vorliegende Arbeit kann nur ein erster Schritt sein, um diese Frage zu klären. Es soll untersucht werden, wie weit das Thema "Verbraucherbeschwerden" für die Unternehmen überhaupt von Bedeutung ist, ob bereits bestimmte Strategien eines Beschwerdemanagements verfolgt werden und welche Ziele ihnen zugrunde liegen. Dazu wurde eine empirische Studie durchgeführt, an der sich 125 Unternehmen der Konsumgüterindustrie, des Handels und der Dienstleistungsbranche beteiligten.

Die Ausgangsbasis der Untersuchung bildet eine Analyse der Kommunikations- und Informationsbeziehungen zwischen Verbrauchern und Unternehmen. Dieser Teil *(Kapitel B)* soll insbesondere die unzureichenden Möglichkeiten der Konsumenten aufzeigen, ihre Wünsche und Probleme gegenüber den Unternehmen zu artikulieren und durchzusetzen. Unzureichende Kommunikationsmöglichkeiten für den Verbraucher führen zu einer mangelhaften Berücksichtigung seiner Interessen in unternehmerischen Entscheidungen. Sie können aber auch bei Unternehmen nachteilige Konsequenzen bewirken, die sich möglicherweise nicht allein auf den Verlust eines einzelnen Kunden beschränken, wenn das Unternehmen dessen Probleme nicht wahrnehmen kann oder will. Eine unzureichende Information von seiten der Konsumenten kann auch in einer Fehleinschätzung der Nachfrageentwicklung resultieren und damit zu Fehlinnovationen bzw. -investitionen führen. Und wie die Konsumerismusbewegung gezeigt hat, kann die Nichtberücksichtigung von Verbraucherforderungen, wie z.B. auf "ein Recht auf Anhörung", massive Verbraucherproteste hervorrufen, auf die die Unternehmung dann "unter Zwang" reagieren muß.

Verbraucherbeschwerden können als Indikator für Unzufriedenheit gewertet werden. *Kapitel C* zeigt die Bedingungen auf, unter denen es beim Verbraucher zu dem Gefühl der Unzufriedenheit kommen kann und mit welchen Reaktionen daraufhin zu rechnen ist. Diese Darstellung bildet die Grundlage für die Beantwortung der Frage, in welchem Umfang Beschwerden als Informations-Feedback über die (verletzten) Verbraucherinteressen zu beurteilen sind.

In *Kapitel D* beschäftigen wir uns mit den Reaktionsstrategien der Unternehmen auf Verbraucherbeschwerden. Dabei wird zunächst auf die Beobachtungen zurückgegriffen, die infolge der Konsumerismusbewegung bei Unternehmen gemacht werden konnten. Der Konsumerismus hat bei den Unternehmen unterschiedliche Verhaltensweisen hervorgerufen. Die meistdiskutierte Reaktion ist allerdings, die Forderungen des Konsumenten, insbesondere nach einem "Recht auf Gehör", in die Marketingstrategie zu integrieren. In diesem Zusammenhang ist auch das Konzept zu sehen, Verbraucherbeschwerden im Rahmen eines Beschwerdemanagements zu nutzen, oder Verbraucherabteilungen einzurichten, die u.a. die Kommunikation mit dem Verbraucher sicherstellen sollen. Hier wird zu diskutieren sein, inwieweit diese Bemühungen zu einer verbesserten Stellung des Konsumenten gegenüber dem Unternehmen beitragen können.

Kapitel E führt in unsere empirische Untersuchung ein. Mit dieser Untersuchung sollte festgestellt werden, ob in Unternehmen bereits Ansatzpunkte zu finden sind, Verbraucherbeschwerden mehr Beachtung zu schenken.

Die Darstellung der Untersuchungsergebnisse in *Kapitel F* soll dazu beitragen, einen Überblick über die gegenwärtigen Inhalte und Gestaltungsprinzipien der Beschwerdebearbeitung zu erhalten. Es ist zwar davon auszugehen, daß alle Unternehmen Beschwerden bearbeiten, nicht bekannt ist jedoch, in welchem Umfang sie diese auch als Instrument der Informationsgewinnung nutzen und in ihren Entscheidungen mitberücksichtigen. Im Mittelpunkt stehen daher Fragen nach den internen und externen Kommunikationsstrukturen in bezug auf Verbraucherbeschwerden und nach den organisatorischen Regelungen der Beschwerdebearbeitung und -analyse. Zusätzlich soll durch Fallbeispiele ein vertiefter Einblick in die Gestaltungsprinzipien und Hintergründe der Beschwerdebearbeitung in verschiedenen Unternehmen gewonnen werden.

Die Analyse der gegenwärtigen Beschwerdesituation in Unternehmen generiert zugleich die Frage, welche Faktoren auf die vorzufindenden Reaktionsstrategien der Unternehmen einwirken und unter welchen Bedingungen eine verstärkte Berücksichtigung von Verbraucherbeschwerden (i.e.S.) und von Verbraucherinteressen (i.w.S.) zu erwarten ist. Zu klären ist weiterhin, durch welche organisatorischen Regelungen der Beschwerdebearbeitung sich auch für den Verbraucher eine Verbesserung seiner Position erreichen läßt. Diesen spezifischen Problembereichen werden wir uns in *Kapitel G* zuwenden.

Im abschließenden Teil dieser Arbeit werden wir versuchen, aufbauend auf den Ergebnissen der theoretischen Diskussion und der empirischen Untersuchung, die Realisierungschancen für eine "erweiterte" Beschwerdebearbeitung abzuschätzen. Insgesamt ist diese Untersuchung als Denkanstoß für die weitere Diskussion über die Entwicklung und Verbesserung der Beziehungen zwischen Konsumenten und Unternehmen zu verstehen.

B. Die Aktualität verbesserter Kommunikationsbeziehungen zwischen Verbrauchern und Unternehmen – Hintergrund und Zusammenhänge

Um zu erklären, weshalb das Beschwerdeverhalten von Verbrauchern und die darauffolgende Reaktion der Unternehmen sowohl im Marketing als auch bei Verbrauchern und Verbraucherpolitikern auf wachsendes Interesse stößt, ist ein Blick auf das gegenwärtige Verhältnis zwischen Verbrauchern und Unternehmen notwendig.

I. Die Interessen der Verbraucher und Unternehmen: Konflikt oder Harmonie?

In marktwirtschaftlich orientierten Wirtschaftssystemen besteht zwischen Anbietern und Nachfragern privater Güter und Dienstleistungen im allgemeinen die soziale Beziehung des Tausches. Bedingt durch die gesellschaftliche Arbeitsteilung kommt dabei den Anbietern die Aufgabe zu, die Verbraucher mit Gütern zu versorgen, die diese wiederum zur unmittelbaren Befriedigung ihrer Bedürfnisse, bzw. der der Haushaltsmitglieder, verwenden.

Der Markt, auf dem sich dieser Austausch vollzieht, ist als "soziales Gebilde" bezeichnet worden, auf dem keine zentrale Führung exisitiert (Albert, 1964, S. 83 f.). Die Abstimmung der Produktion mit dem Bedarf oder den Wünschen der Nachfrager erfordert einen Koordinationsmechanismus, der einerseits gewährleistet, daß die Wünsche der Konsumenten an die Produzenten korrekt übermittelt werden und andererseits sicherstellt, daß sich die Produzenten entsprechend verhalten und das Gewünschte produzieren (Gahlen et al., 1978, S. 25).

Die Notwendigkeit eines solchen Informations- und Sanktionssystems ergibt sich u.a. aus den unterschiedlichen Interessenlagen der beiden Wirtschaftssubjekte und der Erscheinung, daß in einer arbeitsteiligen Wirtschaft die Verwirklichung der eigenen Interessen vom Verhalten und den Interessen der anderen abhängig ist.

Der Interessenbegriff ist sehr vielschichtig und über seine inhaltliche Begriffsbestimmung herrscht keine allgemein akzeptierte Übereinkunft (vgl.

Clemens, 1984; Hoffmann, 1982; Stinner, 1976). Doch kennzeichnen Definitionen wie etwa: beim Interesse "handelt es sich um dauerhafte, im Kern instinktive, aber durch langfristige emotionale Erlebnisse und Tätigkeiten angereicherte Antriebe, denen hinsichtlich der Gegenstände und Objekte Werterlebnisse entsprechen" (o.V., 1954, S. 705), oder: Interesse ist "die Tendenz in der persönlichen Geistes- und Willenshaltung, Gegebenheiten oder Zusammenhänge in der Umwelt zu achten, und zwar aufgrund der spezifischen Einstellungen und Erwartungen zu den Bedingungen und Zielsetzungen und Möglichkeiten des individuellen Daseins" (Hillmann, 1982, S. 350), daß Interessen durch die Umweltsituation und Erfahrungen mitgeprägt sind und sich bestimmten Zielen zuordnen lassen, "die mit einer direkten Bedürfnisbefriedigung oder als positiv bewerteten Situation verbunden werden" (Ehrensperger, 1985, S. 32). Es ist anzunehmen, daß Personen, die ähnliche Erfahrungen ge-macht haben, oder sich in ähnlichen Situationen befinden, auch ähnliche Interessen haben (Ehrensperger, 1985, S. 34).

Angenommene gemeinsame Interessen bilden die Grundlage gängiger Unterscheidungen und Bestimmungen gesellschaftlicher Gruppen und Klassen. Dementsprechend läßt sich die inhaltlichen Bestimmung der Begriffe "Verbraucher- und Anbieterinteresse" auch aus dem Rollenkonzept ableiten: Während sich das Interesse der Menschen in ihrer Rolle als *Verbraucher* bzw. *Konsumenten* auf befriedigendes Erleben in der Konsum- und Freizeitwelt und auf Versorgung mit den Individual- und Kollektivgütern richtet, die dieses Erleben ermöglichen, erleichtern und erhöhen, ist demgegenüber das Interesse der *Anbieter* auf die Sicherung und Steigerung ihrer individuellen wirtschaftlichen und sozialen Position, auf befriedigendes Erleben in der Arbeitswelt und auf den Bestand, die Bedeutung und die Macht der Organisation gerichtet, die ihnen diese Position und dieses Erleben gewährt (Scherhorn, 1975, S. 32).

Himmelmann (1976) hebt zwei Aspekte hervor, die zur Kennzeichnung der Interessenbeziehungen zwischen Verbrauchern und Anbietern von besonderer Relevanz sind: Die Sozialbezogenheit und die Nutzenorientierung der Interessen. "Zunächst bedeutet Interesse dabei sein, Anteil nehmen an anderen Menschen, an einem Geschehen oder an einer Sache; es ist Wesensmerkmal von Gesellschaft: Das Individuum richtet sein Interesse nach außen und ist andererseits mit einem Komplex von Interessen anderer konfrontiert" (Himmelmann, 1976, S. 113) und "im Streben nach Bedürfnisbefriedigung und Nutzenmaximierung ist Interesse zweckorientiert, kalkuliert und handlungsmotiviert" (Himmelmann, 1976, S. 114).

Produzenten und Konsumenten sind zur Verwirklichung ihrer Interessen aufeinander angewiesen. Ein jeder Marktteilnehmer ist aber auch in der Regel bestrebt, einen möglichst großen Anteil an Interaktionsvorteilen zu erhalten. Dabei bildet die Interessenlage und das Verhalten des Marktpartners jeweils die Rahmenbedingung für die Möglichkeit zur Durchsetzung der eigenen Interessen: "Die Marktinteressenten orientieren eben ihr Verhalten, als "Mittel", an eigenen typischen subjektiven wirtschaftlichen Interessen als "Zweck" und an den ebenfalls typischen Erwartungen, die sie vom voraussichtlichen Verhalten der anderen hegen, als "Bedingungen", jenen Zweck zu erreichen" (Weber, 1972, S. 15).

In der Nationalökonomie hat die "Erscheinung, daß Orientierung an der nackten eigenen und fremden Interessenlage Wirkungen hervorbringt, welche jenen gleichstehen, die durch Normierung – und zwar sehr oft vergeblich – zu erzwingen gesucht werden" (Weber, 1972, S. 15), zu der Annahme einer optimalen individuellen und kollektiven Bedürfnisbefriedigung durch die im Preismechanismus wirksame "invisible hand" (Adam Smith) geführt. Sie beruht auf dem Gedanken, "daß wer sein Handeln nicht an dem Interesse der anderen orientiert – mit diesem nicht "rechnet" –, deren Widerstand herausfordert oder einen von ihm nicht gewollten Erfolg hat und also Gefahr läuft, am eigenen Interesse Schaden zu nehmen" (Weber, 1972, S. 16). Was sich also im Detail als Gegeneinander individueller Interessen darstellt, erweist sich dieser Auffassung zufolge als harmonische Verfolgung des Gesamtinteresses. Läßt man den wirtschaftlichen Kräften möglichst großen Freiraum, so würde alles zum besten stehen und der Wohlstand der Bevölkerung wäre gesichert.

Zentrale Denkfiguren dieser Theorie sind der *Wettbewerb der Anbieter* und der *homo oeconomicus*. Das Bestreben des homo oeconomicus besteht allein darin, seinen Nutzen zu maximieren. Dies gilt sowohl für Produzenten als auch für Konsumenten. Nach dem Wirtschaftlichkeitsprinzip werden die Produzenten versuchen, ihre Ziele mit möglichst geringem Aufwand zu erreichen. Für die Verbraucher gilt, daß sie ein Angebot erst dann annehmen, wenn sie sich daraus einen Vorteil versprechen. Durch den ungehinderten Wettbewerb der Anbieter soll gewährleistet werden, daß die Nachfrager zwischen verschiedenen Anbietern wählen können, die unabhängig voneinander ihre Angebotsbedingungen festlegen. Ein System von Marktpreisen sorgt für die Abstimmung der Produktion mit den Bedürfnissen der Nachfrager: Der Produzent erhält eine "Belohnung", d.h. er erzielt einen Gewinn, wenn er entsprechend der Marktlage, d.h. den Wünschen der Verbraucher, produziert. Würde dagegen ein Produzent versuchen, seine eigenen Vorstellungen dem Konsumenten aufzuzwingen, so könnte er nichts oder nur weniger verkaufen und würde auf Dauer vom Markt verdrängt werden ("Strafe") (vgl. Gahlen et al., 1978, S. 25).

In dieser Hinsicht beschreibt das klassische Marktmodell einen Zustand, in dem die divergierenden Interessen der Verbraucher und der Unternehmer durch den Wettbewerb harmonisiert werden. Nach den Idealvorstellungen der marktwirtschaftlichen Ordnung kommt dabei den Konsumenten eine zentrale Lenkungsfunktion zu: "Die Wünsche und Interessen der Verbraucher sind letztendlich Führungsgrößen des Systems; ihre Ziele und Verhaltensweisen bestimmen die Struktur der Nachfrage, an die sich die Anbieter, vermittelt durch die Marktindikatoren, anpassen" (Kruppa, 1986, S. 11), wollen sie ihre Ware absetzen und am Markt überleben.

Die daraus abgeleitete Behauptung, Konsumtion sei letztendlich der einzige Zweck des Wirtschaftens, wird heute noch vielfach als "altruistische" Rechtfertigungsgrundlage für unternehmerisches Handeln herangezogen. Sie läßt sich aber auch als "raffinierter Egoismus" deuten: Man erweist den anderen nur dann Wohltaten, wenn man die begründete Erwartung hat, daß sie einem mittelbar zum Vorteil gereicht. Andere Verhaltensweisen werden jedoch dort gewählt, wo sich durch diese größere Vorteile erzielen lassen (Kurz, 1989, S. 42).

Im liberalen Marktmodell gibt es Freiheit nur in einem eingeschränkten, neoklassischen Sinne, z.B. keinen staatlichen Zwang, nicht aber Freiheit im Sinne einer Wahl zwischen mehreren Alternativen (Gahlen et al., 1976, S. 50). Es herrscht strenge Katallaktik: Unternehmerische Entscheidungen unterliegen den Marktbedingungen, wie sie sich aus der Angebot-Nachfrage-Reaktion und den aus diesen Verhältnissen resultierenden Preisen deterministisch ergeben. Das Verhalten der Individuen erfolgt unmittelbar aus den gegebenen Marktdaten und den vorausgesetzten streng rationalen Verhaltensweisen.

Auf heutigen Konsumgütermärkten müssen diese Annahmen jedoch als Ideologie identifiziert werden: Weder ist eine atomistische Marktstruktur vorzufinden, die dafür sorgt, daß kein Anbieter einen Preisvorteil für sich erzielen kann. Noch kann von einer Steuerung der Produktion durch den Verbraucher – der Konsumentensouveränität – gesprochen werden. Sie ist dem Verbraucher allein schon aufgrund der Komplexität und Heterogenität des Angebots unmöglich. Wird also das Marktmodell zur Erklärung des Beziehungsfeldes Verbraucher – Unternehmen herangezogen, so dient es vielmehr der Erklärung und der Rechtfertigung von Interessen der Anbieter (Smith, 1985,

S. 10) als der Darstellung der Realität. In einer arbeitsteiligen Gesellschaft erfordert zwar die Wahrnehmung der eigenen Interessen auch die Realisierung der Interessen anderer, über die Art der Realisierung wird damit aber nichts gesagt. "Es bleibt offen, ob diese anderen Interessen in unterschiedlicher Weise realisiert werden, ob sie teilweise unterdrückt oder ihre Realisierung ganz verhindert wird" (Braun/Wimmer, 1977, S. 206). Es kann daher nicht davon ausgegangen werden, daß sich "automatisch" (durch die "invisible hand") eine Situation einstellt, in der die Interessen beider Marktteilnehmer gleichermaßen Berücksichtigung finden.

Aus der Unmöglichkeit des automatischen Interessenausgleichs folgt auch, daß der Austauschprozeß zwischen den Wirtschaftssubjekten nicht harmonisch verläuft, sondern unter verzerrten Bedingungen (Braun/Wimmer, 1977, S. 206). "Auf heutigen Konsumgütermärkten haben die Anbieter in aller Regel die größere Chance, innerhalb einer Tauschbeziehung die eigenen Interessen auch zum Nachteil des Tauschpartners durchzusetzen" (Scherhorn, 1975, S. 40). Diese Chance, die von *Scherhorn* (1975) als "Marktmacht" bezeichnet wird, ist in dem Maße gegeben, in dem den Konsumenten die Freiheit zur Information und Sanktion genommen wird.

Weshalb die Struktur heutiger Konsumgütermärkte die Möglichkeiten der Verbraucher zur Interessendarstellung und -durchsetzung einschränkt, wird im folgenden Abschnitt zu begründen sein. Die Darstellung wird sich aufgrund der Themenstellung dieser Arbeit im wesentlichen auf die unausgewogenen Informations- und Kommunikationsbeziehungen zwischen Konsumenten und Unternehmen beschränken. Andere Problembereiche, wie z.B. die Bildung von ökonomischer Macht auf Anbieterseite, werden dabei nur aufgegriffen, wenn sie in direktem Zusammenhang mit dem Informationsaustausch stehen.

II. Die Kommunikationsbeziehungen zwischen Verbrauchern und Unternehmen

Mit der Herausbildung von Käufermärkten in einer Wohlstands- und Überflußgesellschaft (Galbraith, 1958) könnte man annehmen, daß sich die Möglichkeiten der Konsumenten, ihre Interessen durchzusetzen, erhöht haben. Unbestritten ist, daß das im Zuge der Industrialisierung allgemein gestiegene Pro-Kopf-Einkommen und das vielfältige Güterangebot wie nie zuvor die Stellung des Konsumenten *potentiell* verbessert haben (Hardinghaus/Mildner,

1983, S. 20). Für die Unternehmen dagegen wird die Sicherung des Absatzes immer schwieriger. Vor dem Hintergrund zunehmender Marktsättigung finden Güter, Dienstleistungen, Informationen und Rechte nicht mehr automatisch einen Abnehmer: "Angesichts wachsender Gefahren der Absatzstockung konnte sich der bislang produktionsorientierte Unternehmer nicht mehr darauf beschränken, den Absatz als bloßen Appendix der Produktion zu betrachten. Vielmehr mußte er sein Verhalten immer mehr am Markt und am Verbraucher ausrichten" (Hillmann, 1976, S. 413).

Als logische Konsequenz dieser Entwicklung wäre zu vermuten, daß die Unternehmen in zunehmendem Maße bestrebt sind, durch eine verbesserte Kommunikation mit dem Konsumenten von dessen Bedürfnissen zu erfahren. Gängige Marketingdefinitionen erwecken auch den Eindruck, als seien die Unternehmen mehr denn je "Interpreten der Konsumentenwünsche" (Meyer-Dohm, 1965, S. 203), denen nur die Alternative bleibt, auf die Bedürfnisse der Verbraucher zu reagieren. So führt beispielsweise *Linnert* aus: "Für den unternehmerischen Führungsstil, der sich an den Bedürfnissen der Endabnehmer orientiert, wurde der Begriff Marketing geprägt ...". Die Bedürfnisse werden "an den Anfang aller unternehmerischen Überlegungen gestellt, ... und ... erst aufgrund erkannter Bedürfnisse Produkte entwickelt und hergestellt .... Diese Überlegungen gipfeln in der Maxime, daß die Verbraucher nicht das kaufen sollen, was die Hersteller produzieren, sondern vielmehr das produziert werden soll, was die Verbraucher gerne kaufen möchten" (Linnert, 1970, S. 22 und 43).

Dennoch wird vielfach die Ansicht vertreten, daß auf den heutigen Konsumgütermärkten die faktische Macht bei den Anbietern liegt, während die potentielle Macht der Konsumenten mit ihrer faktischen Ohnmacht korreliert (Czerwonka et al., 1976, S. 18). Die Argumentation gründet sich u.a. auf der Beobachtung, daß durch die Problemverschiebung unternehmerischer Aktivitäten von der Produktions- auf die Absatzebene die Entscheidungen der Konsumenten beeinflußt und die tatsächliche Nutzung ihrer Einflußmöglichkeiten verhindert werden.

Das Marketing selbst zieht seine Rechtfertigung aus der Aufgabe, die Bedürfnisse der Konsumenten mit den Ressourcen der Unternehmung in Einklang zu bringen. Wie in der klassischen Wirtschaftstheorie wird auch in der Definition des Marketing dem Konsumenten eine zentrale Lenkungsfunktion zugesprochen. Die Definition unterschlägt jedoch, daß Marketing eine Funktion der Unternehmung darstellt und damit primär unternehmensorientiert, und nicht verbraucherorientiert, ist (Heinen, 1973, S. 123). Die Verbraucherbedürfnisse sind auch hier nicht Ziel, sondern Mittel zur Erfüllung der Unternehmensziele. Die Interessen der Verbraucher werden deshalb berücksichtigt, weil sie bei der Verfolgung der Unternehmensziele nicht unberücksichtigt bleiben können. Im Vergleich zur Nationalökonomie hat jedoch "der marketingorientierte Unternehmer die passive Rolle bezüglich der Verbraucherbedürfnisse zugunsten einer aktiven Rolle" ablegt und sieht "eine wichtige Aufgabe darin, Bedürfnisse nicht nur zu registrieren, sondern den eigenen Zielsetzungen entsprechend zu beeinflussen, zu formen und zu steuern" (Hillmann, 1976, S. 415).

Charakteristisch hierfür ist die zunehmende Bedeutung von Marktforschung und Werbung, mit deren Hilfe die Unternehmen versuchen, für einmal festgelegte Produktionsstrukturen Nachfrage zu mobilisieren, um so das Produktionsrisiko zu vermindern (Czerwonka et al., 1976, S. 26). Nach *Fischer-Winkelmann* und *Rock* zielt das Marketing damit auf den Entwurf und die Verbesserung von Sozialtechniken zur Durchsetzung von Unternehmensinteressen (Fischer-Winkelmann/Rock, 1976, S. 19), die den Interessen der Verbraucher zwar nicht entgegengesetzt sein können, aber nur im Idealfall mit ihnen vollkommen übereinstimmen werden.

Dieses bedürfnisweckende und -steigernde Ziel der Marketing-Aktivitäten wurde bereits von *Schumpeter* angesprochen. Er betont, daß es die Aufgabe des Unternehmens sei, latente Bedürfnisse aufzuspüren bzw. zu schaffen, die Befriedigungsmöglichkeiten hierfür zur Verfügung zu stellen und in Absatzerfolge umzuwandeln – eine Entwicklung, die *Linnert* mit "Nachfrageproduktion" bezeichnet (Linnert, 1970, S. 236). *Poth* (1986) erklärt es sogar als Sachzwang auf Käufermärkten, nicht mehr Produkte für Märkte, sondern Märkte für Problemlösungen zu schaffen (Poth, 1986, 2/478).

Wie wirken sich diese Entwicklungen auf den Informationsaustausch und damit auch auf die Möglichkeiten der Interessenartikulation der beiden Marktpartner aus?

Abb. B/1 (S. 14) zeigt formal die Kommunikationsbeziehungen zwischen Anbietern und Nachfragern, wie sie auf den heutigen Konsumgütermärkten größtenteils anzutreffen sind:

Im Vergleich zu den Vorstellungen der Nationalökonomie wird der Marktmechanismus durch die aktiven Kommunikationsmaßnahmen der Anbieter ergänzt: Einmal durch die Marktforschung als Informationsinstrument zur Leistungsvorbereitung. Zum anderen durch Werbung, Öffentlichkeitsarbeit und andere auf den Verbraucher gerichtete Informationen als absatzsteigernde

Mittel der Leistungsverwertung und Marktschaffung. Sie richten sich dabei auf die Beeinflussung des Konsumentenverhaltens sowie auf die Sammlung von Informationen über die Verbraucherbedürfnisse, -einstellungen, -verhaltensweisen, die wiederum zur besseren Verwertung der Leistungen beitragen sollen. Die Möglichkeit, daß der Verbraucher auch aktiv – als Kommunikator – seine Wünsche und Vorstellungen einbringen könnte, sieht dieses Modell nicht vor. So bestehen beispielsweise keine institutionalisierten Einrichtungen zur Kommunikation zwischen Verbrauchern und Unternehmen, die den Konsumenten in die Lage versetzen, an den Entscheidungen der Unternehmen Kritik zu üben.

Abbildung B/1:
Marketing-Kommunikationsmodell (nach Fornell, 1975, S. 52)

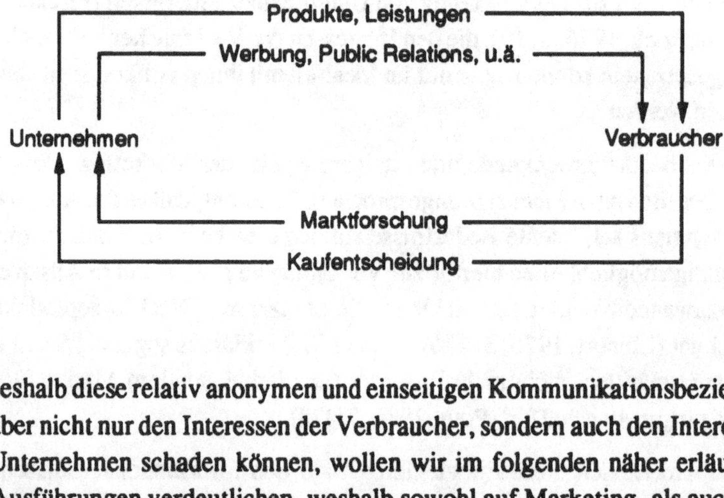

Weshalb diese relativ anonymen und einseitigen Kommunikationsbeziehungen aber nicht nur den Interessen der Verbraucher, sondern auch den Interessen der Unternehmen schaden können, wollen wir im folgenden näher erläutern. Die Ausführungen verdeutlichen, weshalb sowohl auf Marketing- als auch auf Verbraucherseite Ideen diskutiert werden, die zu einer Verbesserung des Informationsaustausches zwischen Unternehmen und Konsumenten führen sollen.

1. Unzureichende Möglichkeiten der Interessenartikulation für die Verbraucher

Optionsmärkte

Die Tatsache, daß Menschen ständig zwischen Gütern wählen und dabei bestimmte Güter kaufen und andere ablehnen, kann nicht als eindeutiger Indikator dafür gelten, daß das gewählte Angebot die Wünsche der Konsumenten auch wirklich erfüllt. Durch die Festlegung der Qualität der Produkte, der Abgabemengen, der Preise, usw. , die aufgrund der Massenproduktion auf heutigen Märkten die Regel ist, hat der Nachfrager lediglich die Wahl, "das so fixierte Paket von Bedingungen – die Option – anzunehmen oder abzulehnen" (Scherhorn, 1983, S. 53). "Mit Ausnahme der wenigen privilegierten Konsumenten, die genau die von ihnen gewünschten Produkte mittels Auftragsproduktion beschaffen können, hat ... die Masse der Konsumenten keine Möglichkeiten, ihre speziellen Wünsche nach noch nicht produzierten Gütern an die Hersteller heranzutragen" (Czerwonka, 1977, S. 146). So werden Käufe auch dann getätigt, wenn keine (besseren) Alternativen vorhanden sind. Die vom Angebot abhängigen Entscheidungen zeigen damit lediglich, welches Gut den Präferenzen der Verbraucher am ehesten entspricht, nicht aber, ob die Wünsche der Verbraucher auch voll befriedigt werden.

Berücksichtigt man zudem, daß ohnehin nur ein Teil der gesellschaftlichen Bedürfnisstruktur – vielleicht nicht mal der größere – in Kaufentscheidungen übersetzt und damit am Markt wirksam wird, kann die Marktnachfrage nur sehr unvollkommen über die Wünsche der Konsumenten informieren [1].

Verstärkt wird die Wirkung der Kaufoptionen durch die zunehmende Nachfragemacht des Handels. Konnte noch vor vierzig, fünfzig Jahren davon ausgegangen werden, daß durch die persönliche Kontaktaufnahme zwischen Verkäufer und Kunde die Nachfragerwünsche und -kritik über die Sortimentspolitik des Handels an den Hersteller weitergeleitet wurden, so haben sich heute die Chancen der Konsumenten verringert, durch die Sortimentsplaner der großen Handelsunternehmen ihre Vorstellungen an die Hersteller zu übermitteln. "Eine kleine, aber mächtige Gruppe von Einkaufsspezialisten entscheidet über die Art der zu produzierenden Güter und damit über die Wahlmöglichkeiten der Konsumenten. Sie tritt im Prinzip als Repräsentant der Konsumenten "ohne Mandat" auf" (Czerwonka et al., 1976, S. 24). Nicht die Wünsche der Verbraucher entscheiden hauptsächlich darüber, was in den Regalen zu finden ist, sondern günstige Rabattkonditionen, Lieferbedingungen und andere Vorteile, die der Handel durch seine erstarkende Nachfragemacht zu erreichen sucht.

---

[1] Auf die Problematik, daß ein Informationsmechanismus, der auf "Kaufkraft" beruht, zwangsläufig zu einer systematischen Benachteiligung unterprivilegierter Bevölkerungsschichten führen muß, kann in diesem Zusammenhang nur hingewiesen werden: "Jedes Wählen auf dem Markt hat Konsequenzen für alle Haushalte, jedoch hat im Unterschied zu politischen Wahlen nicht jeder Teilnehmer, sondern jede *Mark* eine Stimme" (Lindhoff/Ölander, 1971, S. 167).

Bedürfnisbeeinflussung und Marktintransparenz

Wenn Güter als potentielles Mittel zur Bedürfnisbefriedigung bezeichnet werden, darf man nicht übersehen, daß von derartig definierten Gütern in der Regel auch eine bedürfnisintensitätssteigernde und bedürfnisformende Wirkung ausgeht. Durch Güterangebote werden Mangelsituationen konkretisiert und in vielen Fällen besonders bewußt gemacht (Specht, 1979, S. 19). Ob also ein Angebot vom Verbraucher als Mittel zur Bedürfnisbefriedigung betrachtet und nachgefragt wird, hängt deshalb auch von der Interaktion zwischen dem individuellen Bedürfnissystem und dem System möglicher Bedürfnisbefriedigungsmittel ab.

Zudem sieht sich der Verbraucher auf den heutigen Konsumgütermärkten einer zunehmenden Marktintransparenz gegenübergestellt. Um als Unternehmen auf stagnierenden bzw. gesättigten Märkten (wie sie in den westlichen Industriegesellschaften fast überall zu finden sind) die Position zu festigen bzw. noch weiter auszubauen, wird die Steigerung des Absatzes auch den Nachfragern abgerungen. "Ein fast unabdingbares Mittel dazu ist die regelmäßige Einführung nicht unbedingt neuartiger, aber für ein Unternehmen neuer Produkte" (Dichtl, 1987, S. 5). Die Strategien der Produktdifferenzierung und die damit verbundene Markenhypertrophie führen zu einer wachsenden Komplexität und Unübersichtlichkeit des Marktes, die das Informationsverhalten der Verbraucher überfordert. Gleichzeitig wird der Konsument mit einer Flut von Werbeaussagen "bombardiert", deren unvollständiger, verschleiernder und zum Teil auch täuschender Informationsgehalt einer rationalen Entscheidung nicht gerade zuträglich ist.

Laut eines Berichts der Arbeitsgemeinschaft der Verbraucherverbände e.V. (1988) belaufen sich die Ausgaben für Werbung in der Bundesrepublik Deutschland derzeit auf ca. 55 bis 70 Milliarden DM jährlich, davon entfallen rund 80% auf die Konsumgüterwerbung (o.V., 1988, S. 3). Dagegen erscheinen die finanziellen Mittel, die den Verbraucherverbänden für die Verbraucherarbeit – und damit zur "Gegeninformation" (Scherhorn, 1975) – zur Verfügung stehen, verschwindend gering: Sie betragen etwa ein Tausendstel der Ausgaben für die Werbung (o.V., 1988, S. 2). Sicherlich kann die Werbung keine neuen Bedürfnisse schaffen. Sie stellt aber ein wesentliches absatzpolitisches Instrument der Unternehmen dar, um latente Bedürfnisse konsumrelevant zu machen (Stinner, 1976, S. 167). Das bedeutet, daß zusätzliche Konsumwünsche erzeugt, bzw. die Möglichkeiten der Bedürfnisbefriedigung auf den Konsum fixiert werden, so daß Alternativen in den Entscheidungen der Verbraucher verdrängt bzw. unterbewertet werden [1].

Einseitige Kommunikation trotz Marktforschung

Neben der Marktwahl wird die systematische Erforschung des Marktes, insbesondere die Verbraucherforschung, als Instrument zur Übermittlung der Wünsche und Bedürfnisse der Verbraucher an das Unternehmen bezeichnet. Intensive Markt-/Verbraucherforschung soll dazu dienen, die Einstellungen, Meinungen, Motive – also kurz: alle verhaltensbestimmende Antriebe der Verbraucher – aufzuzeigen, um sie so in die Entscheidungen über absatzsteigernde Sortimentspolitik, Produktgestaltung, Werbung und Verkaufsförderung einzubeziehen.

Betrachtet man den Jahresumsatz der – allerdings nicht nur für (Konsumgüter-) Unternehmen tätigen – Marktforschungsinstitute in der Bundesrepublik Deutschland von ca. 6000 Millionen Mark, so muß man wohl anerkennen, daß hier tatsächlich in bedeutendem Maße Verbraucherwünsche erfaßt werden (Wimmer, 1986, S. 171). Auf der anderen Seite ist jedoch zu bezweifeln, ob es sich dabei um eine Kommunikation *vom* Verbraucher *zum* Unternehmen handelt. Denn es darf nicht übersehen werden, daß Marktforschung im anwendungsbezogenen Forschungsinteresse der Anbieter betrieben wird (z.B. zur wirkungsvolle Gestaltung des Produktäußeren, des Produktnamens, der Werbemittel usw.) . Dabei schreibt der Anbieter den Zeitpunkt, den Inhalt und den Umfang der Erhebung vor (Wikström, 1985, S. 177).

Aufgrund des partikularistischen Verwertungsinteresses der Auftraggeber wird sich die Fragestellung der Marktforschung immer "auf die Probleme und Problemgesichtspunkte des Anbieters beziehen" (Wikström, 1985, S. 177), aber wohl wenig erforschen, was Verbraucher selbst als wichtig erachten (Stidsen und Schutte, 1972, zit. in Fornell, 1976, S. 54). Durch den Zusammenhang zwischen ökonomisch bedingter Bedürfnisformung und Nachfragestruktur wird von der Markt- und Motivforschung das registriert, was durch Marketing jeweils vorab mitgestaltet worden ist (Hillmann, 1976, S. 425).

---

[1] Einen zusammenfassenden und ausgewogenen Überblick über den Stand des Wissens bzgl. der gesellschaftlichen und ökonomischen Auswirkungen der Werbung, wie auch eine Gegenüberstellung der verschiedenen Standpunkte, geben Grunert und Stupening (1981) in: Werbung – ihre gesellschaftliche und ökonomische Problematik, Frankfurt: Campus.

Zudem setzt die Marktforschung in der Regel sehr spät im Verlauf des Produktentwicklungsprozesses ein. Sie dient im wesentlichen nur noch der Überprüfung, ob ein Produkt für die Markteinführung in großem Umfang tauglich ist, nicht aber, um den Anbieter in frühen Phasen des Produktentwicklungprozesses mit der Meinung des Konsumenten vertraut zu machen (Lindhoff/Ölander, 1971, S. 169). Insofern ermöglicht Marktforschung ein durch den Untersuchungszweck und die Untersuchungsmethode eingeschränktes feed-back der Konsumenten. Sie ermöglicht jedoch nicht eine zweiseitige Kommunikation, die voraussetzt, daß der Verbraucher auch unaufgefordert seine Interessen artikulieren kann.

Auch spezielle *Marketinginformationssysteme* bieten keine Gewähr für eine hinreichende Berücksichtigung von Konsumenteninformationen. Nach *Specht* (1979) finden in der Realität der vorherrschenden Daten-, Modell- und Methodenbankstrukturen der Informationssysteme nur jene Konsumenteninformationen Beachtung, die in formatierten Dateien relativ leicht speicherbar, mit den vorhandenen Instrumenten des Informationssystems leicht kommunizierbar und unter dem Aspekt finanzieller Unternehmensziele von großem Gewicht sind. "Demgegenüber werden relativ schwer formatier- und kommunizierbare Informationen von seiten der Konsumenten in den Informationsprogrammen der Anbieter stark vernachlässigt: Dazu gehören auch die Informationen von seiten jener Konsumenten, die auf das Marketing der Anbieter aktiv Einfluß nehmen wollen" (Specht, 1979, S. 194).

Es kann daher nicht davon ausgegangen werden, daß Marktforschung und Marketinginformationssysteme eine ausreichende Erfassung und Wahrnehmung der Wünsche und Interessen der Verbraucher gewährleisten.

Zusammenfassend läßt sich feststellen, daß die dargestellten Mechanismen der Marktkommunikation eher als einseitig unternehmensorientiert denn als ausgeglichen bezeichnet werden müssen. Die Initiative zur Kommunikation geht von den Anbietern aus, die aktive Artikulation der Verbraucher ist dagegen nicht vorgesehen. Dadurch geht die Möglichkeit verloren, daß auch Informationen, die nicht im Blickfeld des Unternehmens bzw. der Marktforschung liegen, wahrgenommen und verarbeitet werden.

Weshalb sollten nun aber die Unternehmen ein Interesse an einer Veränderung des Informationsaustausches haben?

2. *Informationsdefizite auf Unternehmensseite und ihre Konsequenzen*

Gegenwartsbezug des Preismechanismus

Durch die Marktindikatoren (Marktanteil, Umsatz, Wiederholungskäufe) wird die Zufriedenheit/Unzufriedenheit der Konsumenten mit den angebotenen Leistungen gewöhnlich zeitlich verzögert übermittelt. Bei Gebrauchsgütern oder Dienstleistungen mit langfristiger vertraglicher Bindung wird sie oft sogar erst Jahre später sichtbar.

Wenn aber der Marktmechanismus als ein weitgehend "gegenwartsbezogenes Instrument der Produktbestimmung" (Hauff/Scharpf, 1975, S. 45) bekannte Bedürfnisse systematisch präferiert und "sich auf künftige Bedürfnisse nur insoweit einstellen (kann), als diese sich in bereits absehbarer und kalkulierbarer Nachfrage niederschlagen" (Hauff/Scharpf, 1975, S. 45), werden die Unternehmen nur unzureichend mit Kenntnissen darüber versorgt, was der Konsument gewählt hätte, wenn andere Wahlmöglichkeiten vorhanden gewesen wären. Dadurch können nicht nur entwicklungsfähige Produktionsmöglichkeiten lediglich ungenügend wahrgenommen werden, sondern es steigt auch die Wahrscheinlichkeit von Fehlinvestitionen.

Die Konzeptionierung und die Einführung fundamentaler Neuheiten sind Entscheidungen unter Unsicherheit (Bodenstein/Leurer, 1982, S. 224). Gerade bei Unternehmen, die auf die Massenproduktion von Konsumgütern eingerichtet sind, ist aufgrund der relativ hohen Kapitalbindung und der engen Planungshorizonte eine realistische Einschätzung der Nachfrageentwicklung "lebensnotwendig". Wenn das Fehlschlagen einer Investition zum Konkurs des Unternehmens führt, ist aber nicht allein das Unternehmen betroffen, sondern – wenn es nicht vollständig oder nur zeitlich verzögert von anderen Unternehmen übernommen wird – auch die Volkswirtschaft insgesamt. So bemerkte beispielsweise *Hoffmann* 1982: "Die Auswirkungen unzureichender Information über die Interessen der Verbraucher werden gegenwärtig auf dem Automobilmarkt deutlich. Hier zeigt sich, daß eine mangelhafte Voraussicht zu Branchenkrisen und unter Umständen sogar zu Konjunkturkrisen führen kann" (Hoffmann, 1982, S. 73).

Insgesamt kann daher der Marktmechanismus nicht ohne weiteres als adäquates Selektionsinstrument im Interesse der Anbieter oder Konsumenten angesehen werden (Fleischmann, 1975, S. 194). Er behindert nicht nur die Selbstbestimmung der Konsumenten über die Entwicklung der Bedürfnisse, sondern auch die kritische Festlegung der Produktinnovationen (Fleischmann, 1975, S. 202).

Informationsdefizite trotz Marktforschung

Auch die Marktforschung kann diese Lücke nicht schließen. So spiegeln Feststellungen wie "Marktforschung bringt nichts" des Vorstandsmitglieds der Porsche AG oder die Bekundung eines Repräsentanten des Handelsriesen Metro, für "Firlefanz wie Marktforschung" habe man nichts übrig, die wachsende Skepsis zahlreicher Unternehmungen gegenüber der Marktforschung wider (Dichtl, 1987, S. 179) [1]. Und auf der Jahrestagung 1986 des Berufsverbandes Deutscher Markt- und Sozialforscher wurde festgestellt, daß sich Marktforschung zu sehr auf die Analyse und Beobachtung *gegenwärtiger* Erscheinungen konzentriere, als daß sie Produktfehlschläge infolge falsch eingeschätzter Akzeptanz seitens der Verbraucher verhindere (Dichtl, 1987, S. 179).

Eine Vielzahl empirischer Studien über erfolgreiche und fehlgeschlagene Innovationen bestätigt die defizitiäre Informationsleistung der Marktforschung: Trotz Marktforschung halten sich Innovationserfolg und -mißerfolg im Bereich der Konsumgüterindustrie zumindest die Waage, wenn nicht sogar der relative Anteil fehlgeschlagener Innovationen (gemessen an der Zahl der Innovationen insgesamt) größer ist als der Anteil erfolgreicher Innovationen (Czerwonka et al., 1976, S. 35) [2].

Konsumerismus

Nicht zuletzt muß auch dem Konsumerismus ein bedeutender Einfluß zugesprochen werden, wenn die Anbieter nach zusätzlichen Möglichkeiten suchen, die Kommunikation und den Informationsaustausch mit dem Verbraucher zu verbessern.

Es herrscht weitgehende Übereinstimmung, wenn der Konsumerismus als "soziale Bewegung" beschrieben wird, "die sich die Aufgabe stellt, Rechte und Macht der Verbraucher gegenüber den Anbietern zu stärken" (Kotler, 1972, S. 58). Seine "Initialzündung" (Selter, 1979, S. 185) soll er durch die Verbraucherbotschaft des US-Präsidenten J.F. Kennedy erhalten haben. Kennedy proklamierte am 15. März 1962 gegenüber dem Consumer Advisory Council die vier grundsätzlichen Rechte des Verbrauchers: das Recht auf sichere Produkte,

---

[1] In der Elektronikindustrie z.B. wurden innerhalb von drei Jahren acht Marktforschungsabteilungen aufgelöst, weitere vierzehn mußten z.T. drastische Kürzungen von Manpower und Mitteln hinnehmen (vgl. Koschnik, 1986, S. 505).

[2] vgl. z.B. die Übersichten bei Kraushaar (1969): New Products and Diversification, S. 15 – 25; Trivoli (1972): Has the Consumer really lost his Souvereignity?, S. 53 –56.

das Recht auf Information, das Recht auf Auswahl und das Recht, gehört zu werden.

Die Forderungen des Konsumerismus – insbesondere das "Recht auf Gehör" – lösten bei den Anbietern unterschiedliche Reaktionen aus. So zeigen empirische Untersuchungen zu den Einstellungen von Managern gegenüber den Ursachen und Forderungen des Konsumerismus zum Teil gegensätzliche Ergebnisse: Bei der 1973 veröffentlichten *Webster*-Befragung nahmen die meisten der beteiligten Unternehmen gegenüber den Konsumerismus-Forderungen eine Abwehrhaltung ein. Sie betrachten den Konsumerismus mehr als einen Angriff auf die Unternehmen und das "freie Unternehmertum" und weniger als Forderung nach einer Verbesserung des Anbieter-Marketing (Webster, 1973, S. 96).

Ganz im Gegensatz zu den Feststellungen Websters weisen die ein Jahr später veröffentlichten Ergebnisse einer der umfangreichsten Befragungen von Unternehmensvertretern mit Managementfunktion eine breite positive Grundstimmung gegenüber dem Konsumerismus auf: "Moreover, by far the most dominant management view of consumerism is that it represents an opportunity for marketers rather than a threat to them ... Executives also generally think consumerism is both good for business and good for consumers" (Greyser/Diamond, 1974, S. 38 – 39).

Auch in der Literatur reicht die Skala der Interpretationen von "Merely a New Marketing Concept" [1] über "New Dimensions in Countervailing Power" [2] bis hin zu "Consumerism – ein Anti-Marketingkonzept?" [3] (Selter, 1973, S. 186). Die Erörterungen sind im wesentlichen durch das Bemühen geprägt, die Ursachen der Verbraucherbewegung zu beurteilen und entsprechende Handlungskonsequenzen für das Marketing aufzuzeigen, um den unternehmerischen wie auch gesellschaftlichen Ansprüchen gerecht zu werden. Im weitaus größten Teil der Beiträge wird empfohlen, den gesellschaftlichen Wandel zu akzeptieren und, z.B. durch verbesserte Kommunikationsbeziehungen, kreativ zu nutzen (Stauss, 1985, S. 68).

---

[1] vgl. z.B. Drucker (1973): Consumerism, the Opportunity of Marketing; Meffert (1973): Konsumerismus – neue Dimension des Marketing; Kotler (1972): What Consumerism means for marketers.

[2] z.B. Leather (1972): New Dimensions of Countervailing Power: Consumerism and Environmentalism.

[3] z.B. Müller-Heumann (1972): Consumerism, das Ende des Marketing?

Die spektakulären Protestformen, die den Konsumerismus Ende der 60er, Anfang der 70er Jahre in den USA kennzeichneten, sind in der BRD nur selten aufgetreten. Auch in den USA sind sie heute nicht mehr in dieser Form vorzufinden (Carlson/Kangun, 1988, S. 56). Doch darf dies nicht darüber hinwegtäuschen, daß in der Zwischenzeit ein umfassender Diffusionsprozess stattgefunden hat, der zu einer weiten Verbreitung grundlegender verbraucherpolitischer Forderungen führte (Stauss, 1985, S. 66). Das verstärkte Aufgreifen von Verbraucherthemen im Rahmen der Ökologiebewegung, aber auch in den Medien, ist als Zeichen hierfür zu werten. Zudem läßt sich ein selbstbewußteres und kritischeres Verhalten der Verbraucher selbst beobachten, die sich mehr und mehr auch direkt an die Anbieter wenden (Hansen/Schoenheit, 1986, S. 451).

3. Schlußfolgerung

Der unausgewogene Informationsaustausch zwischen Verbrauchern und Unternehmen sowie der Konsumerismus, der u.a. auf das gestörte Gleichgewicht der Interessenartikulations- und Durchsetzungsmöglichkeiten aufmerksam machte, führte sowohl auf Verbraucher- als auch auf Marketingseite zu der Frage, "inwieweit der natürliche Interessenkonflikt zwischen anbietender Wirtschaft und Verbrauchern nicht auch durch Formen einer verstärkten und verbesserten Interaktion und Kommunikation geregelt werden kann, die die gewohnten "klassischen" Verhaltensmuster (Abwanderung und Widerspruch auf Seiten der Konsumenten, Marketing-Aktivitäten auf Seiten der Anbieter) in sinnvoller und für beide Seiten befriedigender Weise ergänzen" (Hansen/ Schoenheit, 1985, S. 7). In diesem Zusammenhang sind die Vorschläge zu sehen, Verbraucherbeschwerden vermehrt zu berücksichtigen und zur Gewinnung von Informationen über die Wünsche und Vorstellungen der Konsumenten zu nutzen.

III. Auf der Suche nach neuen Wegen – Beschwerden als Chance für Verbraucher und Unternehmen?

1. Die Bedeutung von Verbraucherbeschwerden für Unternehmen

Schon frühzeitig hat *Hirschman* (1974) auf die Bedeutung der Beschwerde für die Unternehmen hingewiesen. Ausgangspunkt für die Überlegungen *Hirschmans* ist das Phänomen der "organisatorischen Schlaffheit". Er interpretiert den

Wettbewerb der Anbieter bzw. die *Abwanderung* ("exit") von Kunden zu den Konkurrenten der Organisation als einen Mechanismus, der "schlaffgewordene" Unternehmen dazu motiviert, die Qualität ihrer Leistungen wieder zu verbessern. *Hirschman* kritisiert jedoch, daß viele Ökonomen die Abwanderung als den einzigen effizienten Korrektur- und Kontrollmechanismus ansehen, der das Marktangebot reguliert. Zwar stimmt er der Überlegung zu, es müsse erst eine gewisse Anzahl von Kunden abwandern, damit das Unternehmen überhaupt wahrnimmt, daß irgend etwas nicht in Ordnung sein kann. Doch – so *Hirschman* – müssen auch loyale Kunden vorhanden sein, damit der Unternehmung noch eine gewisse Zeit zur Leistungsverbesserung bleibt. Denn eine zu heftige Abwanderungsbewegung könnte den Zweck des Wettbewerbs, eine Leistungssteigerung herbeizuführen, verfehlen, indem sie möglicherweise den Konkurs des Unternehmens bewirkt. Potentielle Leistungssteigerungen eines in Konkurs geratenen Unternehmens nutzen aber weder den Kunden noch dem Unternehmen.

Hirschman zeigt, daß neben dieser graduellen Abwanderung noch ein zweiter Wiederherstellungsmechanismus existiert, der den Unternehmen den Leistungsabfall frühzeitig signalisiert und ihnen so die Möglichkeit einräumt, ihre Leistungen zu reorganisieren. Dieses Signal bezeichnet er als *Widerspruch* ("voice"). Widerspruch bedeutet, daß die Kunden des Unternehmens ihre Unzufriedenheit äußern, "und zwar entweder auf dem direkten Wege durch Beschwerden bei der Unternehmens- bzw. Organisationsleitung oder einer anderen Stelle, der diese untersteht, oder aber auf dem Wege des allgemeinen Protestes, der an jeden gerichtet ist, der gewillt ist, zuzuhören" (Hirschman, 1974, S. 4). Insbesondere in Märkten mit intensivem Wettbewerb, wo eine schnelle und massive Abwanderungsbewegung wahrscheinlich ist, läßt sich aus dem Ansatz *Hirschmans* ableiten, "den Kunden einen Anreiz zur Loyalität zu geben, und zwar dadurch, daß man ihnen eine Mitbestimmungschance einräumt" (Fleischmann, 1975, S. 196).

Für Unternehmungen wie auch für Konsumenten ist Widerspruch aber auch dann zweckmäßig, wenn eine Abwanderung für den Konsumenten nicht möglich bzw. für die Unternehmung nicht fühlbar ist. *Hirschman* bezeichnet mit dem Schlagwort "Konkurrenz als Kollusion" (Hirschman, 1974, S. 21) eine Konstellation, in der alle konkurrierenden Angebote eines Wirtschaftszweiges Mängel aufweisen. In dieser Situation werden die Konsumenten in ihrer Suche nach der besten Alternative von einer Unternehmung zur anderen abwandern, ohne ein tatsächlich besseres Produkt zu finden. Für die Unternehmen bedeutet dies, daß der Marktanteil zwar gehalten werden kann, daß sich aber unter der Oberfläche eine Kundenab- und -zuwanderung vollzieht. In solchen Fällen greift trotz Wettbewerb die Informations- und Sanktionsfunktion des Marktmechanismuses nicht: Die Unternehmen haben keine Veranlassung, ihre Leistung zu verbessern, und die Verbraucher haben keine Chance, ihre Interessen den Anbietern zu übermitteln. Sobald jedoch ein neuer Anbieter mit einer "echten" Innovation in den Markt tritt, besteht für die übrigen Unternehmen die Gefahr, daß die Konsumenten zu diesem Anbieter abwandern.

Der Ansatz *Hirschmans* konzentriert sich in erster Linie auf die Analyse der Bedingungen, unter denen Konsumenten Widerspruch üben. Auf die Frage, weshalb die Anbieter auf den Widerspruch reagieren sollten, geht er eher beiläufig ein. Er argumentiert, daß sich eine Unternehmung zur Verfolgung des Ziels der langfristigen Gewinnmaximierung bemühen wird, "die Unzufriedenheit der Kunden auf ein Minimum zu reduzieren, und zwar in der höchst rationalen Absicht, sich in der sozialen Gemeinschaft, der sie angehört, beliebt oder weniger unbeliebt zu machen" (Hirschman, 1974, S. 3 f.). An dieser Stelle soll jedoch auf die Gründe, weshalb die Unternehmen dem Widerspruch der Verbraucher mehr Gehör schenken sollten, differenzierter eingegangen werden.

Wie bereits weiter oben beschrieben, wird mit dem Übergang von Verkäufer- zu Käufermärkten immer mehr die Nachfrage zum Engpaß für die betriebliche Entwicklung (Nieschlag et al., 1976, S. 18). Mit zunehmender Marktsättigung gewinnt der vorhandene Kunde – gemessen an den in dieser Marktsituation erhöhten Opportunitätskosten einer Kundenneugewinnung – für den Anbieter verstärkt an Gewicht (Hansen/Schoenheit, 1987, S. 17). Auf einigen Teilmärkten beschränken sich die Neukäufe fast ausschließlich auf Ersatzbeschaffungen [1]. Der Wiederkauf eines Produktes oder die Inanspruchnahme einer Handels- oder Dienstleistung wird aufgrund der Ausweichmöglichkeiten auf andere Anbieter aber nur erfolgen, wenn sich die Erwartungen des Konsumenten erfüllt haben (Riemer, 1986, S. 14). Der Widerspruch räumt den betroffenen Unternehmen die Chance ein, den Verbraucher wieder zufriedenzustellen und zu halten, sowie auch den Multiplikatoreffekt einer negativen Mundpropaganda und die damit verbundenen (finanziellen) Konsequenzen zu vermeiden.

---

[1] Nach Informationen der HEA (1989) beträgt die Marktsättigung z.B. bei Kühlschränken 98%, bei Waschmschinen 91% und bei Staubsaugern 98%. Das Verhältnis Ersatzbedarf : Erstbedarf liegt bei Herden und Waschmaschinen bei 80% : 20% (o.V., 1989).

Gleichzeitig steigt die Wahrscheinlichkeit, daß ein negativer Imagetransfer auf andere Produkte oder Dienstleistungen aus dem Angebot des Unternehmens verhindert werden kann.

So ermittelte *TARP* (1979), daß 70% der zufriedengestellten Beschwerdeführer wieder bei dem Unternehmen kaufen wollten. Dagegen gaben nur ca. 46% der mit der Beschwerdelösung nicht zufriedenen Konsumenten an, nicht zu einem anderen Unternehmen abzuwandern. Die geringste Loyalität (ca. 37%) zeigten allerdings die Konsumenten, die sich nicht beschwert hatten. Dabei handelt es sich gerade bei den Nicht-Beschwerdern – nach der Untersuchung von *TARP* immerhin fünfzig Prozent – um Probleme, die relativ leicht zu lösen wären (TARP, 1979, S. 15)[1]. *TARP* konnte ebenfalls feststellen, daß die Bereitschaft der Verbraucher, auch noch andere Produkte aus dem Sortiment des Anbieters zu kaufen, bei zufriedengestellten Beschwerdeführern mehr als doppelt so hoch war (69% bei Automobilservice-Unternehmen, 80% bei Finanzdienstleistungen) als bei nicht zufriedengestellten Konsumenten (32% bzw. 17%).

In einer Studie von *Richins* (1983) zeigte sich, daß über fünfzig Prozent der unzufriedenen Verbraucher dazu neigen, negative Erfahrungen mit Produkten oder Dienstleistungen im Bekannten- und Verwandtenkreis weiterzugeben (Richins, 1983, S. 71). Diese informelle Information übt auf die Meinungsbildung und das Entscheidungsverhalten der Konsumenten wesentlichen Einfluß aus. Sie bedeutet letztendlich, daß eine einzelne schlechte Erfahrung den Verlust von mehr als einem (potentiellen) Kunden bedeuten kann. Wenn dagegen eine Beschwerde gegenüber dem Anbieter artikuliert wird, sinkt die Wahrscheinlichkeit der negativen Mundpropaganda (Richins, 1983, S. 76). Zudem fand *TARP* (1981) heraus, daß zufriedengestellte Beschwerdeführer ihre Unzufriedenheit weit weniger häufig weitererzählen als nicht zufriedengestellte Beschwerder (Goodman et al., 1987, S. 176).

Im Hinblick auf die Kosten, die zur Rück- bzw. Neugewinnung eines einmal verlorenen Kunden aufgewendet werden müssen, sowie auf die Wirkung der negativen Mundpropaganda als wahrscheinliche Reaktion der Nicht-Beschwerder, kann eine Förderung des Beschwerdeverhaltens bei Verbrauchern für Unternehmen damit von Vorteil sein. So bemerken *Bearden* und

---

[1] Als Gründe, weshalb sich die Verbraucher nicht beschwerten, wurden angegeben: "lohnt nicht Zeit und Mühe" (55,6%); "wußte nicht, an wen ich mich wenden sollte, was zu tun ist" (13,5%); "entschied, daß sich niemand dafür zuständig oder interessiert fühlen würde" (21,1%); u.a.m. (TARP, 1979, S. 11).

Olivier (1985): "Even if a complaint is not entirely satisfactory resolved, consumers may be more likely to repurchase than if no complaint is made" (Bearden/Oliver, 1985, S. 234). Gleichzeitig bietet die direkte Beschwerde dem Unternehmen die Chance, durch eigene Maßnahmen die antizipierten Probleme selbst zu lösen und so Eingriffe von seiten Dritter (z.B. Verbraucherorganisationen, Verbraucherschutzgesetzgebung) zu vermeiden (Goodman et al, 1987, S. 186).

Doch die Beachtung von Verbraucherbeschwerden muß sich nicht allein auf die Wiederherstellung der Zufriedenheit und auf die Sicherung des Wiederkaufsverhaltens beschränken. So wird beispielsweise in der *Nielsen*-Studie aus dem Jahr 1974 betont: "Consumers complaints are not merely something to be endued; they can serve as a valuable guide to necessary product improvement and often represent a need not yet felt" (The Nielsen Researcher, No.1, 1974, S. 13).

Der Erfolg der Unternehmung hängt in bedeutendem Umfang davon ab, inwieweit die angebotenen Leistungen den Bedürfnissen und Wünschen der Nachfrager entsprechen. Trotz der beeinflussenden Wirkung von Marketing-Aktivitäten, wie etwa der Werbung, besteht bei jeder Produktinnovation ein gewisses Marktrisiko. Soll dieses Risiko – d.h. die Unsicherheit über die Absetzbarkeit der Leistungen – reduziert werden, ist das Unternehmen auf Informationen über die Vorstellungen der Verbraucher angewiesen. Wie bereits ausgeführt, kann die Marktforschung diese Informationen nur mehr oder weniger unvollständig liefern. Durch die Einräumung von Möglichkeiten der kooperativen Kritik läßt sich das Potential erweitern, aus dem Hinweise zur Verbesserung und Entwicklung von Produkten und Leistungen kommen können. Indem aus den Beschwerden Rückschlüsse auf die Wünsche und die unbefriedigten Bedürfnisse der Konsumenten gezogen werden, führen sie möglicherweise zu einem Informations- und Innovationsvorsprung gegenüber den Konkurrenten. Einen Hinweis hierauf ergibt sich aus der Beobachtung, daß die Rate der Innovationsfehlschläge im Bereich der Konsumgüterindustrie höher liegt als im interindustriellen Bereich, in dem die z.T. enge direkte Kommunikation zwischen Herstellern und Nutzern neuer Technologien für viele Innovationserfolge ausschlaggebend zu sein scheint [1]. So stellte beispielsweise *Eric von Hippel* fest, daß die elf "bahnbrechenden" Erfindungen, die er analysierte, alle von Benutzern kamen, von 66% der "wichtigen" Verbesserungen kamen 85% von Benut-

[1] vgl. z.B. Freeman, Ch. (1974): Economics of Industrial Innovation, S. 161–197.

zern und die 83 "kleinen" Verbesserungen gingen zu zwei Dritteln von den Benutzern aus (von Hippel, 1978).

Nicht zuletzt kann eine zufriedenstellende Beschwerdebearbeitung auch als ein Instrument der Imageaufwertung und Produktdifferenzierung betrachtet werden, insbesondere wenn sie in den Augen des Konsumenten das subjektiv wahrgenommene Kaufrisiko reduziert (Kendall/Russ, 1975, S. 42). Daß eine Kaufentscheidung möglicherweise falsch war, merkt der Verbraucher erst, wenn er Probleme mit dem Produkt hat und ihm niemand hilft. Hier führt erst die Qualität der Nachkaufbetreuung zu einer Differenzierung vom Konkurrenzprodukt und damit zu zusätzlichen Kaufanreizen (Goodmann et al., 1983, S. 189).

Auf Anbieterseite besteht allerdings häufig die Befürchtung, daß durch die intensivierte und verbesserte Berücksichtigung von Verbraucherbeschwerden auch die Kosten der Beschwerdebearbeitung – durch die damit anwachsende Zahl (berechtigter und unberechtigter) Beschwerden – rapide ansteigen werden. Dem läßt sich allerdings entgegenhalten, daß mit diesen Kosten auch gleichermaßen die genannten Vorteile einhergehen, die allerdings oft nicht monetär meßbar sind (wie übrigens auch andere öffentlichkeitswirksame Aktivitäten, wie z.B. die der Werbung oder PR-Arbeit) [1]. Auch belegen verschiedene Untersuchungen, daß dadurch die Betrugsabsichten der Verbraucher in Verbindung mit Beschwerden nicht schneller steigen als die Zahl der berechtigten Beschwerden (vgl. z.B. Kendall/ Russ, 1975, S. 42).

2. Die Bedeutung der unternehmerischen Beschwerdepolitik für den Verbraucher

Für den Konsumenten sind Beschwerden zur Zeit die einzige Möglichkeit, seine Interessen aktiv und unaufgefordert gegenüber den Unternehmen zu artikulieren. Konsumentenbeteiligung im Sinne von "Gruppendiskussionen", in denen die Verbraucher ihre Meinung, Probleme und Ideen einbringen können, werden von Unternehmen im allgemeinen eher skeptisch beurteilt und auch nur von wenigen Unternehmen genutzt (vgl. Czerwonka, 1976, S. 231). Zudem stehen derartige Diskussionen meist nur wenigen, oftmals besonders interessierten Verbrauchern ("Spezialisten") offen (vgl. o.V., 11/1988).

---

[1] Auf das Meßproblem bei der Bestimmung des Nutzens einer intensivierten Beschwerdebearbeitung werden wir in Kapitel G.I. (S. 159 ff.) noch genauer eingehen.

Orientiert man sich an den Thesen *Hirschmans*, so kann allein schon die Drohung des widersprechenden Konsumenten, möglicherweise abzuwandern, zu einer Verbesserung der Situation führen. Vor allem auf gesättigten Märkten erscheint diese Drohung, die mit einer Beschwerde verbunden wird, besonders bedeutsam für die dort agierenden Unternehmen.

Werden Beschwerden vom Unternehmen als Informationsquelle über die (verletzten) Wünsche und Vorstellungen der Konsumenten betrachtet, bieten sie dem Verbraucher die potentielle Chance, seine Interessen in das Unternehmen einzubringen. Zwar mag das Motiv der Unternehmen "die Verbesserung der Gewinnerzielung sein, ihre Wirkung mag in der beabsichtigten Gewinnerhöhung liegen; zugleich hat jedoch die so motivierte soziale Maßnahme auch einen positiven Effekt auf die Situation der Betroffenen, durch deren Erwartungen sie ja mit angeregt werden" (Picot, 1975).

Die Vorteilhaftigkeit einer intensivierten Beschwerdebearbeitung für den Verbraucher wird insbesondere im Vergleich zur Abwanderung deutlich: Während durch den Marktmechanismus die Vorstellungen der Konsumenten nur zeitlich verzögert und durch eine massive Abwanderungsbewegung an die Anbieter übermittelt werden können, kann die Berücksichtigung von Verbraucherbeschwerden durch die Unternehmen auch die relativ schwache Stellung des individuellen Konsumenten stärken. Zudem kann der Widerspruch den Informationsmechanismus des Marktsystems ergänzen, da die Bedarfsdarstellung nicht auf das bereits bestehende Angebot beschränkt bleiben muß.

Die Bereitschaft der Unternehmen, den Verbrauchern Gehör zu schenken, kann damit gleichzeitig als ein Schritt zu mehr Gleichrangigkeit zwischen den Marktpartnern gesehen werden. Die Art und Weise, in der Unternehmen mit den spontanen, unaufgeforderten Verbraucheräußerungen umgehen und welche Möglichkeiten sie damit verbinden, stellt dabei nicht nur ein wichtiges Kriterium für einen verbesserten Informationsaustausch zwischen Unternehmen und Konsumenten dar. Sie eröffnet dem Verbraucher auch die Chance, durch die Artikulation seiner Interessen zum Beteiligten – und nicht nur zum Betroffenen – von Marketingentscheidungen zu werden.

Dies würde auch dem sich ändernden Bewußtsein entsprechen, das sich bei den Konsumenten immer stärker herausbildet. So bemerkt *Günter Rosenberger*, Vorstand der Stiftung Verbraucherinstitut in Berlin: "Von besonderer Bedeutung ... ist der Umstand, daß viele Bürger bzw. Verbraucher auch ihre eigene Zuständigkeit für die Lösung der genannten Probleme (d.h. der aktuellen

Engpässe in Wirtschaft und Gesellschaft, d.V.) erkennen. Sie wünschen mehr Aufklärung durch die gesellschaftlichen Großgruppen über die Möglichkeit eines eigenen Beitrags. ... Hier wird der Typus eines neuen Verbrauchers sichtbar, der mit verändertem Selbstbewußtsein im Markt auftritt und sich in seinem Konsumverhalten als ganzheitliches Individuum und nicht nur als gelegentlicher Käufer auf Einzelmärkten versteht" (Rosenberger, 1985, S. 30 f.) [1].

---

[1] vgl. auch H. Klages (1984): Klages spricht von einem Wandel der "Pflicht- und Akzeptanzwerte" (wie z.B. Disziplin, Gehorsam, Unterordnung, Selbstbeherrschung und Anpassung) hin zu "Selbstentfaltungswerten" (z.B. Emanzipation (von Autoritäten), Gleichbehandlung, Demokratie, Partizipation als idealistische Gesellschaftskritik, Hedonismus und Individualismus).

C. Verbraucherbeschwerden – Ursachen und Erklärungsansätze

Wir haben die wesentlichen Argumente für eine Berücksichtigung von Verbraucherbeschwerden in Unternehmen aufgeführt, ohne bislang genauer darauf einzugehen, unter welchen Bedingungen Konsumenten Widerspruch üben und in welchem Umfang Beschwerden tatsächlich die nichterfüllten Wünsche und Vorstellungen der Verbraucher repräsentieren. Zur Klärung dieser Fragen ist es zunächst notwendig, den Beschwerdebegriff zu definieren und die Einflußfaktoren auf das Beschwerdeverhalten detaillierter zu untersuchen.

I. Definition der Verbraucherbeschwerde

Verbraucherbeschwerden können durch eine Vielzahl von Faktoren hervorgerufen werden. *Fornell* (1978) charakterisiert den Gegenstand der Beschwerde mit den folgenden Worten:

"Die Beschwerde ist eine Äußerung über einen Mißstand: einer Unzufriedenheit mit einem Produkt, den damit in Zusammenhang stehenden Dienstleistungen, oder mit irgendeinem Umstand in der Vorphase des Kaufes oder beim Kauf selbst. Eine Beschwerde bezieht sich nicht unbedingt auf die schlechte Funktion oder das Versagen eines Produktes; sie setzt nicht einmal voraus, daß etwas gekauft wurde. Beschwerden können in mangelhaftem Service, in unzureichender Breite oder Tiefe des Sortiments, in langen Warteschlangen, knappem Parkraum, unpraktischer Verpackung usw. begründet sein" (Fornell, 1978 a, S. 479). Die Unzufriedenheit braucht aber nicht nur, wie *Fornells* Definition ausdrückt, durch unbefriedigende Leistungen der Produkte und Dienstleistungen oder durch das Umfeld dieser Leistungen (z.B. Lieferprobleme, Zahlungsbedingungen) hervorgerufen werden. Sie kann auch auf Ursachen beruhen, die über den Kauf hinausreichen, wie z.B. Unzufriedenheit über bestimmte Marketingpraktiken, gesundheitsgefährdende und umweltbelastende Produktionsmethoden etc.

Specht (1979) hält seine Definition der Beschwerde etwas allgemeiner und berücksichtigt nicht nur den Inhalt, sondern auch die Stoßrichtung der Beschwerde. Er beschreibt die Beschwerde als ein "generelles Mittel zur Information der Anbieter über unerwünschte Zustände und Entwicklungen", wobei "im Regelfall derjenige die Initiative zur Informationsübermittlung (ergreift), der einen Widerspruch artikulieren möchte" (Specht, 1979, S. 71).

Damit werden zwei charakteristische Elemente der Beschwerde angesprochen: Die Beschwerde ist als *Kommunikation* aufzufassen, die *unaufgefordert vom Verbraucher* ausgeht. Das kommunikative Element kann dabei hinsichtlich seiner Form (persönlich, telefonisch, schriftlich) aber auch hinsichtlich seines unmittelbaren Adressaten differerieren, wobei die Unterscheidung zwischen Beschwerden, die direkt den Anbieter (Handel, Hersteller) ansprechen, und Beschwerden, die an "interessierte Dritte" (Verbraucherorganisationen, Medien, Bekanntenkreis) gerichtet werden, von Bedeutung ist.

Berücksichtigt man, daß der Zweck der Beschwerdeführung in der Regel auf die Lösung der in Verbindung mit Gütern bzw. Anbietern wahrgenommenen Probleme gerichtet ist, so soll unter dem Begriff Verbraucherbeschwerde *"jede Artikulation von Unzufriedenheit"* verstanden werden, die *"Konsumenten in Bezug auf bestimmte Unternehmensleistungen empfinden und die sie (i.d.R. unaufgefordert) gegenüber Unternehmen oder "dritten Institutionen"(z.B. Kammern, Innungen, Presse, Verbraucherorganisationen u.a.m.) äußern mit dem Ziel, das Problem zu lösen bzw. Zufriedenheit zu gewinnen"* (nach Schoenheit, 1987, S. 152 und Wimmer, 1985, S. 228). "Problemlösung" kann in diesem Fall auch bedeuten, daß der Konsument allein durch die Artikulation seiner Unzufriedenheit eine gewisse "Befriedigung" empfindet.

Ein Unterfall der Beschwerde stellt die *Reklamation* dar. Im Gegensatz zu Beschwerden handelt es sich bei der Reklamation jedoch "um eine manifeste, produktbezogene Unzufriedenheit oder auch eine Unzufriedenheit mit der Lieferung bzw. mit den Zahlungsbedingungen unter Bezugnahme auf vertragsrechtliche Bedingungen" (Schoenheit, 1987, S. 152), mit der eine Wiedergutmachung des Schadens durch Umtausch, Reparatur, Rückerstattung des Kaufpreises oder ähnliches angestrebt wird. Die Handhabung von Reklamationen und die Rechte der Verbraucher während der Gewährleistungs- und Garantiezeit ergeben sich aus den Regelungen des Bürgerlichen Gesetzbuches und aus dem Gesetz zur Regelung der Allgemeinen Geschäftsbedingungen (AGB-Gesetz).

Wie sich den Definitionen entnehmen läßt, ist die Unzufriedenheit der Konsumenten mit unternehmerischen Leistungen zentraler Beweggrund für Verbraucherbeschwerden. Beschwerden können damit als Indikator für die Zufriedenheit bzw. Unzufriedenheit der Verbraucher mit den unternehmerischen Leistungen betrachtet werden. Die Verbraucherzufriedenheit selbst gilt wiederum als Schlüsselfaktor für die Erklärung von Wiederkaufsverhalten, Marken- und Geschäftstreue des Konsumenten (Hildebrandt/Trommsdorff, 1987, S. 100). Aufgrund dieses Zusammenhangs können Verbraucherbeschwerden für Unternehmen Bedeutung erhalten, wenn sie als Problemerkennungsindikatoren Hinweise auf künftige Gefährdungen und Chancen geben. Für Unternehmen stellen Beschwerden jedoch nur dann eine geeignete Informationsgrundlage dar, wenn sie ein gewisses Maß an Eindeutigkeit, Frühzeitigkeit, Vollständigkeit und ökonomischer Vertretbarkeit aufweisen (vgl. Hahn/Krystek, 1978, S. 81 und 82).

Zur Beurteilung des Informationscharakters von Beschwerden erscheint es daher unerläßlich, auch auf die Ergebnisse der Zufriedenheits-/Unzufriedenheits- und Beschwerdeforschung einzugehen. Im Anschluß daran wird auf der Basis dieser Ergebnisse zu überprüfen sein, in welcher Hinsicht und in welchem Umfang Beschwerden unter obengenannten Gesichtspunkten als Informationsträger für Verbraucherunzufriedenheit zu werten sind.

II. Verbraucherunzufriedenheit als Ursache von Beschwerden

Die wachsende individuelle und kollektive Kritik der Verbraucher an der Marketingpraxis, sowie die Beobachtung, daß trotz höherem Versorgungsniveau die Verbraucher nicht zufriedener geworden sind (vgl. Übersicht bei Wikström, 1984, S. 48 ff.), führte mit Beginn der 70er Jahre dazu, daß über die Zufriedenheit der Konsumenten sowohl bei Marketing- als auch bei Verbraucherforschern zunehmend diskutiert wurde.

Innerhalb der Zufriedenheitsforschung entwickelten sich zwei unterschiedliche Richtungen, um die Ursachen dieses, zunächst widersprüchlich erscheinenden, Phänomens zu identifizieren und zu erklären : der marktorientierte und der wohlstandsorientierte Ansatz.

Im Mittelpunkt des *marktorientierten* Ansatzes steht die Hypothese, daß sich die Unzufriedenheit auslösende Ursache bis hin zu den einzelnen Konsumgütermärkten zurückverfolgen läßt (Scherhorn, 1983, S. 97). Unzufriedenheit wird hier als eine Enttäuschung über unbefriedigende und unzureichende Marktleistungen einzelner Unternehmen definiert.

Verschiedene Untersuchungen belegen, daß die marktbezogene Unzufriedenheit von Konsumenten eine weitverbreitete Erscheinung ist. So stellte beispielsweise *Andreasen* (1977) fest, daß bei fast 20 % aller kürzlich getätigten Käufe Unzufriedenheiten bei Verbrauchern auftraten. Bei einer 1976 durchgeführten repräsentativen Untersuchung der Europäischen Gemeinschaften erinnerten sich ca. 30% der befragten bundesdeutschen Haushalte an eine Unzufriedenheit, die im Laufe eines Jahres im Zusammenhang mit dem Kauf von Waren bzw. in bezug auf die Inanspruchnahme einer Dienstleistung aufgetreten war (o.V., 1976). Und eine Repäsentativerhebung in US-amerikanischen Haushalten ergab, daß 42% der befragten Haushalte während des vergangenen Jahres ernsthafte Konsumprobleme gehabt hatten (TARP, 1979).

Diese partielle, marktbezogene Unzufriedenheit fand insbesondere in der Marketingwissenschaft Berücksichtigung, da aufgrund des handlungstreibenden Potentials der Unzufriedenheit mit negativen Konsequenzen für die Unternehmen gerechnet werden mußte. Anfang der 70er Jahre erschienen in den USA die ersten wissenschaftlichen Publikationen zum Thema Verbraucherzufriedenheit (die erste: Hunt, 1977), denen später auch deutschsprachige Beiträge folgten. Seit 1976 finden in den USA regelmäßig Kongresse statt, auf denen Beiträge zum Phänomen der *C*onsumer *S*atisfaction/*D*issatisfaction (CS/D) vorgetragen und sowohl im Hinblick auf ihre Konsequenzen für die Verbraucherpolitik und -beratung als auch die unternehmerische Selbstregulierung diskutiert werden.

Im Gegensatz zu dieser marktorientierten Betrachtungsweise handelt es sich bei den *wohlstandsorientierten* Erklärungsversuchen um einen Ansatz, der – unabhängig von der Qualität der Versorgung und dem Verhalten der einzelnen Anbieter – an den Gesetzmäßigkeiten der Wohlstandsentwicklung anknüpft. Grundlage für diese Richtung ist die Beobachtung, daß die Verbraucher trotz wachsendem Wohlstand nicht zufriedener geworden sind (vgl. Scitovsky, 1977). Die wohlfahrtsorientierte Forschungsrichtung kommt – vereinfachend gesagt – zu dem Schluß, daß die Ursachen der Unzufriedenheit nicht allein auf die aktuellen Anbieterstrategien zurückzuführen sind, sondern daß auch die Sozialisation der Verbraucher wesentlich zu ihrer Herausbildung beiträgt. Demnach ist die Suche nach Möglichkeiten der Bedürfnisbefriedigung in zunehmendem Maße auf Güter gerichtet. Während sich jedoch die Befriedigung von existenznotwendigen Bedürfnissen durch die Eigenschaften der Güter selbst definieren läßt – wie z.B. die Befriedigung von Hunger durch Nahrungsmittel –, ist die Güterspezifität bei den sozialen Bedürfnisse (z.B. Liebe, Zuwendung, Ansehen, Macht) und den Wachstumsbedürfnissen (z.B. Selbstverwirklichung) nicht von Hause aus gegeben, sondern entsteht durch einen Lernprozeß (Schnabl, 1979, S. 45). Derartige Lernprozesse sind vor dem Hintergrund sozialer Werte und Normen erklärbar (Wiswede/ Specht, 1976, S. 17) und Folge einer Wechselbeziehung zwischen Individuen, Gruppen, Schichten, Organisationen usw. (Steinmann, 1969, S. 20).

Wohlstand führt zu einer Gewöhnung an Annehmlichkeiten. Die Status-Repräsentanz des Konsums, die gesteigerten Erwartungshaltungen gegenüber der Problemlösungsfähigkeit von Gütern (die u.a. durch eine gezielte Werbung und das vielfältige Angebot unterstützt oder initiiert werden), aber auch die Zeit, die der Konsum dieser Güter in Anspruch nimmt, führt zu einer Vernachlässigung von Aktivitäten, die zur Befriedigung der "höheren" Bedürfnisse, wie z.B. Selbstentfaltung, geistiges Wachstum, beitragen könnten. Güter allein können diesen Bedürfnissen nicht entsprechen. Sie haben lediglich Mittelcharakter. Eine auf die materiellen Möglichkeiten der Bedürfnisbefriedigung fixierte Lebens- und Werthaltung muß daher zu Unzufriedenheit im – und nicht nur mit dem – Wohlstand führen, da wichtige Bedürfnisse unbefriedigt bleiben.

Es kann angenommen werden, daß sich ein so komplexer Sachverhalt wie die Verbraucherunzufriedenheit nicht monokausal erklären läßt (Scherhorn, 1983, S. 101). Die Zufriedenheit der Konsumenten wird sicher nicht allein durch eine Verbesserung des Angebots oder eine Veränderung der Anbieterstrategien herbeigeführt werden können. Für den Erkenntniszweck dieser Arbeit wollen wir uns aber auf die Ergebnisse der marktorientierten Forschungsrichtung beschränken, die sich mit den Problemen beschäftigt, die aus der direkten Interaktion zwischen Verbrauchern und Unternehmen resultieren.

1. Ebenen der Verbraucherunzufriedenheit

Mikro-Marketing-Unzufriedenheit

In der Regel sind Produktfehler, unzureichende Service- und Dienstleistungen und zu hohe Preise die hauptsächlichen Anlässe für Unzufriedenheit (Riemer, 1986, S. 57). Sie lassen sich, einem Vorschlag von *Renoux* (1973) folgend, dem Mikro-Marketing-Bereich der Unternehmung zuordnen.

Unter Mikro-Marketing-Unzufriedenheit wird die Unzufriedenheit mit einzelnen, unternehmensindividuellen Leistungen (Produkte, Dienstleistungen) und Verhaltensweisen (z.B. spezifisches Markthandeln der Unternehmung) verstanden. "Diese Art von Unzufriedenheit kann sich auf Mängel in der Produktpolitik beziehen, aber auch auf jedes andere Instrument innerhalb des absatzpolitischen Instrumentariums gerichtet sein" (Hansen/Schoenheit, 1987, S. 16).

Die Entstehung von Mikro-Marketing-Unzufriedenheit ist nicht zwingend davon abhängig, ob auch ein Kauf getätigt wurde. Unzufriedenheit kann während des gesamten Kaufentscheidungs- und anschließenden Konsumprozesses auftreten. *Renoux* (1973, S. 445 ff.) untergliedert nach Unzufriedenheit in der Vorkauf-Phase ("shopping-system"), während des Kaufaktes ("buying-system") und in der Nachkauf-Phase ("consuming-system"), wobei das Ergebnis vorliegender Untersuchungen einen deutlichen Schwerpunkt der Unzufriedenheitsanlässe in der Nachkaufphase erkennen läßt.

Makro-Marketing-Unzufriedenheit

Die Quellen der Verbraucherunzufriedenheit lassen sich nicht nur auf ein einzelnes Unternehmen oder gar ein einziges Produkt reduzieren, sondern können auch das Ergebnis der aggregierten Wirkung von Marketingaktivitäten darstellen. *Renoux* (1973) bezeichnet diese, den Einzelmarkt übergreifende Unzufriedenheit, als "macro marketing system dissatisfaction". Darunter wird die "generell kritische Einstellung der Konsumenten gegenüber unternehmerischem Markthandeln" (Hansen/Schoenheit, 1987, S. 17) verstanden, die auf einer umfassenden Problematisierung der ökologischen und sozialen Folgen absatzwirtschaftlicher Aktivitäten sowie dem "Gefühl der Machtlosigkeit gegenüber unternehmerischen Entscheidungen" (Fornell, 1976, S. 74) beruht. Die Makro-Marketing-Unzufriedenheit weist starke Berührungspunkte mit den Ergebnissen der Konsumerismus-Forschung auf. Die Vorwürfe des Konsumerismus, aber auch das wachsende Bewußtsein breiter Bevölkerungsschichten für Fragen des Umweltschutzes, sind als Anzeichen dafür zu werten, daß die Sensibilität für Themen des Makro-Marketingbereiches zugenommen hat und sich in einer Unzufriedenheit mit dem Marketing allgemein niederschlägt.

Medium-Marketing-Unzufriedenheit

Hansen (1979) fügt der Untergliederung *Renouxs* zwischen Mikro- und Makro-Marketing-Unzufriedenheit noch eine dritte Ebene hinzu, die die Kritik an bestimmten Produktgattungen (z.B. Tabakwaren, Alkohol, etc.) oder an dem branchenüblichen Einsatz des absatzpolitischen Instrumentariums (z.B. Werbemaßnahmen, Service, Vertragsbedingungen, etc.) umfaßt (Hansen, 1979, S. 123). Diese Medium-Marketing-Unzufriedenheit tritt außerdem auch dann auf, wenn bestimmte Bedürfnisse durch keines der am Markt konkurrierenden Produkte befriedigt werden können.

Nach *Hansen* und *Schoenheit* (1987) erscheinen Interdependenzen zwischen den verschiedenen Formen der Unzufriedenheit naheliegend: "Eine zunehmende Ausbreitung der Makro-Marketing-Unzufriedenheit wird auch im Mikro-Bereich der Unternehmung Auswirkungen zeigen, da z.B. Produktions-, Qualitäts-, Werbungs- und Haftungsprobleme sowie die sozialen Kosten des Marketing auch produkt- bzw. produktionsspezifisch stärker erkannt und artikuliert werden. Auf der anderen Seite kann auch die Unzufriedenheit mit einzelnen Produkten das generelle Problembewußtsein der Konsumenten erhöhen und eine kritischere allgemeine Einstellung gegenüber den Marketingaktivitäten bewirken" (Hansen/Schoenheit, 1987, S. 17).

2. *Definition und Einflußfaktoren*

Grundsätzlich läßt sich zwischen zwei mehr oder weniger verschiedenen Modellvorstellungen unterscheiden, die in der CS/D-Forschung Anwendung finden:

Modelle aus der Ökonomie beschreiben Zufriedenheit/Unzufriedenheit als ein realisiertes Nutzenniveau innerhalb eines geordneten Präferenzsystems (Day, 1977). Aufgrund der idealtypischen Annahmen dieser Modelle (homo oeconomicus, Präferenzordnung, etc.) erscheinen sie jedoch für die Suche nach den Ursachen der Verbraucher(un)zufriedenheit wenig geeignet.

Die Mehrzahl der Erklärungsansätze orientiert sich an Modellen der Psychologie bzw. Sozialpsychologie und beschreibt Zufriedenheit/Unzufriedenheit als das "*Resultat eines psychischen Soll-Ist-Vergleichs über Konsumerlebnisse*" (Kaas/Runow, 1984, S. 81). Dabei hängt das Gefühl der (Un-)Zufriedenheit von der Übereinstimmung bzw. Diskrepanz zwischen wahrgenommener Produktleistung (Bewertung) und den mit dem Produkt verbundenen Erwartungen, Zielen, Werten usw. der Konsumenten ab.

Eine ähnliche Definition findet man auch in der Theorie des Käuferverhaltens von *Howard* und *Shet* (1969): "Satisfaction is defined as the buyers cognitive state of being adequately or inadequately rewarded in a buying situation for the sacrifice he has undergone. The adequancy is a consequence of matching actual post consumption and purchase experience with the reward that was expected from the brand" (Howard & Shet, 1969, S. 145).

Die *Erwartungen* der Verbraucher spielen damit für das Zustandekommen der (Un-)Zufriedenheit eine wesentliche Rolle. *Day* (1977, S. 163 ff.) nennt drei wichtige Einflußfaktoren auf die Erwartungshaltung des Verbrauchers:

- den Nutzen, den der Verbraucher mit der Unternehmensleistung verbindet,
- die Kosten und Mühen, die für den Erwerb und die Nutzung des Produktes oder der Dienstleistung aufgewendet werden müssen (Preis, Informationssuche, Einkaufswege, Zeit), und
- die sozialen Kosten bzw. sozialen Vorteile, die der Erwerb und die Verwendung des Gutes gegenüber wichtigen Bezugsgruppen mit sich bringt (Sozialabhängigkeit der Unzufriedenheit).

Je höher Kosten und Nutzen einer Unternehmensleistung bewertet werden, umso größer werden auch die Erwartungen sein, die mit dieser Leistung verbunden sind.

Die Erwartungen der Verbraucher stehen entsprechend dieser Einflußfaktoren in Wechselwirkung mit dem allgemeinen Lebensstandard und den Wertvorstellungen der Gesellschaft, der individuellen sozialen Position, die der einzelne Verbraucher einnimmt, und den bisherigen Erfahrungen und Informationen im Konsumbereich. Durch den sozialen Lernprozeß gehen die Erfahrungen mit früheren Konsumerlebnissen – z.T. unbewußt – in die Bewertung des Konsumprozesses ein.

Zufriedenheit als Ergebnis des Soll-Ist-Vergleichs wird somit von der Interdependenz der beiden Komponenten mitbestimmt. "Unzufriedenheit kann damit durch zu hohe Erwartungen oder zu geringe Angebotsleistung oder durch eine Kombination von beidem hervorgerufen werden, Zufriedenheit einmal durch geringe (resignative) Erwartungen oder durch gute Leistung" (Kaas/Runow, 1984, S. 83). Dies erklärt auch, warum beispielsweise dasselbe Angebot bei verschiedenen Verbrauchern sowohl Zufriedenheit als auch Unzufriedenheit auslösen kann.

3. Theoretische Erklärungsansätze zur Wahrnehmung von Verbraucher(un)zufriedenheit

Soweit die Inkonsistenzen zwischen Erwartung und Realisierung den Konsumenten bewußt werden, tragen sie zur Unzufriedenheit bei. Eine Diskrepanz zwischen Erwartung und tatsächlicher Unternehmensleistung muß jedoch nicht unbedingt das Gefühl der Unzufriedenheit hervorrufen. Oft wird die Diskrepanz einfach hingenommen oder nicht einmal (mehr) als Problem erkannt. Es gibt hier also eine erhebliche "Toleranzspanne", die individuell unterschiedlich ausfallen kann.

Zur Erklärung dafür, ob diese Diskrepanz in Form eines positiven oder negativen Gefühls dem Individuum *bewußt* wird, können verschiedene Theorien aus der Verbraucherverhaltensforschung herangezogen werden.

Disconfirmation-Modell

Das Disconfirmation-Modell erklärt die Entstehung von (Un-) Zufriedenheit durch den Vergleich von individuellen Erwartungen bei der Produktleistung als Anspruchsniveau mit den durch die Produktnutzung erlebten Leistungen (Bruhn, 1985, S. 302). Von *Anderson* (1973) wurden die Theorie der kognitiven Dissonanz (Assimilationstheorie), die Kontrastheorie, die generelle Verneinungstheorie und die Assimilations-Kontrast-Theorie auf ihren Erklärungswert für die Entstehung von Verbraucherunzufriedenheit getestet.

Die *Theorie der kognitiven Dissonanz* (Festinger, 1957) geht davon aus, daß Individuen versuchen, psychologische Spannungen zu vermeiden und nach einem Status kognitiver Harmonie streben. Nach dieser Theorie korrigieren die Verbraucher im Falle von Unzufriedenheit ihre Produktwahrnehmung in der Weise, daß sie nachträglich – durch eine Art von Selbsttäuschung – ihre Erwartungen der tatsächlichen Situation angleichen (Assimilation). Dies ist z.B. der Fall, wenn sie dem Kauf später weniger Bedeutung zumessen, oder zur Verfügung stehende negative Informationen vermeiden. In diesem Fall tritt das Gefühl der Unzufriedenheit nicht auf.

Die *Kontrastheorie* argumentiert, im Gegensatz zur Dissonanztheorie, daß bereits eine geringe Abweichung zwischen Erwartung und tatsächlicher Leistung für den Konsumenten verstärkt an Bedeutung gewinnt. Ist also die Produktleistung schlechter als erwartet, vergrößert sich die Diskrepanz zwischen Erwartung und tatsächlicher Produktleistung noch weiter mit der Folge, daß Unzufriedenheit unverhältnismäßig stark auftritt.

Nach der *generellen Verneinungstheorie* macht es keinen Unterschied, in welche Richtung sich die Diskrepanz zwischen Erwartung und Realisation bewegt. Sowohl "Soll > Ist" als auch "Soll < Ist" führen zu einer generell negativen Einstellung gegenüber der Leistung. Die Inkonsistenz wird noch ungünstiger bewertet, als wenn keine spezifischen Erwartungen bestünden.

Den größten Erklärungswert für die Entstehung von Unzufriedenheit hat nach *Anderson* jedoch die Kombination der Theorie der kognitiven Dissonanz und der Kontrasttheorie. Bei der *Assimilations-Kontrast-Theorie* wird die Konsumentenzufriedenheit in Abhängigkeit von einem Spielraum ("lattitide of acceptance", Anderson 1973) gesehen, der zur Akzeptanz bzw. Zurückweisung der Disparität führt: Ist die Disparität vergleichsweise gering, so tendiert der Verbraucher eher dazu, seine Erwartungen den tatsächlichen Leistungen anzugleichen (Assimilation). Ist die Diskrepanz relativ groß, wird sie nicht mehr akzeptiert. Es kommt zu Kontrasteffekten und damit zu Unzufriedenheit.

Abb. C/1 vermittelt den Zusammenhang zwischen dem individuellen Erwartungsniveau und der wahrgenommenen Produktleistung.

Unzufriedenheit entsteht demnach dann, wenn die Differenz des Soll-Ist-Vergleichs eine gewisse, individuell verschiedene, Toleranzschwelle überschreitet. Welche psychischen Prozesse oder Verhaltensweisen dann ausgelöst werden, hängt im wesentlichen von der Stärke der Dissonanz und von den jeweiligen Techniken zu ihrer Reduzierung ab (Kroeber-Riel, 1980, S. 224).

Abbildung C/1:

Das Disconfirmation-Modell der Konsumenten(un)zufriedenheit[1]

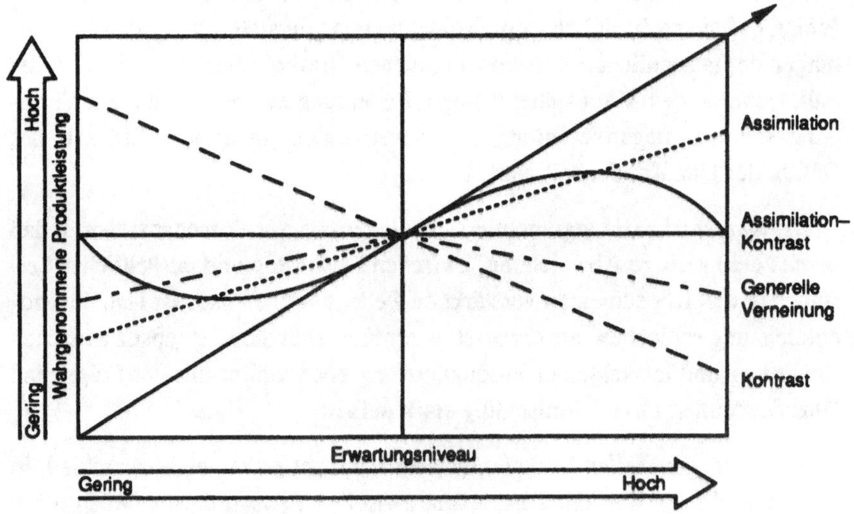

[1] nach Bruhn, 1985, S. 303.

Noch zwei weitere Theorien sollen hier angesprochen werden, die sich als Erklärung dafür heranziehen lassen, weshalb nur ein Teil der negativen Erfahrungen zu Unzufriedenheit führt.

Theorie der relativen Deprivation

Die Theorie der relativen Deprivation stellt den zeitlichen und sozialen Vergleich heraus: Die Individuen werden dann unzufrieden sein, wenn sie schlechter gestellt sind als früher oder als vergleichbare Personen. So wurde beispielsweise beobachtet, daß sozial schlechter gestellte Personen weniger häufig unzufrieden sind als Personen mit höherem sozialem Status. *Andreasen & Best* (1977) führen diese in ihrer Untersuchung festgestellte geringere Problemwahrnehmungsrate sozial unterprivilegierter Konsumenten darauf zurück, daß diese Menschen sich im gesamten System ohnehin rechtlos vorkommen und ihnen daher eine mangelhafte Leistung nicht mehr auffällt. Sie haben ein geringeres Erwartungsniveau.

Wahrnehmungsfilter

Nach *Reece* (1954) werden negativ bewertete Reize langsamer erkannt als positive oder neutrale. Dies ändert sich jedoch dann, wenn durch das rasche Erkennen negativer Reize negative Konsequenzen vermieden werden können. Für die Wahrnehmung eines Problems bedeutet dies, daß Unzufriedenheit eher dann entsteht, wenn Konsumenten Abhilfemöglichkeiten kennen. Auch dies mag als Erklärung dafür herangezogen werden, warum Unzufriedenheit bei Angehörigen höherer sozialer Schichten mit besserer Ausbildung empirisch häufiger nachgewiesen wird als bei weniger gebildeten Individuen.

4. Reaktionen der Verbraucher bei Unzufriedenheit

Die Ergebnisse einer repräsentativen Studie aus dem Jahr 1972 zeigen, daß nur 70% der Verbraucher, die über ein Konsumproblem berichten, auch etwas gegen die Unzufriedenheit unternommen hatten (Warland et al., 1975, S. 152). Dabei ist als weitaus häufigste Reaktion auf Unzufriedenheit die persönliche Beschwerde zu nennen. Ca. 32% der unzufriedenen Verbraucher beschweren sich bei Geschäftsführern, Angestellten und Händlern. Die zweithäufigste Reaktion, ca. 30%, besteht allerdings darin, nichts zu unternehmen. Die restlichen Verhaltensalternativen differieren stark nach Art (z.B. Marken- und Geschäftswechsel, Beschwerden bei Verbraucherorganisationen) und Häufigkeit ihres Auftretens (Warland et al., 1975).

Die Reaktion des Verbrauchers bei Unzufriedenheit kann als das Ergebnis eines Entscheidungsprozeßes betrachtet werden (Day et al., 1981), wobei auf der ersten Stufe der Entscheidung darüber bestimmt wird, ob Unzufriedenheit zu einer Handlung führt oder nicht. Das Nichtreagieren trotz Unzufriedenheit wird als *Akzeptanz* bezeichnet. Hier zeigt sich keine Änderung im Verhalten des Verbrauchers, selbst wenn sich möglicherweise die Einstellung gegenüber dem Produkt, der Marke oder dem Anbieter wandelt. Entscheidet der Verbraucher sich für das Handeln, kann in Anlehnung an *Hirschman* (1974) zwischen den Kategorien Abwanderung und Widerspruch differenziert werden (vgl. Kapitel B.III.1., S. 22 f.).

Unter *Abwanderung* soll hier der zeitweise oder endgültige Verzicht auf die Unternehmensleistung verstanden werden, der sich sowohl gegen die Unternehmensleistung selbst (z.B. in Form von Produktwechsel oder Konsumverzicht), als auch gegen den Verursacher dieser Leistung (z.B. in Form von Marken-, Händler-, Geschäftswechsel) richten kann.

Widerspruch läßt sich als eine Kommunikationsform beschreiben, mittels der der Verbraucher seine Unzufriedenheit entweder gegenüber den Marktbeteiligten direkt (Händler, Hersteller), im Familien-, Freundes-, oder Bekanntenkreis oder gegenüber Drittinstitutionen (Verbraucherorganisationen, Medien, Gerichte) zum Ausdruck bringt.

Inwieweit auch *Anfragen* und *Vorschläge* der Verbraucher als Reaktionen der Konsumenten auf Unzufriedenheit zu werten sind, gilt als nicht gesichert. Zieht man jedoch die Ergebnisse der Arbeitszufriedenheitsforschung heran, so kann angenommen werden, daß auch Verbrauchervorschläge – ebenso wie Vorschläge von Mitarbeitern – aus einer Unzufriedenheit hervorgehen können, die beispielsweise auf Lücken im Angebotssystem beruht.

Innerhalb dieser Reaktionsstrategien unterscheiden *Day* et al. (1981) noch zwischen privaten und öffentlichen Aktionen. Unter privaten Verhaltensweisen werden die Weitergabe der schlechten Erfahrung an Freunde oder Verwandte (negative Mundwerbung) oder die Abwanderung subsumiert. Eine öffentliche Reaktion bedeutet die Artikluation der Unzufriedenheit gegenüber dem Unternehmen oder "interessierten Dritten". Abbildung C/2 (S. 43) gibt einen Überblick über die möglichen Verhaltensalternativen der Verbraucher bei Unzufriedenheit.

Außer bei der Entscheidung, überhaupt nichts zu unternehmen, können sämtliche Verhaltensweisen sowohl nebeneinander (beispielsweise Marken-

Abbildung C/2:
Verhaltensalternativen der Verbraucher auf Unzufriedenheit [1]

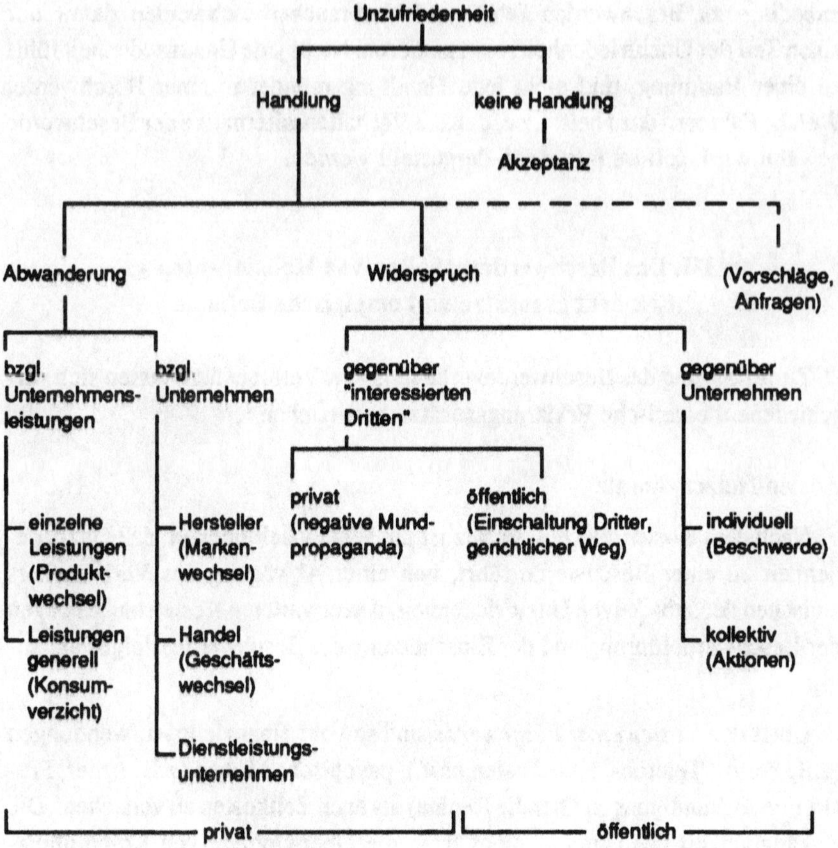

[1] in Anlehnung an Riemer, 1986, S. 70 und Day and Landon, 1977, S. 432.

wechsel und negative Mundpropaganda) als auch nacheinander auftreten (z.B. Beschwerden gegenüber dem Unternehmen und – meist nach erfolgloser Beschwerdeführung beim Anbieter – gegenüber Drittinstitutionen).

Die bisherigen Ausführungen zeigen bereits, daß Unzufriedenheit nicht unbedingt zu Beschwerden führt, und Verbraucherbeschwerden damit nur einen Teil der Unzufriedenheit repräsentieren. Nicht jede Unzufriedenheit führt zu einer Handlung, und nicht jede Handlung mündet in einer Beschwerde. Welche Faktoren dazu beitragen, daß die Verhaltensalternative der Beschwerde gewählt wird, soll im folgenden dargestellt werden.

III. Das Beschwerdeverhalten von Konsumenten – Erklärungsansätze und empirische Befunde

Zur Erklärung des Beschwerdeverhaltens von Verbrauchern lassen sich verschiedene theoretische Erklärungsansätze heranziehen [1].

Kosten-Nutzen-Ansatz

Nach dem Kosten-Nutzen-Ansatz ist die Wahrscheinlichkeit, daß Unzufriedenheit zu einer Beschwerde führt, von einer Abwägung des Verbrauchers zwischen der subjektiven Unzufriedenheit, den erwarteten Kosten und Erträgen der Beschwerdeführung und der Einschätzung des Beschwerdeerfolges abhängig.

Unter den *Kosten einer Beschwerde* sind sowohl finanzielle Aufwendungen (z.B. Porto-, Telefon-, Fahrtkosten usw.), psychische Mühen (z.B. Ärger, Frustration, Erkundigungen über die Rechte) als auch Zeitkosten zu verstehen. Die Zugänglichkeit des Unternehmens bzw. die Überwindung von Kommunikationsbarrieren erklärt zum Beispiel, weshalb der Handel weitaus häufiger als Adressat für Beschwerden gewählt wird als der Hersteller (vgl. Meffert & Bruhn, 1979; TARP, 1979). *Beschwerdeerträge* umfassen beispielsweise die Wiederherstellung der Funktionsfähigkeit des Produktes, die Rückerstattung des Kaufpreises, aber auch Erträge im Sinne von "Frustrationsabbau", "sich Luft machen", "Entschuldigung erhalten" etc. (Richins, 1980).

---

[1] vgl. beispielsweise Bruhn (1982) und Landon (1977).

Nach dem Kosten-Nutzen-Ansatz werden Beschwerden vor allem dann auftreten, wenn die erwarteten Erträge die zu erwartenden Kosten bzw. Mühen rechtfertigen.

Risiko-Ansatz

Das subjektiv empfundene Risiko einer Beschwerde stellt sich dar als das Produkt der subjektiv erwarteten Nichterfüllung der Ziele und der daraus entstehenden negativen Folgen (finanzielle Verluste, geschmälertes Sozialprestige, etc.). Besondere Bedeutung erhält der Risikoansatz vor allem bei der gerichtlichen Durchsetzung von Beschwerden: Ist der Konsument mit seiner Klage nicht erfolgreich, so hat er die Kosten des Gerichtsverfahrens zu tragen – eine Hauptursache dafür, daß Verbraucher selten den Rechtsweg beschreiten [1].

Komplexitäts-Ansatz

Beim Komplexitäts-Ansatz wird ein kurvilinearer Zusammenhang zwischen Problemkomplexität und Beschwerdeintensität vermutet, bei dem mit zunehmender subjektiver Problemkomplexität die Beschwerdeintensität zunächst anwächst, ein Maximum erreicht und danach wieder abfällt. Konkret würde dies bedeuten, daß z.B. Bagatellfälle, aber auch Probleme, bei denen die Verantwortlichkeit oder adäquate Problemlösungsstrategien nicht eindeutig erkennbar sind, seltener zu Beschwerden führen. Abbildung C/3 verdeutlicht diesen Zusammenhang.

Abbildung C/3:

Komplexitätsansatz zur Erklärung des Beschwerdeverhaltens

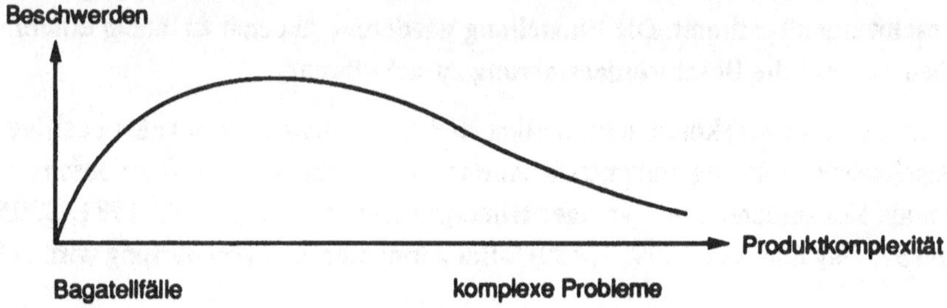

[1] Mittlerweile wird allerdings bereits eine Überlastung der Gerichte durch sogenannte "Bagatellfälle" beklagt. Immer mehr Verbraucher wagen den Gang vor Gericht, wenn sie die eventuell damit verbundenen Kosten über eine Rechtschutzversicherung abdecken können.

Best und *Andreasen* konnten beispielsweise in ihrer in den Jahren 1975 und 1976 durchgeführten Studie zeigen, daß Verbraucher sich bei geringerwertigen Produkten seltener beschweren als bei höherwertigen, daß aber wiederum auch bei höherwertigen Produkten das Beschwerdeverhalten davon abhängt, inwieweit sich die Verantwortung für das Problem eindeutig dem Unternehmen zuordnen läßt. In allen dort untersuchten Kaufkategorien sprechen Verbraucher eher "manifeste" Probleme an, d.h. solche Fälle, in denen es keinen Ermessensspielraum gibt (z.B. Produktdefekt). Dagegen werden Unzufriedenheiten aufgrund subjektiver Probleme (wie z.B. schwierige Handhabung, Design) meist nicht artikuliert, unabhängig davon, ob es sich um schwerwiegendere oder leichtere Probleme handelt (Andreasen, 1977, S. 188). Die Erwartung der Verbraucher, daß deutlich erkennbare, objektive Produktmängel eher seitens der Hersteller anerkannt werden, spielt dabei eine wesentliche Rolle.

Involvement-Modell

Die Beobachtung, daß das Beschwerdeverhalten in Abhängigkeit von dem subjektiven Wert des Produktes variiert, findet eine Erklärung in dem Involvement-Modell. Involvement umfaßt die subjektive Wichtigkeit eines Problems für den Verbraucher. Je höher die Bedeutung des Problems, umso höher ist auch die Betroffenheit der Person, wenn es zu Problemen kommt. Es wird angenommen, daß höheres Involvement auch ein intensiveres Beschwerdeverhalten zur Folge hat.

Lernmodell

Nach dem lerntheoretischen Ansatz wird das Beschwerdeverhalten insbesondere durch die Beschwerdeerfahrung sowie durch die Einstellung gegenüber Beschwerden bestimmt. Die Einstellung wiederum läßt sich zu einem erheblichen Teil auf die Beschwerdeerfahrung zurückführen.

Day et al. (1981) konnten feststellen, daß sich Verbraucher mit eher positiver Beschwerdeerfahrung und guter Kenntnis ihrer Rechte weit häufiger beschweren als Konsumenten mit weniger Hintergrundwissen (Day et al., 1981, S. 95 und 97; Day und Ash, 1979, S. 439) [1]. Bei geringerer Erfolgserwartung wird auf

---

[1] Diesen Lernprozeß durch Erfahrungen beschreibt im übrigen auch *Seligman* (1975) in seiner Theorie der gelernten Hilflosigkeit, wenn auch genau umgekehrt. Ein Individuum kann "Lernen", wenig Möglichkeiten zu sehen, seine Lebenssituation zu beeinflussen. Selbst Erfahrungen, die sich nur auf ganz bestimmte Bereiche beschränken, werden dann häufig generalisiert.

eine Beschwerde eher verzichtet und dafür die Reaktionsweise der negativen Mundpropaganda bevorzugt (Richins, 1983).

In diesem Zusammenhang erscheint auch das Ergebnis eines internationalen Vergleichs interessant, in dem der Einfluß der Verbraucherschutzgesetzgebung und der Verbraucherinformation auf das Beschwerdeverhalten von Konsumenten untersucht wurde. Es zeigte sich, daß in Staaten mit umfassender Verbraucherschutzgesetzgebung und guter Ausstattung mit Verbraucherberatungsstellen das Widerspruchsverhalten der Verbraucher ausgeprägter war als in Wirtschaften, in denen ein geringerer Grad an Kontrolle über Industrie und Handel seitens der Regierungen gegeben war (Day et al., 1981, S. 101 ff.).

Persönlichkeitsmodell

Zur Erklärung des Beschwerdeverhaltens werden bei diesem Ansatz Persönlichkeitsmerkmale, wie z.B. Engagement, Selbstvertrauen, Locus of Control, etc. in den Vordergrund gestellt. Persönlichkeitseigenschaften scheinen jedoch nur schwach – wenn überhaupt – mit dem Beschwerdeverhalten zu korrelieren (Settle und Golden, 1974; Zaichowsky und Liefield, 1974).

Ressourcenmodell

Die Überlegungen des Ressourcenmodells werden von der Annahme geleitet, daß die Voraussetzungen, unter denen eine Beschwerde geäußert wird, nicht für jeden Verbraucher gleich sind. Es geht nicht darum, was der Verbraucher gerne tun möchte, sondern wozu er in der Lage ist. Unterschiede bestehen sowohl im Finanz- als auch im Zeitbudget, aber auch in der Fähigkeit des einzelnen Verbrauchers, Probleme zu lösen. Erfaßt werden vor allem soziodemographische Merkmale des Konsumenten wie Alter, Bildung, sozioökonomischer Status etc.

Der Einfluß der soziodemographischer Eigenschaften ist allerdings weitgehend ungeklärt. So beschreiben beispielsweise *Warland* et al. (1975), *Liefield* (1975) und *Wall* et al. (1977) den beschwerdeführenden Konsumenten als eher jung, eher gebildet und eher gut verdienend. Im Gegensatz dazu stellen jedoch *Gaedeke* (1972), *Best & Andreasen* (1976) und *Best* (1981) keine diesbezüglich dominierenden Merkmale fest.

Attributions-Modell

Nach dem Attributions-Modell werden Ereignisse und Verhaltensweisen je nach Ursache in einen bestimmten Ordnungsrahmen gebracht. Die Zuordnung der Attribute geschieht nach *Rosenbaum* (1972) bzw. *Weiner* (1972) hinsichtlich dreier Dimensionen:

1. *internal – external* :
   wer wird verantwortlich gemacht ? (ich oder der andere?)

   Eine Person, die sich selbst für eine Situation verantwortlich macht, wird sich weniger beschweren als jemand, der dem Unternehmen die Verantwortung für das Problem zuweist. Von Einfluß ist hier auch, ob der Verbraucher eher intrinsisch oder extrinsisch motiviert ist.

2. *stable – instable*:
   ist das Ereignis stabil oder wird es sich in der Zukunft ändern?

   Die subjektive Wahrnehmung, ob ein negativer Zustand sich zum Positiven ändert ("es kann ja mal vorkommen") oder ob er nicht zu ändern ist ("da kann man nichts machen") ist eine häufige Ursache für "unvoiced complaints". Die meisten Beschwerden werden bei mittel-stabiler Attribution vorkommen, wo durch Interventionen der Zustand geändert werden kann (Einem et al., 1987, S. 64).

3. *intentional – unintentional*:
   war das Ereignis beabsichtigt oder nicht?

   Kraft (1977) stellte fest, daß Verbraucher, die den Unternehmen Vorsatz oder Täuschung ankreiden, sich eher beschweren als diejenigen, die diese Vorstellung nicht haben. Dies wird auch häufig der Fall sein. Die Vermutung, daß die Benachteiligung absichtlich herbeigeführt wurde, legt dem Verbraucher jedoch oft auch nahe, daß er nicht mit dem "guten Willen" des Unternehmens rechnen kann, eine Beschwerde daher keinen Erfolg haben wird.
   Landon (1977) und *Grabicke* (1980) konnten zeigen, daß bei Unternehmen, die über einen guten Ruf hinsichtlich der Qualität ihrer Produkte und ihres Verhaltens gegenüber den Kunden verfügen, die Wahrscheinlichkeit von Beschwerden größer ist, da die Verbraucher sich hier eher einen Erfolg versprechen.

Compensity-to-Complain

Nach *Landon* (1977) wird das Beschwerdeverhalten des Verbrauchers als eine Funktion von Unzufriedenheit, Bedeutung des Falles, erwartetem Beschwerdeerfolg und Persönlichkeit beschrieben. Damit werden verschiedene Einflußfaktoren, die auch anderen Modellen – dort jedoch isoliert – zugrunde liegen, angesprochen. Unzufriedenheit wird allerdings nicht als notwendige

Bedingung für Beschwerden angesehen. So können sich auch zufriedene Konsumenten beschweren, wenn sie sich dadurch einen Vorteil erhoffen (Landon, 1977). Der Anteil der Querulanten dürfte im Vergleich zu den begründeten Beschwerden jedoch gering sein (vgl. Kendall & Russ, 1975, S. 42).

Wettbewerbssituation

Neben den bereits aufgeführten Einflußfaktoren auf das Beschwerdeverhalten der Verbraucher bestimmt auch die Marktsituation, ob Konsumenten sich beschweren oder einer anderen Strategie den Vorzug geben. So stellten *Fornell* und *Didow* (1980) fest, daß das "Vorhandensein von Alternativen" ganz wesentlich die Beschwerdeneigung determiniert: Bei kompetiven Märkten neigt der Verbraucher eher zum Händler- oder Markenwechsel als zu einer Beschwerde. Bei weniger wettbewerbsintensiven oder bei monopolähnlichen Marktstrukturen sind dagegen die Möglichkeiten zur Abwanderung eingeschränkt, so daß diese Situation eher zu Beschwerden führt.

Zusammenfassend lassen sich die in Untersuchungen ermittelten Determinanten des Beschwerdeverhaltens nach situationsabhängigen und situationsunabhängigen Faktoren unterscheiden (Grabicke et al., 1983, S. 148). Zu den *"situationsabhängigen"* Faktoren zählen beispielsweise die Unzufriedenheit mit dem Produkt bzw. der Dienstleistung, die Bedeutung des Produkts (monetär und sozial) und die erwarteten Kosten und Nutzen einer Beschwerde. Persönlichkeitseigenschaften, Motive, Informationsstand und Wissen der Konsumenten sowie die Bedingungen des Marktes werden unter dem Begriff *"situationsunabhängige"* Faktoren subsumiert. Sowohl zwischen als auch innerhalb der beiden Faktorgruppen bestehen wechselseitige Beziehungen, so daß eine monokausale Bestimmung der Determinanten, die Beschwerden hervorrufen, wohl nicht möglich ist (Grabicke et al., 1983, S. 158).

IV. Beurteilung des Informationscharakters von Verbraucherbeschwerden

Am Anfang dieses Kapitels wurde die Frage gestellt, in welcher Hinsicht und in welchem Umfang Beschwerden als Indikatoren für Verbraucherunzufriedenheit zu werten sind (vgl. S. 31). Nach *Hahn/Krystek* (1978) kann zur Beantwortung dieser Frage der Wert von Beschwerden als Frühwarnindikatoren unter den folgenden "Gütekriterien" analysiert werden:

- *Eindeutigkeit:* sie müssen Entwicklungen von relevanten Erscheinungen in ihrem Bereich eindeutig charakterisieren,
- *Frühzeitigkeit:* sie müssen Entwicklungen frühzeitig andeuten,
- *Vollständigkeit:* sie müssen die von ihrem Beobachtungsbereich ausgehenden Gefährdungen möglichst vollständig erfassen,
- *rechtzeitige Verfügbarkeit:* sie müssen für den Bearbeiter und den Benutzer rechtzeitig verfügbar sein,
- *ökonomische Vertretbarkeit :* ihre Benutzung muß unter ökonomischen Gesichtspunkten vertretbar sein (Hahn/Krystek, 1978, S. 81 und 82).

Während Beschwerden im Hinblick auf ihre Frühzeitigkeit, rechtzeitige Verfügbarkeit und ökonomische Vertretbarkeit für die Unternehmen durchaus Vorteile aufweisen – sie sind schneller als jede Marktforschungsmaßnahme und kostengünstiger als rückläufige Umsätze (Fornell, 1978, S. 480) – lassen sich im Hinblick auf die Kriterien "Vollständigkeit" und "Eindeutigkeit" Zweifel anmelden. Denn betrachtet man den der Beschwerde vorangehenden Entscheidungsprozeß und die Faktoren, die das Beschwerdeverhalten möglicherweise mitbestimmen (z.B. Art und Bedeutung des Konsumproblems, Marktsituation, Persönlichkeitsmerkmale), läßt dies erwarten, daß Beschwerden einer gewissen *Selektivität* hinsichtlich der Artikulationsbereitschaft unterschiedlicher gesellschaftlicher Gruppen bzw. Schichten sowie aus produkttypologischer Sicht unterworfen sind (Raabe, 1984, S. 27 f.). So beschweren sich Verbraucher eben hauptsächlich in Situationen, in denen die erwarteten Beschwerdeerträge die vermuteten Kosten überschreiten. Beschwerden erfolgen eher bei höherwertigen Produkten oder "manifesten" Problemen. Und die Beschwerderate steigt bei zunehmend monopolistischen Marktverhältnissen, da die Abwanderungsmöglichkeiten schwinden.

Die *Eindeutigkeit* von Beschwerdeinformationen scheint in der Regel gegeben: Verbraucher nehmen den zeitlichen und physischen Beschwerdeaufwand nur dann auf sich, wenn sie ein klares Verständnis des Problems haben (Hansen, 1982, S. 31). *Ölander* (1977, S. 131) weist jedoch darauf hin, daß Unzufriedenheit bzw. Zufriedenheit vom jeweiligen Anspruchs- und Erwartungsniveau, vom Niveau der Referenzgruppen, von der Kenntnis der Alternativen u.a.m. abhängig ist. Ohne Kenntnis dieser Determinanten sind aber vor allem Beschwerden, die sich auf die subjektive Wahrnehmung von Problemen beziehen, nicht eindeutig genug. Dadurch ergeben sich erhebliche Interpretationsprobleme.

Die empirischen und theoretischen Befunde zeigen aber auch, daß das Beschwerdeverhalten davon abhängt, wie Beschwerden von den Unternehmen aufgenommen werden. Legen die Unternehmen den Beschwerdeführern Hindernisse in den Weg, indem sie beispielsweise auf eine Beschwerde mit Arroganz oder Abweisung reagieren, keine Möglichkeiten für ihre Ansprechbarkeit aufzeigen, oder den Verbraucher mit seinen Problemen nicht ernst nehmen, wird der Verbraucher bevorzugt andere Strategien der Problemlösung wählen. Dagegen steigt die Wahrscheinlichkeit der direkten Artikulation gegenüber den Unternehmen, wenn diese Strategien entwickeln, die dem Konsumenten die Beschwerdeführung erleichtern. Es läßt sich vermuten, daß dann auch die Vorteile, die den Unternehmen infolge Beschwerden erwachsen können, gleichermaßen steigen.

Beschwerden werden immer nur die Spitze eines Eisbergs darstellen. Diffusionstheoretische Überlegungen legen jedoch den Schluß nahe, daß sich bevorstehende gesellschaftliche und marktliche Wandlungsprozesse stets durch schwache Signale ankündigen (Ansoff, 1976). Weder die Ergebnisse der Marktforschung noch die Informationen aus Beschwerden ermöglichen – für sich gesehen – eine vollkommene oder auch nur weitgehende Erfassung der Verbraucherwünsche und -probleme. Beide zusammen können jedoch zu einem brauchbaren und vollständigen Katalog führen (von der Heyden, 1982, S. 114).

Trotz aller Defizite, die Beschwerden hinsichtlich ihrer Eindeutigkeit und Vollständigkeit aufweisen, erscheint es deshalb für Unternehmen mehr als sinnvoll, dieser Form der unaufgeforderten Artikulation der Verbraucher verstärkt Berücksichtigung zu schenken und unzufriedene Konsumenten zu Beschwerden zu ermuntern. "Je mehr Beschwerden ein Unternehmen erhält, desto eher wird auch der Mangel an Aussagefähigkeit eliminierbar sein" (Wimmer, 1985, S. 236). Daher sind wir mit *Hansen* der Meinung, "daß hier eine wichtige Quelle zur Problemerkennung vorliegt, auch wenn die aufgezeigten Restriktionen eine genaue Quantifizierung der Problemverbreitung verbieten und die Hoffnung auf eine vollständige Problemerkenntnis unerfüllt bleibt" (Hansen, 1982, S. 32).

D. Reaktionen der Unternehmen auf Verbraucherbeschwerden

In den letzten Abschnitten wurde aufgezeigt, auf welche Ursachen sich die mangelnde Information der Anbieter über die Vorstellungen der Verbraucher zurückführen läßt, zu welchen Konsequenzen diese Situation geführt hat, welche Lösungsansätze die Berücksichtigung von Verbraucherbeschwerden bietet, aber auch, unter welchen Einschränkungen diese zu sehen sind.

Im nachfolgenden Teil wollen wir zunächst auf die grundsätzlichen Reaktionsmöglichkeiten der Unternehmen auf Verbraucherbeschwerden eingehen. Dazu lassen sich die Beobachtungen heranziehen, die bei den Unternehmen in der Folge des Konsumerismus gemacht werden konnten. Konsumentenbeschwerden sind zwar im Gegensatz zum Konsumerismus individuelle Handlungen und "Unternehmen steht es in der Regel frei, ob und wie sie darauf reagieren können" (Riemer, 1986, S. 100). Doch zu den Forderungen des Konsumerismus zählt auch das "Recht auf Anhörung" (vgl. Abschnitt B.II.2., S. 21), und hierunter fallen insbesondere auch Beschwerden.

Im Anschluß daran werden im Überblick die in der Literatur bereits vorhandenen Vorschläge vorgestellt, die zu einer effektiven Beschwerdenutzung beitragen können. Dabei beziehen wir uns im wesentlichen auf die Beiträge, die von der *TARP* Inc. im Rahmen der Studie "Complaint Handling in America" [1] und von *Riemer* in seiner Untersuchung zur effizienten Gestaltung eines Beschwerdemanagements [2] erarbeitet worden sind.

Die Darstellung dient mit als Grundlage für die empirische Untersuchung, die wir im Sommer 1987 bei 125 Unternehmen der Konsumgüterindustrie, des Handels und der Dienstleistungsbranche durchgeführt haben.

---

[1] TARP Inc. (ed.), 1979: Consumer Complaint Handling in America – Final Report. Washington D. C.: United States Department of Health, Education and Welfare.

[2] Martin Riemer, 1986: Beschwerdemanagement, Frankfurt/Main, New York: Campus.

I. Grundsätzliche Reaktionsstrategien

Grundsätzlich lassen sich Reaktionen der Unternehmen auf den Druck des Konsumerismus zwischen den Strategien "Ablehnung" und "Innovation" bzw. "Kooperation" einordnen. Zur Systematisierung der Unternehmensreaktionen unterscheidet *Stauss* (1985) zwischen den Strategien der Ignoranz, des Widerstands, der Anpassung und der Innovation [1]:

Die *Strategie der Ignoranz* beinhaltet eine Nichtwahrnehmung oder bewußte Nichtbeachtung der verbraucherpolitischen Forderung. Dies gilt vor allem für Unternehmen mit monopolähnlicher Position am Markt, die dem Verbraucher keine Abwanderung gestattet, bzw. für Situationen, wo eine "mangelhafte Markttransparenz verbraucherpolitisch kritikwürdiges Marketinghandeln verschleiert" (Hansen/Stauss, 1982, S. 14).

Die *Strategie des Widerstands* geht gegen die gesellschaftliche Veränderung mit Hilfe von PR-Maßnahmen und Lobbytätigkeit vor. Sie erfordert eine sensible Wahrnehmung verbraucherpolitischer Forderungen, um dagegen mit unverändert aktiven bzw. aggressiven Marketingstrategien vorzugehen.

Die *Strategie der Anpassung bzw. Integration* verbindet eine abwartende Einstellung zum Markt mit einer aktiven Reaktion entsprechend der Notwendigkeiten, die sich aus der verbraucherpolitisch bedingten Veränderung des Handlungsrahmens ergeben. Forderungen werden insofern berücksichtigt, als sie das Ausmaß der Zielerreichung nicht wesentlich beeinflussen.

Die *Strategie der Innovation* ist durch eine frühzeitige und kreative Nutzung verbraucherpolitischer Impulse für die Revision des Marketinginstrumentaleinsatzes gekennzeichnet. Die Forderungen des Konsumerismus werden unter dem Aspekt der "profitablen Verwertung" (Hansen/Stauss, 1982, S. 14) in das Marketing eingebaut. Dabei geht das aktive Problemlösungsverhalten über gesetzte Normen hinaus und läßt dem Marketing neue Aufgaben zuwachsen.

Die realen Ausprägungen der unternehmerischen Verhaltensformen sind jedoch weit vielfältiger, als sie in den genannten idealtypischen Varianten zum

---

[1] vgl. auch Hansen/Stauss (1978): Marketing und Verbraucherpolitik – ein Überblick; Meffert (1975): Marketing und Konsumerismus; Stauss (1985): Strategische Marketingreaktion auf verbraucher- und umweltpolitische Herausforderungen – ein Erklärungsmodell; Stitzel, M. (1977): Unternehmerverhalten und Gesellschaftspolitik; Feldman (1971): Social Adaption: A New Challenge for Marketing.

Ausdruck kommten. *Stauss* (1985) unterscheidet zwischen Substrategien und komplexen Strategieformen: "Differenzierte *Substrategien* ergeben sich bereits durch die Varianten des Aktivitätsniveaus. Innovation und Widerstand können mit unterschiedlicher Intensität betrieben werden; Anpassung kann frühzeitig und aktiv erfolgen oder aber recht passiv und zum letztmöglich gesetzlich fixierten Zeitpunkt. Zu den *komplexen Strategieformen* gehören Strategiewandel, Strategiekombination, Ausweichstrategien und Strategieverschleierung" (vgl. Stauss, 1985, S. 70).

Unter *Strategiewandel* wird der Übergang zu einem neuen Verhaltenstyp im Zeitablauf verstanden, wenn sich die gewählte Strategie nicht als zieladäquat erweist.

Bei der *Strategiekombination* werden verschiedene Verhaltensformen gleichzeitig gewählt. Dies ist beispielsweise der Fall, wenn unternehmensextern eine Widerstandsstrategie betrieben wird, um drohende gesetzliche Fixierungen der verbraucherpolitischen Artikulation zu verhindern oder aufzuhalten, während unternehmensintern das Scheitern der Widerstandsstrategie einkalkuliert und durch Anpassungsmaßnahmen vorbereitet wird.

Als *Ausweichstrategien* lassen sich Maßnahmen begreifen, die zur Verhinderung der eigentlichen Forderung eine ähnliche bzw. abgeschwächte Forderung realisieren und damit als Ausgleich für die eigentliche Forderung gelten sollen.

Bei der *Verschleierungstaktik* wird die tatsächlich verfolgte Strategie nach außen getarnt, so z.B. wenn intern eine Widerstandsstrategie gewählt wird, aufgrund von PR-Überlegungen nach außen hin aber der Eindruck vermittelt werden soll, man verfolge Innovations- und Anpassungstrategien.

II. Beschwerdemanagement

Bei Unternehmen, die sich mit dem Gedanken einer konstruktiven und effektiven Nutzung von Verbraucherbeschwerden befassen, sind in der Regel Strategien der Anpassung oder Innovation vorzufinden. Dabei werden zum einen Maßnahmen getroffen, die den Beschwerdeführer wieder zufriedenstellen, um so die negativen Folgen einer für den Verbraucher unbefriedigenden Beschwerdeführung zu vermeiden (z.B. negative Mundpropaganda, Abwanderung, Beschwerdeführung bei Verbraucherorganisationen, usw.). Zum anderen sollen auf der Basis der Informationen, die aus den eingegangenen Beschwerden gewonnen werden können, Maßnahmen eingeleitet werden, die zukünftigen Unzufriedenheitsreaktionen der Verbraucher vorbeugen. *Riemer* (1986) beschreibt ersteres als "Einzelfall-Lösung" oder retrospektive Bedeutung der Beschwerdebearbeitung, letzteres als "absatzpolitische Reaktion" bzw. prospektive Nutzung von Beschwerden im Rahmen eines Beschwerdemanagements.

Unter *Beschwerdemanagement* versteht er "ein System von Handlungsanweisungen, Strukturen und Mitteln für den Umgang mit Beschwerden unter der Zielsetzung, diese für das Marketing zu nutzen" (Riemer, 1986, S. 28). Dabei soll das Beschwerdeverhalten der Konsumenten im Verhältnis zu anderen Unzufriedenheitsreaktionen maximiert werden.

1. Gestaltungselemente eines Beschwerdemanagements

Die Durchführung eines Beschwerdemanagements setzt voraus, daß das Unternehmen von der Unzufriedenheit des Verbrauchers Kenntnis erhält. Dazu sind organisatorische Einrichtungen erforderlich, die eine schnelle Abwicklung der Kommunikation gewährleisten und sicherstellen, "daß die Unzufriedenheit, die das Unternehmen betrifft, das Unternehmen auch erreicht und nicht an anderer Stelle versickert" (Riemer, 1986, S. 272). *Riemer* nennt als mögliche Instrumente zur Kanalisierung von Beschwerden Kontaktadressen oder Aufforderungen zur Kommunikation. Damit die Beschwerdebearbeitung nicht unnötig verzögert wird, fordert er klare Bearbeitungszuständigkeiten, z.B. in Form einer zentralen Anlaufstelle für den Verbraucher, die als solche auch im Organisationsplan verankert sind.

Bei der Einzelfall-Lösung läßt sich nach Standard- und Individualreaktionen unterscheiden. Standardreaktionen (z.B. Umtausch) sind möglich, wenn es sich um Beschwerden handelt, die immer wieder auftreten (z.B. "Produkt verdorben"), oder wenn Bagatellfälle vorliegen, bei denen sich aus Kostengesichtspunkten eine genauere Überprüfung nicht lohnt. Individualreaktionen erfordern dagegen eine genauere Fallprüfung. Unter dem Gesichtspunkt, daß der Verbraucher wieder zufriedengestellt werden soll, ist eine schnelle Reaktion jedoch immer unerläßlich. Bei komplizierten Beschwerden sind Zwischenbescheide, Eingangsbestätigungen u.a.m. notwendig.

Um aus den Verbraucherbeschwerden Hinweise auf Problembereiche zu erhalten, müssen sie inhaltlich festgehalten und einer kontinuierlichen Analyse unterzogen werden. Die Analyse soll dabei sowohl Aussagen über Beschwerdeschwerpunkte und -entwicklungen, als auch über die Ursachen von Beschwerden ermöglichen. Damit sichergestellt wird, daß die Ergebnisse den

Abbildung D/1:

Gestaltungselemente eines Beschwerdemanagements [1]

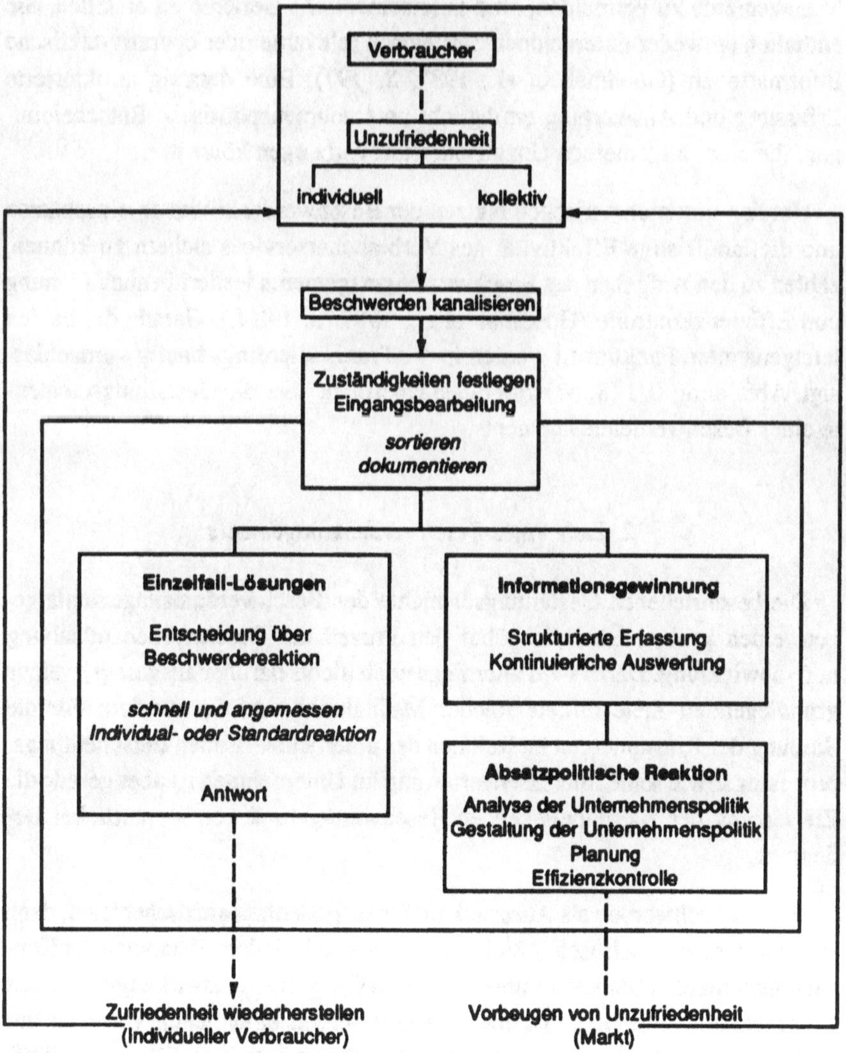

[1] in Anlehnung an Riemer, 1986; TARP, 1979.

jeweiligen Entscheidungsträgern zugehen, muß unternehmensintern in Form von regelmäßigen – zumeist monatlichen – Kurzberichten über die Beschwerdebereiche informiert werden. Um dabei eine Informationsüberflutung des Managements zu vermeiden, sind unterschiedliche Berichte zu erstellen. Sie enthalten entweder unternehmensstrategisch relevante oder operativ-taktische Informationen (Goodman et al., 1987, S. 197). Eine derartig strukturierte Erfassung und Auswertung ermöglicht unternehmenspolitische Entscheidungen, die einer allgemeinen Unzufriedenheit vorbeugen können.

Um den unternehmerischen Nutzen der Beschwerdeaktivitäten einschätzen und die langfristige Effektivität des Verbraucherservices sichern zu können, zählen zu den Aufgaben des Beschwerdemanagements weiterhin auch Planung und Effizienzkontrolle (Goodman et al., 1987, S. 198 f.). Gerade die beiden letztgenannten Funktionen werden in der Praxis allerdings häufig vernachlässigt. Abbildung D/1 (S. 57) gibt einen Überblick über die Gestaltungselemente eines Beschwerdemanagements.

2. *Ziele eines Beschwerdemanagements*

Die beschriebenen Gestaltungselemente des Beschwerdemanagements geben einen groben Überblick über den Prozeß der Beschwerdehandhabung und -abwicklung. Dabei wird allerdings noch nichts darüber ausgesagt, welche grundlegenden Ziele mittels solcher Maßnahmen verfolgt werden. Für die Stellung der Konsumenten im Rahmen des unternehmerischen Entscheidungsprozesses sowie seine Interessenvertretung im Unternehmen ist aber gerade die Zielsetzung der zugrundeliegenden Beschwerde*politik* von wesentlicher Bedeutung.

Wenn Beschwerden als Ausdruck für Unzufriedenheit anzusehen sind, dann ist ein beschwerdepolitisches Ziel ganz sicherlich, "mit dem Phänomen der Konsumentenunzufriedenheit so umzugehen, daß negative Auswirkungen auf das Unternehmen minimiert und die in Beschwerden enthaltenen Chancen zur Erzielung von Wettbewerbsvorteilen identifiziert werden" (Wimmer, 1985, S. 234). In diesem Sinne könnte Beschwerdepolitik als Kalkulationsproblem aufgefaßt werden, dem das Ziel der "profitablen Verwertung" zugrunde liegt. Bei den meisten Auseinandersetzungen zum Thema Beschwerdemanagement steht dieses "Verwertungsinteresse" im Vordergrund, wie auch in der Definition *Riemers* (vgl. S. 56) deutlich wird.

Die unternehmerische Beschwerdepolitik könnte sich aber auch darum bemühen, ein anderes Verhältnis zum Konsumenten zu erzielen. Dabei wäre zwar die "profitable Nutzung" von Beschwerden als Nebenbedingung formuliert. Primär ginge es aber um die Behandlung des Verbrauchers als gleichwertigen Partner, dessen Interessen in das Unternehmen eingebracht werden sollen. Eine derartige Zielorientierung, die sich als "Kooperations- bzw. Unterstützungsstrategie" (Hansen/Stauss, 1982, S. 15 ff.) begreifen läßt, erfordert ein verändertes Unternehmensverständnis, bei dem der Konsument nicht mehr nur als "Objekt" unternehmerischen Handelns betrachtet wird, sondern als Subjekt, dessen Interessen und Zielvorstellungen als zum organisationalen System gehörig gesehen werden (vgl. Stinner, 1976, S. 3). Es erfordert eine dialogische Grundorientierung, die von einem freiwilligen, argumentativen und zweiseitigen Verständigungsprozeß ausgeht (Raabe, 1985, S. 58). Es muß sichergestellt sein, daß selbst dann die Interessen der Verbraucher in der unternehmerischen Entscheidung berücksichtigt werden, wenn sie (kurzfristig) nicht zu den traditionellen Organisationszielen (Gewinn, Marktanteil, Rentabilität, etc.) beitragen.

Beschwerden stellen zwar nur eine punktuelle Kritik der Verbraucher dar. Aufgrund ihrer Freiwilligkeit sind sie aber als Ansatzpunkt für den Dialog zu werten. Wenn sie im Sinne einer Verständigung in das Unternehmen eingebracht werden sollen, sind nicht nur Maßnahmen gefordert, die eine effektive Gestaltung des Beschwerdemanagements betreffen. Es muß auch die Bereitschaft der Unternehmung zum Dialog und zur Konsensfindung vorliegen. Und es müssen organisatorische Instanzen vorhanden sein, die sich diesen Aufgaben annehmen sowie über Möglichkeiten verfügen, das durch Beschwerden artikulierte Verbraucherinteresse wirksam in das Unternehmen einzubringen.

Einen möglichen Ansatzpunkt auf organisationaler Ebene stellt das Beispiel der "Verbraucherabteilungen" (Consumer Affairs Departments) dar. Verbraucherabteilungen sind in den USA bereits in zahlreichen Unternehmen zu finden. Die Diskussion, die dabei um die Zielsetzung dieser Abteilungen geführt wird, erscheint als Grundlage geeignet, um die Möglichkeiten und Bedingungen einer Integration von Verbraucherinteressen durch eine verbraucherorientierte Beschwerdepolitik aufzuzeigen.

III. Verbraucherabteilungen als Ansatzpunkt zur internen Vertretung vonVerbraucherinteressen in Unternehmen

1. Gründungsanlässe

Nach Schätzungen der "Society of Consumer Affairs Professionals in Business" (SOCAP) haben amerikanische Unternehmen in den 70er Jahren mehr als tausend Verbraucherabteilungen eingerichtet. Als Gründungsanlaß für Verbraucherabteilungen können verschiedene Erklärungen herangezogen werden (vgl. Renoux, 1985, S. 133 ff.):

Verbraucherabteilungen können auf der *strategischen Überlegung* beruhen, durch eine "durchdachte und gewählte betriebliche Investition ... die Beziehungen zwischen dem Unternehmen und den sich immer mehr in den Vordergrund drängenden individuellen Verbrauchern und ihren Organisationen" besser zu regeln (Renoux, 1985, S.134). Damit ist der Gedanke verbunden, die vermeintlichen Spannungen zwischen Konsumenten und Unternehmen innovatorisch – d.h. als Anregung für geforderte und gewünschte Änderungen und Neuorientierungen der Unternehmen – zu nutzen.

Neben den strategischen Überlegungen läßt sich die Einrichtung der Verbaucherabteilung aber auch in vielen Fällen auf *Konflikte* zurückführen, die die Unternehmen aufgrund des fehlenden Dialogs mit dem Verbraucher oft unvorbereitet treffen. Das Ziel, das hier durch die Etablierung einer Verbraucherabteilung verfolgt wird, liegt in dem Versuch, den Ruf des Unternehmens wiederherzustellen. In diesem Sinne ist auch die Zunahme von Verbraucherabteilungen in den frühen 70er Jahren zu erklären, die als Antwort auf den Konsumerismus den Dialog mit dem Verbraucher pflegen sollten.

2. Funktionen der Verbraucherabteilung

Unabhängig davon, welche Gründe für die Einrichtung von Verbraucherabteilungen ausschlaggebend waren und mit welchen Aktivitäten sie sich vorrangig beschäftigen, beschreibt *McGuire* (1973) ihr Grundanliegen mit "improving their companies' relations and communications with consumers and making their companies more responsive to the valid needs and grievances of consumers" (McGuire, 1973, S. 4).

Aus dieser Beschreibung lassen sich grundsätzlich interne und externe Funktionen von Verbraucherabteilungen ableiten (vgl. Hansen/Stauss, 1985, S. 151):

Extern fungieren die Verbraucherabteilungen als Ansprechstelle und Empfänger aller Arten von Verbraucheräußerungen, sowohl von individuellen Konsumenten als auch von Gruppen und Organisationen.

Intern besteht ihre Aufgabe in der Erfassung und Analyse der vom Verbraucher direkt empfangenen Daten ("Frühwarnsignale") und in der Vermittlung dieser Informationen an andere unternehmerische Einheiten. Je nach Kompetenz können Verbraucherabteilungen auch Einfluß auf unternehmerische Entscheidungen nehmen. Abbildung D/2 verdeutlicht die Wirkungsweise der Verbraucherabteilung:

Abbildung D/2:
Funktionen der Verbraucherabteilung (VA) im Rahmen der Kommunikationsaktivitäten der Unternehmung

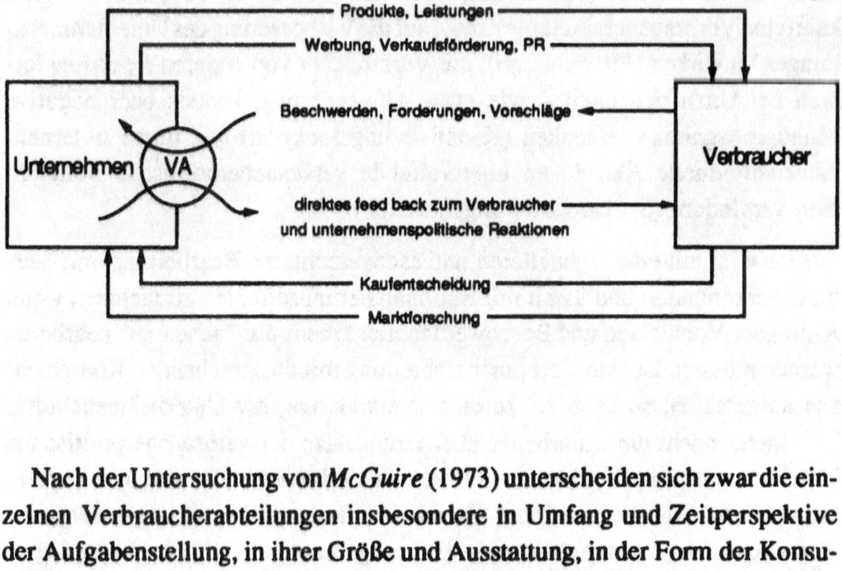

Nach der Untersuchung von *McGuire* (1973) unterscheiden sich zwar die einzelnen Verbraucherabteilungen insbesondere in Umfang und Zeitperspektive der Aufgabenstellung, in ihrer Größe und Ausstattung, in der Form der Konsumentenbeteiligung, in der organisatorischen Einordnung und der Entscheidungskompetenz, doch befassen sie sich mit wenigstens einem – normalerweise mehreren – der folgenden Tätigkeiten (vgl. McGuire, 1973, S. 5):

- Entgegennahme, Bearbeitung und Lösung von Verbraucheranfragen- und beschwerden, wobei Beschwerden in der Regel die meisten unaufgeforderten Kontakte der Verbraucher mit Unternehmen darstellen (Abhilfe- und Zugangsfunktion),

- Entwicklung und Verbreitung verbesserter Verbraucherinformationen über die eigenen Produkte (Informationsfunktion),
- Zusammenarbeit mit Verbraucherverbänden, -organisationen und -interessengruppen außerhalb des Unternehmens,
- Unterrichtung des Managements über Verbraucherfragen und verbraucherpolitische Trends in der Funktion einer interne Interessenvertretung der Verbraucher (Impulsfunktion).

Die erstgenannten Tätigkeiten stellen nach außen gerichtete Funktionen dar, die letzte beschreibt die interne Informationsaufgabe der Verbraucherabteilungen.

Hansen und *Stauss* (1985) ergänzen diese von *McGuire* beobachteten Aufgabeninhalte der Verbraucherabteilungen um weitere, potentielle Funktionen, die mit einer Abteilung für Verbraucherangelegenheiten in Verbindung gebracht werden können (vgl. im folgenden Hansen/Stauss, 1985, S. 153 ff.). So kann eine Verbraucherabteilung *extern* auf die Verbesserung des Unternehmensimages hinwirken (PR-Funktion), die Verbraucher von anderen Reaktionsformen bei Unzufriedenheit - wie etwa Abwanderung, Protest oder negative Mundpropaganda - ablenken (Kanalisierungsfunktion) und durch unternehmensindividuelle Aktivitäten übergreifende verbraucherpolitische Maßnahmen verhindern (Selbstregulierungsfunktion).

Intern ist mit einer schnelleren und sachgerechteren Bearbeitung von Verbraucherkontakten und damit mit Rationalisierungseffekten zu rechnen, wenn Anfragen, Vorschläge und Beschwerden nicht mehr nur "nebenbei" bearbeitet werden müssen. Ist eine Verbraucherabteilung mit entsprechenden Kompetenzen ausgestattet, so kann sie zu einer Veränderung der Unternehmenskultur beitragen, indem die Mitarbeiter über Grundsätze der verbraucherpolitischen Unternehmensphilosophie unterrichtet, über Verbraucherwünsche und -probleme sowie verbraucherpolitische Trends informiert und in strategieadäquaten Verhaltensweisen geschult werden (Bildungsfunktion). Gleichzeitig wäre es denkbar, daß die Verbraucherabteilung als "Kontrollinstanz" die Marketingtätigkeit in bezug auf verbraucherorientierte Grundsätze überwacht (Kontrollfunktion). Sie kann aber auch, im Gegensatz zu dieser Kontrolle, das operative Marketing von externer Verbraucherunzufriedenheit abschotten und damit die Einbringung der Konsumenteninteressen verhindern (Pufferfunktion).

Entsprechend der Vielzahl von Aufgaben und Funktionen, die einer Verbraucherabteilung zugewiesen werden können, variieren die einzelnen realen Erscheinungsformen. Nach einer neueren empirischen Studie von *Hansen* und *Schoenheit* (1986) lassen sich Verbraucherabteilungen weitgehend nach sechs Typen klassifizieren, die mit den Begriffen "advisor" (Ratgeber), "complaint box" (Beschwerdestelle)", "diplomat", "sensor", "watch dog" (Kontrollinstanz) und "Innovator" charakterisiert werden können.

Die Verbraucherabteilung als *"Ratgeber"* konzentriert sich auf die externen Informationsleistungen. Dieser Typus ist besonders häufig bei Unternehmen anzutreffen, deren Produkte stark beratungsbedürftig sind oder ein hohes subjektives Kaufrisiko bergen, so daß bei den Verbrauchern ein starkes Informationsbedürfnis bezüglich dieser Produkte existiert. Die Informationsaufgabe der Abteilung hat vor allem zum Ziel, beim Konsumenten Präferenzen für das Unternehmen zu schaffen, um so das Wiederkaufsverhalten zu gewährleisten.

Vorwiegend Abhilfe- und Wiedergutmachungsfunktionen kommen auf die Verbraucherabteilung als *"Beschwerdestelle"* zu. Insbesondere auf gesättigten Märkten und Märkten mit intensivem Wettbewerb gehören die Betreuungsleistungen nach dem Kauf zu den Hauptaufgaben der Verbraucherabteilung. Sie sollen sicherstellen, daß ein unzufriedener Kunde nicht verloren geht und lassen sich dem Servicebereich des Unternehmens zuordnen.

Als *"Diplomat"* fungiert die Verbraucherabteilung, wenn Probleme oder Konflikte mit Verbrauchern oder Verbraucherorganisationen im Unternehmen selbst reguliert werden sollen, um so staatlichen Eingriffen (z.B. durch Verbraucherschutzgesetzgebung) vorzubeugen. Relevant ist diese Funktion vor allem in Branchen, deren Leistungen bestimmte Probleme bergen, für die die Öffentlichkeit bereits sensibilisiert ist. Der Schwerpunkt der Aufgaben liegt in der Erzeugung positiver Imagewirkungen, die u.U. von potentiellen Konfliktfeldern ablenken können.

Wird die Verbraucherabteilung als *"Sensor"* gekennzeichnet, liegen ihre Aufgaben in der Beobachtung und Wahrnehmung von Entwicklungen in der Unternehmensumwelt, die – analysiert und interpretiert – als Informationen in unternehmerische Planungsprozesse aufgenommen werden können.

Um als *"watch dog"* interne Kontrollfunktionen übernehmen zu können, müssen der Verbraucherabteilung nicht nur prinzipiell sämtliche Informationen über die Unzufriedenheit der Konsumenten mit den Leistungen des Unternehmens zugänglich sein, sondern auch alle auf den Konsumenten gerichteten Aktivitäten des Unternehmens. Die Kontrollfunktion erfordert eine relative Unabhängigkeit der Verbraucherabteilung von anderen Organisationseinheiten. Bedeutung erhält dieser Typus insbesondere bei Unternehmen, deren Marketing-Aktivitäten einen direkten Kontakt zum Verbraucher herstellen (z.B. Direktvertriebsfirmen, aber auch bei unternehmenseigenen Kundendienstleistungen).

Die primäre Aufgabe des Typs *"Innovator"* liegt in der Lieferung von Impulsen, die der Verbesserung verbraucherorientierter Marketingprogramme dienen und zu einem Wettbewerbsvorteil führen sollen. Wie der Typ "watch-dog" schließt auch der "Innovator" noch andere der oben aufgeführten Aufgaben einer Verbraucherabteilung ein.

Nach den Beobachtungen von *Hansen/Schoenheit* wird von den Unternehmen der Artikulation von Unzufriedenheit in zunehmendem Maße Bedeutung geschenkt, wodurch die Verbraucherabteilungen mehr und mehr den Charakter des Typs "complaint box" aufweisen.

3. Interne Interessenvertretung der Verbraucher durch Verbraucherabteilungen?

Die von *Hansen* und *Schoenheit* (1986) beobachteten Typen spiegeln lediglich eine grobe Abbildung der real existierenden Verbraucherabteilungen wider. Verbraucherabteilungen, die als Beschwerdestelle, Ratgeber oder als Diplomat interpretiert werden, haben vorwiegend externe Aufgaben, Sensor-, Watch Dog- und Innovator-Typen dagegen interne. Tatsächlich lassen sich zahlreiche Variationen und Zwischenformen beobachten, die eine eindeutige Zuordnung nicht ermöglichen. Dennoch erlaubt die Typenbildung die Aussage, daß auch die den Verbraucherabteilungen zugrundeliegenden Strategien zwischen den Polen "Widerstand" bzw. "Unterwanderung" und "Innovation" einzuordnen sind.

Werden Verbraucherabteilungen in Richtung Widerstands-/Unterwanderungsstrategie eingesetzt, so wird der Schwerpunkt auf die PR-, Puffer- und Selbstregulierungsfunktion gelegt werden (Diplomat-Typ). So befürchtet beispielsweise *Czerwónka* (1976), daß das "wohlwollende" Entgegenkommen den Konsumenten nur ein Ventil für ihren Unmut verschaffen soll und letztlich der "Domestizierung des Widerspruchs" dient (Czerwonka et al., 1976, S. 80).

Dagegen weisen Impuls-, interne Informations- und Kontrollfunktionen von Verbraucherabteilungen darauf hin, daß Unternehmen tatsächlich versuchen, den Kontakt mit dem Verbraucher innovativ zu nutzen und ihre Leistungen im Hinblick auf Verbraucherprobleme und -wünsche abzustimmen.

Angesichts der unterschiedlichen Erscheinungsformen von Verbraucherabteilungen ist eine Definition dieser Institution nicht einfach. Hier sollen die innovativen und kooperativen Funktionen als Eigenschaften von Verbraucherabteilungen herausgestellt werden. Daher verstehen wir unter Verbraucherabteilungen diejenigen organisatorischen Einheiten, *"die von Mitgliedern einer Unternehmung gebildet werden und Sensorfunktion in Richtung auf den Konsumenten wahrnehmen. Sie vertreten nach innen Verbraucherinteressen und entwicklen nach außen als vertrauenswürdiger Ansprechpartner dialogische Kommunikationsformen mit den Konsumenten und ihren Interessenvertretern"* (Hansen/Schoenheit, 1985, S. 19).

Hansen und *Stauss* (1985) nennen vier organisatorische Konsequenzen, die die Verbraucherabteilung in die Lage versetzen, neben den generellen Funktionen (Zugangs-, Abhilfe-, Informationsfunktion) auch die Funktion eines internen Interessenvertretungsorgans der Konsumenten erfüllen zu können (vgl. Hansen/Stauss, 1985, S. 161 ff.)

- Die *inhaltliche Zuständigkeit* der Verbraucherabteilung muß alle Fragen umfassen, die sie als verbraucherrelevant betrachtet, und muß so auch vom Verbraucher wahrgenommen werden. Das bedeutet, daß eine Vielzahl unternehmerischer Handlungsfelder der potentiellen Einflußnahme der Verbraucherabteilung unterliegt.
- Die *hierarchische Eingliederung* der Verbraucherabteilung in das Unternehmensgefüge bestimmt im wesentlichen die Erfolgschancen für eine wirksame Einflußnahme. Um in ihrer inhaltlichen Zuständigkeit von keiner anderen Fachabteilung im Sinne eines Anweisungsverhältnisses eingeschränkt werden zu können, erscheint die direkte Unterstellung unter die Unternehmensspitze die Unabhängigkeit vom operativen Management am besten zu gewährleisten. Diese Eingliederung symbolisiert auch den hohen Wert, der der Verbraucherabteilung beigemessen wird (Hansen, 1985, S. 163). Zugleich erhöht sich damit die informelle Autorität der Abteilung, welche die Durchführung ihrer Aufgaben erleichtert.
- Neben der hierarchischen Eingliederung der Verbraucherabteilung hängt die Möglichkeit zur Einflußnahme im wesentlichen auch von ihren *formellen Einflußrechten* ab. Grundsätzlich kann zwischen Informations- (geringstes Einflußrecht), Beratungs-, Kontroll-, Einspruchs-, Mitentscheidungs- und Alleinentscheidungsrecht (größtes Einflußrecht) unterschieden werden. Die Festlegung weitgehender formeller Rechte ist bei den *externen* Funktionen der Verbraucherabteilung weniger problematisch. Dagegen werden diese bei

ihren *internen* Funktionen eher auf den Widerstand des Marketing stoßen, da Beratungs-, Kontroll-, Veto- und Mitentscheidungsrechte einen erheblichen Eingriff in die Marketingautonomie darstellen. Möglicherweise treten Kooperationsverweigerungen auf, die letztendlich kontraproduktiv wirken können (z.B. durch Auszehrung der Erträge oder Paralysierung durch Pattsituationen, vgl. Schreyögg, 1985, S. 202). Die Gewährung von Einflußrechten an die Verbraucherabteilung sollte daher entsprechend des Prinzips der Kongruenz von Einflußstärke und Verantwortung erfolgen (Hansen/Stauss, 1985, S. 167), allerdings mit einem gewissen Maß an zwingenden formellen Rechten, die sicherstellen, daß die Interessen der Verbraucher in Unternehmensentscheidungen eingebracht werden können und Berücksichtigung finden. Nach *Schreyögg* sollte ein Vetorecht "als Minimum überall dort eingerichtet sein, wo es um die Kontrolle der Einhaltung gesetzlicher Regelungen zum Schutze des Verbrauchers geht" (Schreyögg, 1985, S. 203).

- Wenn der Verbraucherabteilung nur begrenzt formelle Autorität zugesprochen werden kann, gewinnt die funktionelle Autorität der *Sachkompetenz* an Bedeutung (Hansen/Stauss, 1985, S. 168). Engagement, Spezialkenntnisse und überlegene Argumentation können so möglicherweise fehlende formelle Einflußrechte ausgleichen und gleichzeitig ein besseres Verständnis des Verbraucherstandpunktes bewirken.

Ob allerdings selbst dann, wenn vom Unternehmen innovative und kooperative Strategien verfolgt werden, die Verbraucherabteilung tatsächlich den Interessen der Verbraucher bzw. den verbraucherpolitischen Forderungen gerecht wird, kann an dieser Stelle nicht beantwortet werden. Die Problematik wird besonders deutlich, wenn man die Position der Verbraucherabteilung zwischen Unternehmen und Konsument betrachtet:

Zum einen gehört die Verbraucherabteilung der Unternehmung an. Diese Stellung verwehrt es ihr, als "Repräsentant" des Verbrauchers aufzutreten, da damit auch die Identifikation mit den Verbraucherinteressen eingeschlossen wäre (Scherhorn, 1983, S. 133). Zum anderen darf sie aber auch nicht die Interessen der Organisation repräsentieren, sondern muß auch gegenüber dem Unternehmen eine Position der Unabhängigkeit einnehmen, die sie für beide Seiten als Mittler akzeptabel macht. Dies ist prinzipiell nicht unmöglich (Scherhorn, 1983, S. 133). Doch es wird sich immer die Frage der Legitimation stellen, d.h., wem ist die "integrierte Verbraucherabteilung" verantwortlich und wer kontrolliert ihre Funktionstüchtigkeit? (Schreyögg, 1985, S. 206).

E. Die Behandlung von Verbraucher-beschwerden in Unternehmen – Vorüberlegungen und Untersuchungskonzept der empirischen Studie

Die Verbreitung von Verbraucherabteilungen in zahlreichen US-amerikanischen Unternehmen läßt sich nicht allein auf den Druck des Konsumerismus zurückführen. Denn obwohl sich die Ausdrucksformen der Konsumentenbewegung gewandelt haben, gehören Verbraucherabteilungen auch heute vielfach fest zum etablierten organisatorischen Konzept. Verbraucherabteilungen haben ihre Fähigkeit bewiesen, sich an veränderte Umweltbedingungen anzupassen (Hansen/Schoenheit, 1986, S. 446). Heute stehen vor allem Funktionen wie "Kundennähe" und "Marktorientierung" zur Diskussion, die bewirken, daß Verbraucherabteilungen vorwiegend als Beschwerdeabteilungen fungieren.

Auch in der Bundesrepublik Deutschland läßt sich ein zunehmend selbstbewußtes und kritisches Verhalten der Verbraucher beobachten, das zu einer verstärkten Beschwerdebereitschaft führt (vgl. Bruhn, 1982). Verbraucherabteilungen sind jedoch in der BRD kaum verbreitet. Es stellt sich also die Frage, wie die bundesdeutschen Unternehmen auf diese zunehmende Kritikbereitschaft der Verbraucher reagieren und welche Konfliktregelungsmechanismen gewählt werden. Zur Beantwortung dieser Fragen wurde 1987 eine empirische Untersuchung bei 125 Unternehmen der Konsumgüterindustrie, des Handels und der Dienstleistungsbranche durchgeführt. Ergänzend wurden im Anschluß an die Erhebung zehn Vertreter der beteiligten Unternehmen ausführlich zu Stellenwert und Handhabung von Verbraucherbeschwerden befragt.

Die Untersuchung erhebt keinen Anspruch auf Repräsentativität. Sie sieht ihre Hauptaufgabe darin, mögliche Entwicklungen aufzudecken und als Denkanstoß für die weitere Diskussion zu dienen. An dieser Stelle soll auch betont werden, daß es nicht das Ziel dieser Untersuchung ist, die Beschwerdebearbeitung der befragten Unternehmen im Hinblick auf ihre Effektivität zu prüfen. Vielmehr soll der Frage nachgegangen werden, wie weit in Unternehmen bereits Strategien eines Beschwerdemanagements verfolgt werden und ob sich möglicherweise Verbesserungen für den Konsumenten erkennen lassen.

I. Vorüberlegungen

Es kann davon ausgegangen werden, daß der Stellenwert, den ein Unternehmen den Verbraucherbeschwerden zumißt, sich im Instrumentarium der Unternehmung zur Beschwerdebearbeitung niederschlägt. Die aufgeführten Gestaltungselemente eines effektiven und konstruktiven Beschwerdemanagements (vgl. Abschnitt D.II.1., S. 56 ff.) können herangezogen werden, um zu beurteilen, inwieweit das Widerspruchsverhalten der Konsumenten als Information über Verbraucherunzufriedenheit, -wünsche und -vorstellungen gewertet und genutzt wird. Die Beobachtungen und die theoretischen Konzepte über Möglichkeiten und Aufgaben von Verbraucherabteilungen (vgl. Kap. D.III., S. 60 ff.) bieten praktikable Ansätze, um die Berücksichtigung von Verbraucherbeschwerden im Hinblick auf ihre Zielsetzung zu beurteilen. Der Untersuchung und der anschließenden Analyse liegen daher folgende Annahmen zugrunde:

1. *Verfügt ein Unternehmen über bestimmte Einrichtungen, die der Aufnahme, Suche und Sammlung von Verbraucherbeschwerden dienen, so deutet dies auf Bestrebungen zur verstärkten Kommunikation mit den Konsumenten hin mit dem Zweck, der Beschwerdeunzufriedenheit vorzubeugen und die Informationen, die Beschwerden enthalten können, zu nutzen.*

Voraussetzung für eine unternehmerische Reaktion auf Verbraucherbeschwerden ist, daß diese externen Stimuli überhaupt wahrgenommen, d.h. von unternehmerischen "Grenzstellen" aufgenommen und verarbeitet werden. Die Wahrnehmung von Verbraucherbeschwerden durch das Unternehmen läßt sich erleichtern, wenn bestimmte innerbetriebliche Voraussetzungen zur aktiven Aufnahme, Suche und Weitergabe von Informationen geschaffen werden. Solche Einrichtungen wären beispielsweise konkrete Ansprechstellen für den Verbraucher, die vermeiden, daß die Äußerung des Verbrauchers irgendwo im Organisations"dickicht" untergeht. Ansprechstellen dienen aber auch dem Abbau von Kommunikationsbarrieren. Sie senken die physischen und psychischen, zeitlichen und finanziellen Beschwerdekosten, da der Verbraucher so nicht erst eine lange Suche auf sich nehmen muß, um den zuständigen Gesprächspartner zu finden.

Kommunikationsfördernd wirken auch spezielle Einrichtungen, wie z.B. Telefonleitungen zum Ortstarif, oder konkrete Aufforderungen zur Kontaktaufnahme mit dem Unternehmen auf der Produktverpackung oder in Prospekten.

All diese Maßnahmen setzen eine aktive und bewußte Entscheidung des Managements voraus, die das Ziel hat, die Kommunikationsbeziehungen zu den Konsumenten zu verbessern. Eine solche Entscheidung würde wohl kaum getroffen werden, wenn sich die Unternehmen daraus nicht eine bestimmte Gratifikation (z.B. durch die Erzeugung von Kaufpräferenzen) erhoffen würden (Riemer, 1986, S.169).

2. *Werden Beschwerden systematisch erfaßt und ausgewertet, so beschreiben Inhalt und Empfänger der Beschwerdeanalyse die Bereiche, in denen Verbraucheräußerungen als Informationen Berücksichtigung finden.*

Die Sammlung und Analyse von Daten dient dem Zweck, Informationsgrundlagen für bestimmte Entscheidungen zu liefern. Verbraucherbeschwerden können, wie bereits ausgeführt, vom Unternehmen konstruktiv genutzt werden. Die Kriterien, nach denen Verbraucherbeschwerden ausgewertet werden, sowie die organisatorischen Einheiten, die diese Ergebnisse erhalten, sind daher als Indikatoren für die Entscheidungsbereiche zu werten, in welche Verbrauchbeschwerden einbezogen werden.

3. *Ist eine organisatorische Einheit explizit mit der Suche, Interpretation und Weiterleitung von Beschwerden betraut, werden mögliche Konfliktfälle eher erkannt und haben so eine bessere Chance, in unternehmerische Planungsprozesse einbezogen zu werden.*

Verbraucherabteilungen stellen eine solche organisatorische Einheit dar, wenn ihr Aufgabenschwerpunkt in der Wahrnehmung und Verarbeitung von Verbraucherbeschwerden liegt. Es muß sich aber nicht unbedingt um eine Verbraucherabteilung im oben definierten Sinne handeln (vgl. S. 65). Wichtig ist die organisatorische Verankerung der Zuständigkeit für Verbraucherbeschwerden. Denn wenn eine solche explizit eingerichtete Stelle ihren Aufgaben nicht nachkommt, müßte dies für die dort Beschäftigten zu negativen Sanktionen durch die Unternehmensleitung führen. Dagegen wird die Wahrnehmung von Verbraucherbeschwerden bei spezifischer Zuständigkeit durch die organisatorische Belohnungsstruktur gefördert. Dies führt zu einer verstärkten Motivation der Mitarbeiter, Verbraucherbeschwerden zu beachten, und die ermittelten Ergebnisse auch an die relevanten Entscheidungsinstanzen weiterzugeben (vgl. Stauss, 1985, S. 79).

Im Gegensatz zur expliziten Zuständigkeit für Verbraucherbeschwerden steht die weitverbreitete Praxis, Beschwerden "nebenbei" zu bearbeiten. In diesem Fall dominieren andere Belohnungssysteme, die sich z.B. an Umsatz- oder Gewinnziffern orientieren. Beschwerden bedeuten dann eher eine negative Erscheinung, die lieber vertuscht als offengelegt wird. "Befürchtungen, die kritischen Sachverhalte könnten negative Konsequenzen von Vorgesetzten nach sich ziehen, auf der einen Seite und Abwehr von Kritik an den selbst ergriffenen Maßnahmen auf der anderen Seite bewirken die bekannten Filtereffekte und Verzerrungen im Kommunikationsfluß großer Organisationen" (Schreyögg, 1985, S. 199) [1].

4. *Soll über die Berücksichtigung von Verbraucherbeschwerden hinaus auch eine Vertretung des Verbraucherinteresses im Unternehmen stattfinden, so muß die dafür zuständige Organisationseinheit über ein Mindestmaß an formellen Einflußrechten verfügen.*

Die Durchsetzung von Vorschlägen und Maßnahmen, die aufgrund von Verbraucherbeschwerden erarbeitet worden sind, ist von der Empfänglichkeit und Gutwilligkeit der einzelnen Abteilungen abhängig, wenn sie nicht mit einer gewissen formellen Autorität vorgebracht werden können. Ein gewisses Maß an zwingenden Einflußrechten ist daher unabdingbar. Dazu gehören insbesondere Informationsrechte, einschließlich das Recht auf Anforderung von Berichten, Zugang zu Konferenzen und das Recht auf Anhörung. Kontroll- und Einspruchsrechte müssen dort eingerichtet sein, wo es um den Schutz des Verbrauchers geht.

5. *Handelt es sich bei der beschwerdebearbeitenden Organisationseinheit um eine von anderen Fachabteilungen unabhängige und selbständige Stelle, so wird die Wahrnehmung und Vertretung von Verbraucherinteressen eher gewährleistet.*

Unabhängigkeit und Selbständigkeit erleichtern einer Beschwerdestelle, die erforderlichen Verbindungen zu den unterschiedlichen Funktionsbereichen aufzunehmen, Vorschläge bzw. Kontrollen mit dem notwendigen Maß an Eigenständigkeit durchzuführen, und als Vertretungsorgan der Verbraucher aufzutreten. So dokumentiert z.B. die direkte Unterstellung unter die Geschäftsleitung den hohen Wert, der der Kommunikation mit dem Verbraucher zugemessen wird. Gleichzeitig wirkt diese Stellung auch positiv auf die Einschätzung der informellen Autorität der Beschwerdestelle bei anderen Funktionseinheiten.

Ist die beschwerdebearbeitende Organisationseinheit dagegen einer bestimmten Abteilung, wie z.B. dem Marketing, zugeordnet, so werden die von ihr vorgeschlagenen Maßnahmen zum großen Teil von vornherein einer gewissen Ein-

---

[1] vgl. auch Stinner, 1976, S. 146: "Es lassen sich nur schwer allgemeingültige Aussagen über die Reaktion des administrativen und des operativen Subsystems der Organisation auf die Artikulation der Konsumenten treffen, da ... die Art der Reaktion dieser Subsysteme stark bedingungsabhängig ist. Es gilt aber festzuhalten, daß in vieler Beziehung die Interessen der Arbeitnehmer der Organisationen konfliktär zu denen der Konsumenten sind, ... und daß auch das politische System der Organisation nicht dazu beiträgt, die Sensibilität der anderen Subsysteme gegenüber den Forderungen der Konsumenten zu steigern".

schränkung unterworfen, da das Ziel der übergeordneten Abteilung berücksichtigt werden muß. Damit ist jedoch die Vollständigkeit des internen Kommunikationsflusses nicht gesichert.

6. *Die Wahrnehmung und Bewertung von Verbraucherbeschwerden und die damit verbundene Entwicklung von Strategiealternativen hängt von den Einstellungen, Motiven und Kognitionen der Entscheidungsträger ab.*

Einstellungen lassen sich im weitesten Sinne als "relativ überdauernde, durch Umwelteinflüsse und Erfahrungen geprägte Anschauungen, Meinungen und Überzeugungen verstehen, die sich in spezifischen Situationen auf bestimmte Aspekte der Motivation, der emotionalen Bewertung, des Wahrnehmens oder des Auffassens und Verhaltens eines Individuums auswirken" (Dierkes, 1976, S. 8).

Die Einstellung bewirkt damit eine gewisse Gerichtetheit und/oder Selektivität des Handelns, wobei von den objektiven Gegebenheiten vor allem der Teil bewußt wird, der der jeweiligen Prädisposition des Individuums entspricht (Stauss, 1985, S. 72). Die Einstellungs–Verhaltens–(E–V)–Hypothese geht dabei von der Annahme aus, daß mit zunehmender Stärke der positiven Einstellung zu einem bestimmten Objekt auch die Wahrscheinlichkeit einer positiven Reaktion zunimmt. Bei positiven Einstellungen der Entscheidungsträger gegenüber Verbraucherbeschwerden wird demnach die Wahrnehmung von Verbraucherbeschwerden und die Einrichtung kommunikationsfördernder Maßnahmen wahrscheinlicher. Werden Beschwerden dagegen als *Kritik* an den Entscheidungen interpretiert, so führt dies bei den Betroffenen zu Störungen des kognitiven Gleichgewichts. Nach den Theorien des kognitiven Gleichgewichts haben aber alle Individuen das Bedürfnis, solche kognitiven Konflikte zu beseitigen (Festinger, 1957). Eine Lösung, mit der Störung fertig zu werden, besteht darin, die konflikterzeugenden Informationen der Verbraucherbeschwerde nicht wahrzunehmen oder zu leugnen. Organisatorische Maßnahmen zur Steigerung der verbraucherinitiierten Kommunikation werden in solchen Fällen vermieden (Stauss, 1985, S. 80).

Die Einstellungen der Entscheidungsträger werden nicht nur von personenspezifischen Determinanten, wie z.B. Normen oder (marktwirtschaftlichen) Ordnungsprinzipien, bestimmt, sondern auch von organisationsspezifischen Bestimmungsfaktoren, wie z.B. Organisationsziel und Organisationsstruktur. Umgekehrt bedeutet dies aber auch, daß die Einstellung des Managements gegenüber Beschwerden Ausdruck dafür ist, welchen Stellenwert die Kommunikation mit dem Verbraucher im Hinblick auf das Organisationsziel einnimmt. Die Einstellung des Managements gegenüber Verbraucherbeschwerden liefert damit eine wichtige

Information über künftige Entwicklungen, weil es diese Einstellungen sind, die auf Entscheidungsprozesse einwirken und damit bestimmte Verhaltensweisen gestalten.

II. Methodik

Bei der Anlage der Untersuchung standen wir vor dem Problem, daß sich durch eine empirische Untersuchung zwar relativ leicht die Ausprägungen der gewählten Strategie beobachten lassen, die im Rahmen der von uns aufgestellten Annahmen einen gewissen Rückschluß auf die Berücksichtigung von Verbraucheräußerungen erlauben. Dagegen läßt sich wesentlich schwerer erfassen, welcher organisatorische Entscheidungsprozeß – und damit auch welches Ziel – der Reaktion zugrunde liegt. So kann ein im wesentlichen gleichartiges äußeres Erscheinungsbild bei der Bearbeitung von Konsumentenbeschwerden sowohl auf Verschleierungstaktiken als auch auf innovativen Überlegungen beruhen. Es kann die Zielsetzung zugrunde liegen, Verbraucherbeschwerden lediglich "profitabel zu verwerten". Es kann aber auch beabsichtigt sein, den Verbraucherinteressen im Unternehmen mehr Gehör zu verschaffen. Aus diesem Grund entschieden wir uns für eine "zweigleisige", methoden-pluralistische Vorgehensweise:

Die Erfassung der Beschwerdesituation sollte mittels einer postalischen Umfrage erfolgen. Da über die möglichen Gestaltungselemente eines Beschwerdemanagements bereits Untersuchungen vorliegen, erschien es vertretbar, einen halbstandardisierten Fragebogen zu entwickeln, dessen Ergebnisse eine Beschreibung der Beschwerdereaktionen ermöglichen.

Im Gegensatz zur formalen Ausgestaltung der Beschwerdebarbeitung ist über die Bestimmungsgründe und Ziele der einzelnen Reaktionen weit weniger bekannt. Um Umfang und Inhalt der möglichen Antworten nicht von vornherein durch das vorgegebene Fragebogenschema einzuschränken, entschieden wir uns dafür, zusätzlich noch persönliche Interviews mit Unternehmensvertretern (Fallstudien) durchzuführen.

Im Vergleich zur quantitativen Fragebogentechnik, deren Ergebnisse eher beschreibend als entdeckend sind – denn sie können die Grenzen des vom Forscher entwickelten Instrumentariums nicht überspringen (Jahoda et al., 1976, S. 272) – ermöglicht die Fallstudie, auch nicht vermutete Beziehungen, Querverbindungen, Verhältnisse, Bezüge, Relationen etc. aufdecken (Kleining, 1982, S. 228 f.). Im Gegensatz zum Fragebogen werden hier keine Antwortkategorien vorgegeben und jede soziale Einheit als ein Ganzes angesehen. Gerade weil das Ganze mehr ist als die Summe seiner Teile, muß auch die Beschwerdebearbeitung im Rahmen der gesamten Organisation betrachtet werden. Gleichzeitig erlauben die Einzelgespräche, bestimmte Antworttypen aus der postalischen Umfrage näher zu erforschen. Sie können damit sowohl als Gegenpart zur schriftlichen Umfrage als auch zur Vervollständigung der quantitativ ermittelten Daten beitragen und einen Einblick in die Relevanz ermöglichen, die die Unternehmen Verbraucherbeschwerden zumessen.

1. Inhalte der Untersuchung

Inhalte der schriftlichen Befragung

Auf der Basis der in Abschnitt E.I. (S. 68 ff.) aufgeführten Annahmen und der bereits vorliegenden Aussagen zu den Gestaltungselementen eines Beschwerdemanagements (vgl. Abschnitt D.II.1., S. 56 ff.), wurde ein Fragenkatalog entwikkelt, durch den die in Abbildung E/1 (S. 74) dargestellten Variablen erfaßt werden sollten. Zur besseren Interpretation der Ergebnisse enthielt er auch Fragen, die sich nicht allein auf die Beschwerdereaktion der Unternehmen beziehen, sondern der Darstellung des organisatorischen Hintergrunds sowie der Beschwerdesituation dienen.

Um den Inhalt des Fragebogens möglichst praxisnah zu gestalten, wurden vor der endgültigen Fassung des Erhebungsinstruments Unternehmen angesprochen, die bereits Interesse an dem Thema "Verbraucherbeschwerden" gezeigt hatten. Bei sechs der elf Gesprächspartner handelte es sich um Tagungsteilnehmer einer Veranstaltung, die gemeinsam von der Universität Hannover und der Stiftung Verbraucherinstitut zum Thema "Verbraucherunzufriedenheit und Beschwerdeverhalten" im November 1985 durchgeführt worden war [1]. Die restlichen fünf Unternehmen wurden entsprechend noch fehlender Branchen ausgewählt.

Die Diskussion mit den Unternehmensvertretern zeigte, daß bei einer zu umfangreichen und zeitaufwendigen Fragebogenversion eher mit Ablehnung und damit einer niedrigen Rücklaufquote gerechnet werden mußte. Deshalb wurde bei der endgültigen Fassung auf einige Detailfragen verzichtet. Anstatt der vorgesehenen Antwortvorgaben in Form von Rating-Skalen wurden Alternativantworten vorgegeben.

---

[1] Stiftung Verbraucherinstitut und Universität Hannover, Institut für sozioökonomische Betriebsforschung, Abt. Markt und Konsum: "Verbraucherunzufriedenheit und Beschwerdeverhalten – Probleme und Aufgaben für Unternehmen und Verbraucherorganisationen". 7. und 8.11.1985, Gästehaus der Universität Hannover, Leibnizhaus.

Abbildung E/1:
Klassifikation der erfaßten Variablen

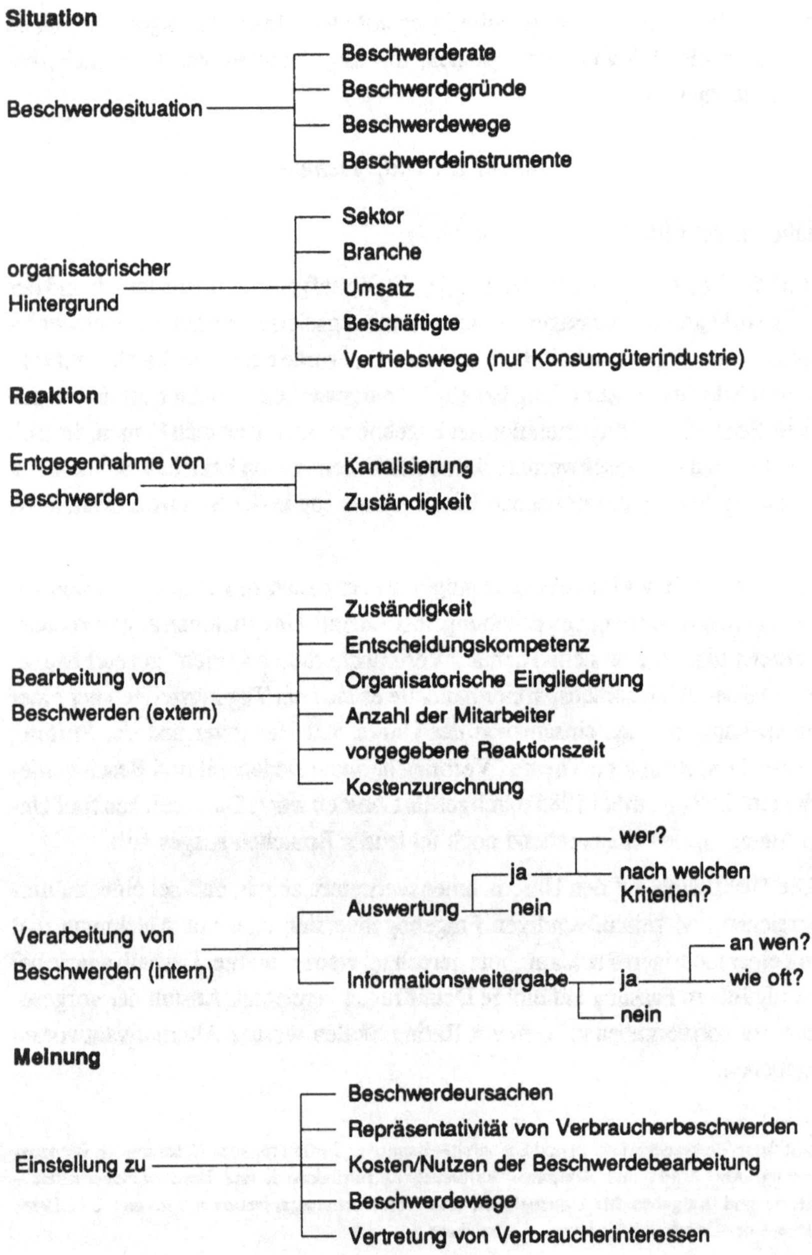

Grundsätzlich läßt sich der Inhalt des Fragebogens nach Fakt- und Meinungsfragen unterscheiden. Aufgrund der Vielschichtigkeit der Beschwerdebearbeitung wurden bei den Faktfragen mit Antwortvorgabe zum großen Teil Mehrfachnennungen zugelassen und Möglichkeiten für Ergänzungen gegeben.

Zur Erforschung der Einstellungen, die den beobachteten Reaktionen zugrunde liegen, wurden den Unternehmen noch vier – bewußt tendenziös gehaltene – alternative Statements vorgelegt, die das Verhältnis Verbraucher – Unternehmen kennzeichnen. Die Wahl der Statements basiert auf der Annahme, daß eine Per-son die Vorgabe mit ihrer subjektiven Norm oder ihrem Ideal vergleicht und dann den Reiz auswählt, der diesem Ideal am ehesten entspricht. Dabei kann allerdings nicht ausgeschlossen werden, daß die Individuen in der Realität ein anderes Verhalten praktizieren als sie in der Untersuchung angeben. Dies kommt insbesondere dann vor, wenn hinter der einen oder anderen Alternative eine vom Interviewer positiv bewertete Antwort vermutet wird. Die Ergebnisse der Einstellungsfragen werden daher nicht nur für sich, sondern vor allem auch im Zusammenhang mit den übrigen Untersuchungsergebnissen sowie den Fallstudien als Validierungs- und Interpretationshilfe gewertet. Zusätzlich wurden die Firmen gebeten, ihren Antwortschreiben noch Informationsmaterial (wie z.B. Prospekte, Broschüren, etc.) beizulegen.

Inhalte der Fallstudien

Wie bereits an anderer Stelle erwähnt, sollten mittels der persönlichen Gespräche mit Unternehmensvertretern die beobachtbaren Beschwerdereaktionen der Unternehmen näher erforscht und in einen Zusammenhang mit der verbraucherpolitischen Zielsetzung des Unternehmens gesetzt werden. Die Interviewpartner sollten möglichst viel Freiraum haben, um die Bedeutung von Verbraucherbeschwerden für ihr Unternehmen zu vermitteln. Daher beschränkten wir uns während der ersten Phase des Gesprächs weitgehend auf die passive Rolle des Zuhörers. Diese Vorgehensweise sollte bezwecken, daß die Begründung der organisatorischen Maßnahmen zur Beschwerdebearbeitung vom Befragten in einen Gesamtzusammenhang gebracht wird. Durch die so geforderte Eigeninitiative war der Interviewte – durch die beschränkte Zeit – "gezwungen", die Gesichtspunkte hervorzuheben, die *ihm* wichtig erschienen, was bei einem konventionellen Interview, bei dem der Interviewer den aktiveren Part darstellt, nicht der Fall gewesen wäre. Zugleich ermöglichte diese Form des "Erzählens" das Einbringen der Befragtenperspektive. Zentrale Fragestellungen, die in der ersten Phase des Gesprächs noch nicht angesprochen worden waren, wurden im Anschluß daran gestellt. Dazu entwickelten wir einen offenen und flexiblen Interviewerleitfaden, der ein Eingehen auf das einzelne Unternehmen ermöglichte. Durch gezieltes Hinterfragen der in der schriftlichen Umfrage bereits erfolgten Antworten, sowie durch die Analyse des bereitgestellten Informationsmaterials, sollte eine Gesamtbild der Beschwerdepolitik erreicht werden.

2. Untersuchungsteilnehmer

Schriftlich befragte Unternehmen

Bei den ausgewählten Unternehmen durfte es sich nicht um Anbieter von "problemlosen" Leistungen handeln, da für sie die Frage nach Prinzipien der Beschwerdebearbeitung nicht relevant gewesen wäre. Hinweise auf die Unzufriedenheitsbereiche können aus den Beschwerdestatistiken der Verbraucherzentralen abgeleitet werden, aber auch aus verschiedenen empirischen Studien über Unzufriedenheit und Beschwerdeverhalten von Konsumenten (vgl. z.B. Andreasen, 1977; Bruhn, 1982; Meffert/Bruhn, 1979).

Durch die Auswahl sollte auch sichergestellt werden, daß der Name des Unternehmens den Verbrauchern bekannt war (z.B. als Markenartikel oder durch die Werbung). Die Kenntnis des Firmennamens ist Voraussetzung dafür, daß der Verbraucher auch in der Lage ist, den potentiellen Verursacher seiner Beschwerde zu identifizieren. Die Anschriften der Unternehmen wurden daher den Anbieter-Listen der "test"- Jahreshefte 1986/87 der Stiftung Warentest entnommen.

Um einen möglichst breitgefächerten Überblick über die Ausprägungen der Beschwerdebearbeitung in Unternehmen zu erhalten, wurden verschiedene Branchen in die Untersuchung einbezogen. Bei einer branchenspezifischen Auswahl wären Verzerrungen der Ergebnisse zu befürchten gewesen, die die Allgemeingültigkeit der Schlußfolgerungen von vornherein in Frage gestellt hätten. Da die Unzufriedenheit im Dienstleistungsbereich und im Handel in den vergangenen Jahren erheblich zugenommen hat (o.V., 1987), sollte auch dieser Bereich in der Befragung nicht unberücksichtigt bleiben. Hinzu kommt, daß gerade der Handel als primärer Adressat für Verbraucherprobleme zu betrachten ist (vgl. Meffert/ Bruhn, 1979, S.108). Durch seine "gate-keeper"-Funktion beeinflußt der Handel sowohl die Konsumentenzufriedenheit als auch den Gehalt und Umfang an Informationen, über die die Hersteller von Verbraucherproblemen erfahren. Die Einbeziehung des Dienstleistungssektors und des Handels verfolgte allerdings nicht die Absicht, einen Überblick über die Beschwerdesituation in diesen Sektoren zu erzielen. Vielmehr sollten dadurch Zusatzinformationen gewonnen werden, die auf Ähnlichkeiten oder prägnante Unterschiede zur Konsumgüterindustrie hinweisen.

Persönlich befragte Unternehmen

Im Anschluß an die Erhebung folgten persönliche Gespräche mit Vertretern der bereits schriftlich befragten Unternehmen. Aus Kosten- und Zeitgründen konnten nur wenige Unternehmen besucht werden. Dabei wurden solche Unternehmen ausgewählt, deren schriftliche Antworten auf bestimmte Strategien der Beschwerdebearbeitung hindeuteten. Um die Auswahlkriterien näher zu erläutern, muß den Untersuchungsergebnissen etwas vorgegriffen werden.

Bei der Klassifkation der Variablen unterschieden wir zwischen den organisatorischen Maßnahmen zur Bearbeitung der individuellen Verbraucherbeschwerde (z.B. Zuständigkeit) und zur Nutzung der Beschwerden als Informationsgrundlage (vgl. Überblick S. 74). Im Hinblick auf die Zuständigkeit für die Beschwerdebearbeitung lassen sich prinzipiell zwei Möglichkeiten unterscheiden:

- Beschwerden werden in Abhängigkeit von ihrem Inhalt in verschiedenen Abteilungen des Unternehmens bearbeitet. Bei der Darstellung der Beschwerdebearbeitung werden wir diese Regelung als "dezentrale Beschwerdebearbeitung" bezeichnen.
- Beschwerden werden – unter Hinzuziehung anderer Fachabteilungen – von *einer* Stelle im Unternehmen entgegengenommen, bearbeitet und beantwortet. Die Bezeichnung hierfür ist im folgenden "zentrale Beschwerdebearbeitung".

Das zweite Differenzierungskriterium unterscheidet die Unternehmen, die eine systematische Auswertung der Beschwerden vornehmen von denen ohne Beschwerdeauswertung. Abbildung E/2 stellt das Auswahlprinzip dar. Entsprechend der jeweiligen Ausgestaltung im Unternehmen erfolgte die Auswahl so, daß jede Gruppe mindestens einmal besetzt war.

Abbildung E/2.:

Auswahlprinzip der persönlich besuchten Unternehmen

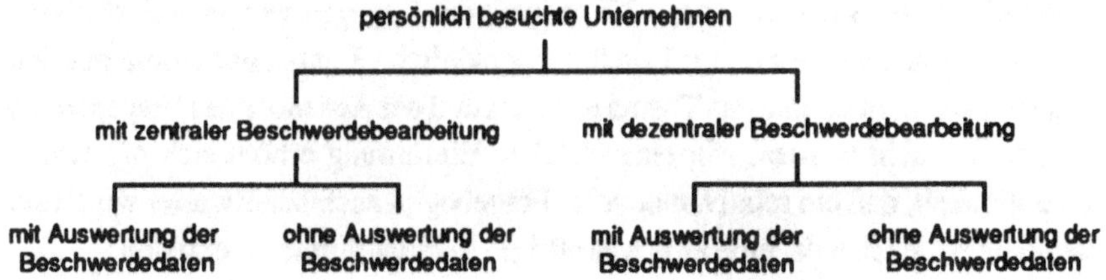

Es soll noch erwähnt werden, daß wegen der Beteiligung an der Fragebogenentwicklung die Teilnehmer der Vorstudie weder in die schriftliche Befragung noch in die darauffolgenden persönlichen Gespräche einbezogen wurden.

3. Erhebung der Daten

Schriftliche Erhebung

Im Juli 1987 begann die telefonische Kontaktaufnahme mit insgesamt 207 Unternehmen der Konsumgüterindustrie, des Handels (incl. Versandhandel) und der Dienstleistungsbranche. Damit sollte einerseits die Untersuchung angekündigt und andererseits der zuständige Ansprechpartner für diesen Themenkomplex ausfindig gemacht werden. Neun der so angesprochenen Unternehmen konnten aus verschiedenen Gründen nicht für eine Teilnahme an der Untersuchung gewonnen werden. In der Regel wurden Zeitmangel und Arbeitsüberlastung als Begründung angegeben. Zwei Unternehmen lehnten entsprechend einer Grundsatzentscheidung des Managements, nicht an Befragungen teilzunehmen, ab.

Der Versand der Fragebögen an die verbleibenden 198 Unternehmen erfolgte aus organisatorischen Gründen stufenweise. Das Begleitschreiben beinhaltete die Zusicherung, die Angaben des Unternehmens vertraulich zu behandeln, sowie das Angebot, bei Interesse die Ergebnisse der Untersuchung in Form eines Zwischenberichts zu erhalten. Die erste Rücklaufwelle brachte 83 auswertbare Antworten (42%), die Nachfaßaktion wenige Wochen später nochmals 42 (22%). Die endgültige Rücklaufquote liegt damit bei 63%, d.h. 125 auswertbaren Fragebögen (vgl. Tabelle H 1 im Anhang).

Möglicherweise ruft die Methode der telefonischen Vorankündigung einige kritische Stimmen hervor. So könnte argumentiert werden, daß dadurch bereits vorab eine Auswahl derjenigen Unternehmen stattfand, die an der Thematik besonders interessiert waren. Dem läßt sich jedoch entgegenhalten, daß nur neun der 207 telefonisch kontaktierten Unternehmen eine Teilnahme bereits zu diesem Zeitpunkt ablehnten. Die Rücklaufquote würde sich unter Einbeziehung dieser Unternehmen lediglich um knapp 3% reduzieren. Dagegen wiegen u.E. die Vorteile des Vorgehens weit mehr: Durch die persönliche Kontaktaufnahme mit den Ansprechpartnern konnte das Thema erläutert und der Absender des Fragebogens bekannt gemacht werden. Mit einer solchen Einführung erhöht sich die Wahrscheinlichkeit, daß ein relativ anonymer Fragebogen auch beantwortet wird, und damit auch die Chance, eine aussagekräftige Rücklaufquote zu erzielen.

Fallstudien

Den Abschluß der Untersuchungen bildeten im Sommer 1988 zehn vertiefende Gespräche mit leitenden Mitarbeitern der Unternehmen, die sich bereits an der schriftlichen Umfrage beteiligt hatten. Von vierzehn angesprochenen Unternehmen erklärten sich elf zu einem persönlichen Gespräch bereit. Mit einem Unternehmen konnte wegen terminlichen Schwierigkeiten das Gespräch nicht durchgeführt werden. Bei acht der aufgesuchten Unternehmen handelte es sich um Konsumgüterhersteller, bei den beiden anderen um Dienstleistungsunternehmen. Trotz weitgehend gleichlautendem Interviewerleitfaden variierte die Gesprächsdauer zwischen 45 Minuten und zweieinhalb Stunden. Die Gespräche wurden mit Einverständnis der Gesprächspartner auf Tonband aufgezeichnet.

4. Auswertung der Daten

Auswertung der schriftlichen Umfrage

Zur Auswertung der standardisierten Fragen der schriftlichen Umfrage wurden verschiedene statistische Verfahren herangezogen. Die Durchführung erfolgte mit Hilfe der elektronischer Datenverarbeitung [1] unter Verwendung von Anwenderprogrammen [2]. Für alle Merkmale wurden Häufigkeitsverteilungen erstellt, sowohl über alle befragten Unternehmen als auch getrennt nach Konsumgüterindustrie, Handel und Dienstleistungsunternehmen. Zur Analyse und Interpretation der Zusammenhänge dienten zwei- und dreidimensionale Häufigkeitstabellen sowie statistische Verfahren.

Die Anzahl der nicht-antwortenden Unternehemen (37%) schränkt die Verallgemeinerung der Ergebnisse ein, insofern sie sich von den teilnehmenden systematisch unterscheiden. Unter Umständen kann es daher wichtig sein, zwischen denen, die sofort, und solchen, die erst später, nach einer erneuten Aufforderung antworten, zu unterscheiden (Goode/Hatt, 1976, S. 174), um so die Ursachen der geringeren Antwortbereitschaft zu ergründen. Die Vermutung liegt nahe, daß alle, die ohne Verzug antworten, ein größeres Interesse an dem Thema haben, die verzögert-antwortenden Unternehmen, ähnlich den nicht-antwortenden, dagegen ein geringeres. Da allerdings – wie die Ergebnisanalyse zeigte – die Antworten der frühzeitig und verzögert reagierenden Unternehmen keine wesentlichen Unterschiede aufwiesen, wurden die Gruppen nicht getrennt.

---

[1] Die Auswertung wurde im Rechenzentrum der Universität Hohenheim durchgeführt.

[2] SPSS^{x}

Auswertung der persönlichen Gespräche

Ziel der persönlichen Gespräche war es, die Ergebnisse der schriftlichen Befragung zu ergänzen, einen Gesamtzusammenhang herzustellen und als Interpretations- und Validierungshilfe zu dienen. Zu diesem Zweck wurden die Gespräche in eine Kurzfassung gebracht. In der Kurzfassung sind die Fragen der Interviewerin nicht mehr enthalten. In Anlehnung an das Vorgehen von *Casanova* (1983, zit. in Vollrath, 1988, S. 74) für die Konstruktion von "Kurzgeschichten" fanden folgende Grundsätze für die Protokollierung Anwendung:

- *Vollständigkeit:* In den Protokollen werden alle angesprochenen Themen aufgeführt, die im Zusammenhang mit der Beschwerdebearbeitung und ihrem motivationalen und organisatorischen Hintergrund stehen;
- *Korrektheit:* Die Aussagen der Gesprächspartner dürfen trotz der Kürzung nicht verfälscht oder verzerrt werden;
- *Verständlichkeit:* Angefangene Sätze, angedeutete Ereignisse und Gedankensprünge werden zur Verbesserung der Verständlichkeit ergänzt und im Zusammenhang dargestellt;
- *Nähe zum Wortlaut:* Soweit es die Zusammenfassung erlaubt, wird die Ausdrucksweise der Interviewten übernommen;
- *Thematische Zentriertheit:* Gesprächspassagen, die im Zusammenhang mit der Fragestellung die Auffassung der Unternehmensvertreter deutlich charakterisieren, werden relativ ausführlich protokolliert;
- *Selektive Kürzung:* Die Äußerungen, die nicht in engerem Zusammenhang mit der Thematik stehen, werden gekürzt, sowie alle Wiederholungen derselben Aussagen und beispielhafte Erläuterungen;
- *Anonymität:* Da durch die Fragestellung z.T. auch Interna angesprochen wurden, legten wir auf die Anonymisierung der Interviewtexte besonderen Wert. Insofern sind in den Protokollen lediglich Angaben über die Branche und die innerbetriebliche Funktion des Gesprächspartners enthalten.

Entsprechend dieser Prinzipien ergaben sich Gesprächsprotokolle im Umfang von ungefähr drei bis fünf Seiten. Neben den persönlichen Gesprächen tragen weiterhin Literatur, Ergebnisse anderer empirischer Untersuchungen, sowie das von den Firmen zur Verfügung gestellte Informationsmaterial als qualitatives Material zur Analyse bei.

Der Zusammenhang der gewählten Methoden läßt sich der nachfolgenden Abbildung E/3 entnehmen.

Abbildung E/3:
Überblick über die Methodik der Untersuchung

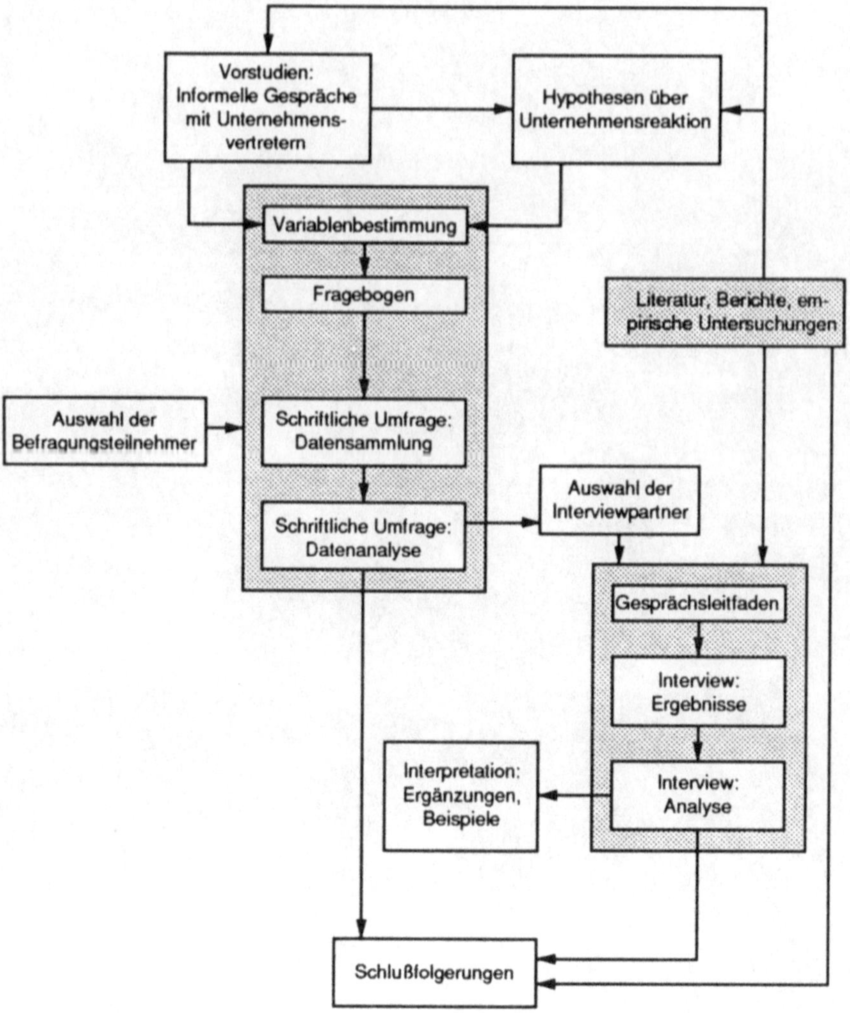

F. Untersuchungsergebnisse

I. Ergebnisse der postalischen Umfrage

1. Zum grundlegenden Interesse der befragten Unternehmen am Thema "Verbraucherbeschwerden"

Beschwerden können nur dann als Ansatzpunkt zur Verbesserung der Beziehungen zwischen Verbrauchern und Unternehmen – und damit als Möglichkeit zur Artikulation und Durchsetzung von Verbraucherinteressen – gewertet werden, wenn auf Unternehmensseite ein grundsätzliches Interesse an der effektiven Bearbeitung der individuellen Verbraucherbeschwerde einerseits und an der konstruktiven Nutzung von Verbraucherbeschwerden als Informationsquelle andererseits besteht.

Soweit aus der Rücklaufquote von 63% bereits auf ein Interesse der Unternehmen an der durch den Fragebogen angesprochenen Problematik geschlossen werden kann, deutet sich eine positive Einstellung an. Gemessen an den üblichen Rücklaufquoten bei schriftlichen Befragungen muß die Beteiligung von rund zwei Drittel der angeschriebenen Unternehmen als außerordentlich hoch bewertet werden [1].

Daß die Unternehmen den Verbraucherbeschwerden einen potentiellen Informationswert zuerkennen, läßt sich den Antworten entnehmen, die auf die Frage nach der Bedeutung der Beschwerde als Frühwarnsignal und als Ansatzpunkt zur Verbesserung der angebotenen Leistungen gegeben wurden (vgl. Tab.1, (1) und (3), S. 85). 92% der Unternehmen stimmen der Aussage zu, daß ein Beschwerdemanagement die Möglichkeit eröffnet, Fehlleistungen früh zu erkennen, 85% meinen, daß selbst wenige Beschwerden Anlaß geben, den Ursachen auf den Grund zu gehen. Dagegen befürworten nur 5% der Unternehmen die Aussage, daß Beschwerden lediglich die Meinung einzelner Verbraucher

---

[1] Die Schwankungsbreiten des Rücklaufs sind bei schriftlichen Befragungen besonders hoch (Wilk, 1975: 10% bis 80%; Wieken, 1974: 10% bis 90%). Nach *Frasch* (1987) kann gegenwärtig davon ausgegangen werden, daß bei allgemeinen Bevölkerungsumfragen mittels postalischem Fragebogenversand in der Regel maximal ca. 75% der Befragten zur Beantwortung gewonnen werden können (Frasch, 1987, S. 0-1).

widerspiegeln und sich damit nicht als Grundlage für unternehmerische Entscheidungen eignen.

Nur ein Unternehmen vertritt die Ansicht, daß durch eine zuvorkommende Beschwerdebehandlung zunehmend auch Querulanten zu befürchten sind, die Zahl der gerechtfertigten Beschwerden aber gering bleibt. Diese Antwort war allerdings mit der Bemerkung versehen, daß der Handel (nicht der Konsument!) die kulante Beschwerdehandhabung des Unternehmens häufig ausnutzt.

Ob bei der Beschwerdebearbeitung vorwiegend die Lösung des individuellen Einzelfalles im Vordergrund steht, oder auch der Versuch, die Ursachen von Beschwerden zu finden und zu beheben, sollte u.a. mit der Frage nach der Funktion des Handels (vgl. Frage 19 (3), Fragebogen im Anhang) nachgegangen werden. Bei der Beantwortung dieser Frage spielt gegebenermaßen das branchenspezifische Selbstverständnis der Befragungsteilnehmer eine wichtige Rolle. Aus diesem Grund muß auch zwischen den Antworten von Industrie und Handel differenziert werden.

67% der Unternehmen aus der Konsumgüterindustrie befürworten das Statement, daß vom Hersteller die Ursachen einer Beschwerde gefunden werden müssen (vgl.Tab. 1 (2), S. 85). Es kann angenommen werden, daß hier – mehr als bei den Herstellern, die dem Handel die Beschwerdelösung zuerkennen (15% der Produzenten) – Beschwerden ein Signalcharakter für möglicherweise weiterverbreitete Unzufriedenheit zugesprochen wird.

Insgesamt kann aus diesen Ergebnissen bereits abgeleitet werden, daß bei den befragten Unternehmen überwiegend positive Einstellungen gegenüber den Möglichkeiten eines Beschwerdemanagements vorhanden sind. Für den Verbraucher erschließt sich damit potentiell die Möglichkeit, über sein Widerspruchsverhalten Gehör zu finden. Dies bestätigt sich auch in der Aussage von 64% der Unternehmen, daß, wenn eine spezielle Anlaufstelle im Unternehmen existiert, diese auch die Interessen der Konsumenten zu vertreten habe (am ausgeprägtesten war die Befürwortung beim Handel). Nur 10% vertreten die Ansicht, daß die Unternehmensinteressen im Vordergrund stehen sollten (vgl. Tab. 1 (4), S. 85). Allerdings kann gerade bei den Statements zur Zielsetzung einer Anlaufstelle eine relativ hohe Ausfallquote (26%) – insbesondere bei den Dienstleistungsunternehmen – in der Antwortbereitschaft beobachtet werden. Dies läßt die Vermutung aufkommen, daß zu diesem Thema weitgehend noch keine klaren Vorstellungen vorliegen und/oder die Unternehmensvertreter eine eindeutige Stellungnahme scheuen.

Tabelle 1:
Einstellung der Befragungsteilnehmer zu spezifischen beschwerdepolitischen Fragestellungen

	Antwortalternativen	Unternehmen insgesamt		davon: Konsumgüter-industrie		Handel		DL	
		abs.	%	abs.	%	abs.	%	abs.	%
Bedeut. der Beschwerde (1)	Beschwerden spiegeln nur die Meinung einzelner Verbraucher wider und sind insofern keine geeignete Grundlage für unternehmerische Entscheidungen.	6	*5*	6	*6*	–	–	–	–
	Bei Verbraucherbeschwerden handelt es sich um die "Spitze des Eisbergs". Aus diesem Grund ist es wichtig, auch wenigen Beschwerden nachzugehen.	106	*85*	84	*83*	10	*91*	12	*92*
	Keine Angaben/ Antwort nicht auswertbar	13	*10*	11	*11*	1	*9*	1	*8*
Funktion des Handels (2)	Zur Behandlung von Beschwerden ist der Handel wegen seiner Kundennähe besser geeignet als das herstellende Unternehmen.	23	*18*	15	*15*	8	*73*	–	–
	Die meisten Beschwerden gehen zwar an den Handel; er kann jedoch nur die Symptome einer Beschwerde kurieren, die Ursache muß vom Hersteller gefunden werden.	74	*59*	68	*67*	2	*18*	4	*31*
	Keine Angaben/ Antwort nicht auswertbar	28	*22*	18	*18*	1	*9*	9	*69*
Beschwerdemanagement (3)	Gutes Beschwerdemanagement hat positive Effekte, insofern es dazu beiträgt, Fehlleistungen früh zu erkennen und das Angebot zu verbessern.	115	*92*	92	*91*	11	*100*	12	*92*
	Zuvorkommende Beschwerdebehandlung fördert vorwiegend Nörgelei und Querulanz. Die Zahl der gerechtfertigten Beschwerden ist gering.	1	*1*	1	*1*	–	–	–	–
	Keine Angaben/ Antwort nicht auswertbar	9	*7*	8	*8*	–	–	1	*8*
Interessenvertretung (4)	Bei der Stelle für Verbraucheranfragen und -beschwerden handelt es sich um eine Anlaufstelle für den Konsumenten; sie hat aber die Interessen des Unternehmens zu vertreten, nicht etwa die des Kunden.	13	*10*	12	*12*	1	*9*	–	–
	Eine Anlaufstelle für Verbraucheranfragen und -beschwerden ist für das Unternehmen am nützlichsten, wenn sie die Funktion einer internen Interessenvertretung der Konsumenten hat.	80	*64*	64	*63*	9	*82*	7	*54*
	Keine Angaben/ Antwort nicht auswertbar	32	*26*	25	*25*	1	*9*	6	*46*

Die überwiegend positive Einstellung der Unternehmen gegenüber Verbraucherbeschwerden bedeutet jedoch nicht, daß sie auch Maßnahmen treffen, Verbraucherbeschwerden innovativ zu nutzen, oder den Verbrauchern die Möglichkeit einräumen, durch eine spezifische Organisationseinheit ihre Interessen im Unternehmen zu vertreten.

Wir wollen uns zunächst der Beschwerdebearbeitung zuwenden, wie sie sich aufgrund der Untersuchungsergebnisse darstellt.

2. Beschwerdesituation

Beschwerdeaufkommen

Beschwerden zählen zu den häufigsten Anlässen für den Verbraucher, mit einem Unternehmen Kontakt aufzunehmen. Die Mehrzahl der befragten Unternehmen (56%) gibt an, daß Beschwerden mehrmals in der Woche, wenn nicht sogar täglich (38%) eingehen, die Beschwerderate aber in den vergangenen Jahren in etwa gleichgeblieben (42%) oder eher sogar gefallen (40%) ist (vgl. Tab. H 9 und H 11, Anhang). Aus den persönlichen Gesprächen mit Unternehmensvertretern kann jedoch geschlossen werden, daß sich der Inhalt der Anfragen und Beschwerden gewandelt hat. So ist von einem " kritischeren" und "selbstbewußteren" Verbraucher die Rede. Die Ursache für diese Veränderung sehen die Unternehmen in einem erhöhten Qualitätsanspruch der Verbraucher, in den Aktivitäten der Verbraucherorganisationen und im zunehmenden Wettbewerb, den die Konsumenten durchaus auch als Druckmittel einzusetzen wissen (vgl. Beispiel 1, S. 87).

Beschwerdegründe

Trotz dieser beobachteten Veränderung im Verbraucherverhalten beinhalten Beschwerden immer noch am häufigsten manifeste Probleme, wie z.B. Mängelrügen aufgrund von Produktdefekten oder Reklamationen über eine nicht zufriedenstellende Dienstleistung. Beschwerden über Serviceleistungen – bei Konsumgüterindustrie und Handel zumeist Kundendienstbeschwerden – werden am zweithäufigsten genannt. Probleme mit dem Verhalten oder den Leistungen von Mitarbeitern eines Unternehmens treten vor allem dann auf, wenn die Mitarbeiter – wie bei den Dienstleistungsunternehmen, beim stationären Handel oder beim Kundendienst eines Herstellers – im direkten Kontakt mit dem Konsumenten stehen (vgl. Tab. H 3, Anhang).

Beispiel 1

- "Verbraucherorganisationen sind aktiver geworden, der Verbraucher ist kritischer geworden, weil er auch auf das Preis-/Leistungsverhältnis mehr achtet. Der Verbraucher hat erkannt, daß wenn er sich regt, die meisten Unternehmen auch reagieren" *(Branche: Wasch- und Reinigungsmittel).*

- "An der Qualität der Produkte kann das steigende Beschwerdeaufkommen nicht liegen – die ist eher besser geworden. Doch die deutsche Bevölkerung hat sich in der letzten Zeit mehr und mehr dahingehend geändert, daß mehr Leute schreiben, daß mehr Leute jede Kleinigkeit zum Anlaß nehmen, tätig zu werden. Daß höchste Ansprüche an die Qualität gestellt werden, bei allem, was sie konsumieren – ob das Gastronomie oder Elektrogeräte sind. Und daß sie der deutschen Industrie sofort auf den Zahn fühlen in puncto Hinweis auf den japanischen Wettbewerb" *(Branche: Elektro).*

- "Obwohl wir objektiv in den letzten Jahren durchschlagende Qualitätsverbesserungen haben – das kann man objektiv nachweisen aufgrund der Ausfallraten – beschweren sich die Leute heute mehr als früher. Waren es damals noch fünf bis sechs Briefe in der Woche, so sind es heute bis zu drei, vier am Tag. Das Beschwerdeverhalten steigt, der Kunde wird mündiger" *(Branche: Elektro).*

- "Seit dem Inkrafttreten des AGB-Gesetzes, durch das die Allgemeinen Geschäftsbedingungen etwas kundenfreundlicher fixiert werden mußten, hat sich im Bewußtsein des Konsumenten, was das Wissen darüber angeht, wenig geändert. Viele lassen sich immer noch vom Händler über´s Ohr hauen und heulen sich dann beim Hersteller aus. Der Konsument kann sich gar nicht vorstellen, daß der Hersteller in diesem Fall nicht viele Möglichkeiten hat, dem Händler auf die Finger zu klopfen" *(Branche: Elektro).*

Relativ häufig werden bei Konsumgüterherstellern Verbraucherbeschwerden auf (unerfüllte) subjektive Erwartungen und Beurteilungen seitens der Konsumenten zurückgeführt (über 50% der Unternehmen). Darunter fallen beispielsweise Beschwerden über Handhabung, Design, Gebrauchswert, Preisstellung für Kundendienstleistungen usw. Beim Handel liegt der Anteil dieser Beschwerden weit darunter (27%), möglicherweise deshalb, weil der Handel in diesen Fällen dem Konsumenten nicht der inhaltlich geeignete und verantwortliche Ansprechpartner zu sein scheint.

Beschwerdebearbeitung durch den Handel oder durch den Hersteller?

Nach Einschätzung der Mehrzahl der befragten Unternehmen wendet sich der Konsument mit seiner Beschwerde zunächst an den Handel (vgl. Tab H 12, Anhang). Allerdings wird durch die Untersuchung deutlich, daß die Produzenten einen direkten Kontakt zwischen Verbraucher und Industrie weit häufiger vermuten (32%) als der Handel (10%).

Beachtlich ist die unterschiedliche Beurteilung bei Ver- und Gebrauchsgüterherstellern. So nehmen weit mehr Hersteller von Verbrauchsgütern an, in direktem Kontakt mit dem Konsumenten zu stehen (61% der Nennungen), als die Produzenten von Gebrauchsgütern (22%). Dies steht im Gegensatz zu der Vermutung, daß sich die Konsumenten bei Problemen mit Verbrauchsgütern aufgrund der niedrigeren Preise und der – im Vergleich zu einem langlebigen Gebrauchsgut – oftmals geringen Bedeutung eines Verbrauchsgutes eher an den Händler als an den Hersteller wenden, um u.a. die höheren Kosten einer Kontaktaufnahme mit dem Hersteller zu vermeiden.

Es ist anzunehmen, daß die Einschätzung der Industrie tatsächlich relativiert werden muß. So ermittelten *Meffert & Bruhn* (1979) und *TARP* (1979), daß 80% bis 90% der Beschwerden zunächst gegenüber dem Handel geäußert werden (Meffert/Bruhn, 1979, S. 108; TARP, 1979, S. 28 f.) [1]. Doch selbst wenn die Annahmen der Industrie zutreffen, wird deutlich, daß bereits ein Großteil der Beschwerden durch den Handel ausgefiltert wird. Für die Produzenten hat dies in mehrfacher Hinsicht Bedeutung:

---

[1] Dazu trägt auch bei, daß zur Durchsetzung eines Rechtsanspruchs bei Produktfehlern bzw. mangelhafter Vertragserfüllung während der Gewährleistungszeit der Handel als Vertragspartner des Verbrauchers der verantwortliche Ansprechpartner ist.

Der Handel beeinflußt weitgehend die Zufriedenstellung des Beschwerdeführers. Bei unzufriedenstellender Beschwerdelösung durch den Handel besteht die Gefahr, daß sich die Unzufriedenheit des Konsumenten auch gegen den Hersteller wendet, mit der Folge, daß nicht nur das betreffende Produkt, sondern – durch einen möglichen negativen Imagetransfer – auch die übrigen Produkte aus dessen Sortiment gemieden werden.

Zum zweiten reduziert sich durch die "gate-keeper-Funktion" des Handels der Umfang an Informationen über mögliche Unzufriedenheitsquellen an den Hersteller. Inwieweit die Industrie auch von den Beschwerden erfährt, die beim Handel eingehen, hängt daher im wesentlichen von der Kommunikation mit dem Handel ab. Dieser kann entweder den Hersteller über seine Sortimentsgestaltung mit Sanktionen belegen und so indirekt Auskunft über die Konsumentenunzufriedenheit geben (Marktmechanismus). Er kann aber auch durch regelmäßige Berichte den Hersteller über Probleme informieren (beispielsweise in Form von Reklamationsstatistiken). Oder er kann Beschwerden, die sich direkt auf die Angebotsobjekte des Herstellers beziehen, an diesen zur Bearbeitung weiterleiten. Während die beiden ersten Kommunikationsmechanismen für den Hersteller ungeeignet sind, die damit verbundene Unzufriedenheit des Verbrauchers zu kompensieren, oder zu prüfen, ob die Beschwerdelösung durch den Handel gelungen ist, garantiert letzteres die umfangreichste Kenntnisnahme von Verbraucherproblemen (Riemer, 1986, S. 208).

Wie häufig und in welchem Umfang eine Kommunikation zwischen Handel und Hersteller über Verbraucherbeschwerden stattfindet, ist nicht bekannt. Die Ergebnisse der Befragung zeigen erhebliche Differenzen zwischen den Vorstellungen von Industrie und Handel bezüglich der Arbeitsteilung in der Bearbeitung von Verbraucherbeschwerden (vgl. Tab. H 13, Anhang). Während 80% der Einzelhandelsunternehmen angeben, daß diese Aufgabe vorrangig von ihnen wahrgenommen wird, sehen nur 22% der Hersteller diese Konstellation. Auch hier lassen sich wiederum Unterschiede zwischen den Produzenten von Ver- und Gebrauchsgütern beobachten: Drei Viertel der Verbrauchsgüterproduzenten antworten, daß die Bearbeitung und Lösung von Verbraucherbeschwerden von ihnen selbst gehandhabt wird, wogegen der größte Teil der Gebrauchsgüterhersteller (45%) der Ansicht ist, Verbraucherbeschwerden werden gemeinsam mit dem Handel gelöst.

Wie in den persönlichen Gesprächen mit Unternehmensvertretern deutlich wurde, können aus der Kompetenzfrage – wer ist nun für die Bearbeitung von Verbraucherbeschwerden zuständig ? – Konflikte zwischen Handel und Industrie resultieren. So war beispielsweise die Einrichtung der "Konsumentenberatung" durch einen Hersteller zunächst auf Widerstand beim Handel und dessen Fachverbänden gestoßen (vgl. Fallbeispiel G, S. 140). Der Handel äußerte die Vermutung, daß durch die Einrichtung dieser Abteilung die Mittlerfunktion des Handels umgangen werden sollte. Dies wird als erhebliche Verletzung seines Kompetenzbereiches betrachtet, zumal dadurch auch die Eigeninteressen des Handels, wie z.B. die Kundenbindung durch Serviceleistungen, beeinträchtigt werden.

3. "Aufforderung" zur Kommunikation

Wir gingen von der Annahme aus, daß Unternehmen, die in Beschwerden eine Chance sehen, den Konsumenten wieder zufriedenzustellen und mögliche Frühwarnsignale zu erkennen, versuchen werden, die Artikulation von Unzufriedenheit auf sich zu lenken (vgl. Abschnitt E.I. / Annahme 1, S. 68). Denn eine solche Aufforderung zur Kommunikation erfordert Vorleistungen von Seiten der Unternehmung, die sie wohl nicht erbrächte, wenn sie sich daraus keinen Nutzen versprechen würde.

Mit der Frage nach Hinweisen und Kommunikationserleichterungen für Verbraucher (vgl. Frage 3 und 4 des Fragebogens im Anhang) sollte ermittelt werden, ob die Unternehmen über ein Instrumentarium verfügen, das dem Verbraucher den Zugang zum Unternehmen erleichtert.

Unter *"Hinweis"* ist in diesem Zusammenhang z.B. die Nennung einer Anschrift zu verstehen, unter der der Verbraucher im Fall einer Beschwerde einen Ansprechpartner im Unternehmen finden kann.

"Kommunikationserleichterungen" sind dagegen Einrichtungen, die den zeitlichen, finanziellen und physisch/psychischen Beschwerdeaufwand des Verbrauchers senken. Zu denken wäre beispielsweise an ein dezentrales Telefonnetz des Herstellers, oder das Angebot einer Servicenummer mit der Vorwahl 0130, wodurch die Konsumenten lediglich die Kosten des Ortstarifs – auch bei Ferngesprächen – zu tragen hätten.

Kommunikationserleichterungen oder Hinweise auf Ansprechstellen im Unternehmen müssen nicht notwendigerweise auf Beschwerden beschränkt bleiben. Im Gegenteil verfolgen solche Einrichtungen häufig den Zweck, Beratungsleistungen anzubieten (vgl. auch Fallbeispiele A und B, S. 122 ff.). Obwohl derartige Beratungsdienste primär verkaufsfördernden und öffentlichkeitswirksamen Zwecken dienen sollen, ermöglichen sie dem Verbraucher, (kostengünstig) einen ersten Ansprechpartner zu finden.

Hinweise und Kommunkationserleichterungen sind für den Verbraucher insbesondere dann wichtig, wenn kein direkter Kontakt zum Unternehmen besteht, wie es im Beziehungsfeld Hersteller und Konsument, aber auch vielfach zwischen Dienstleistungsunternehmen und Verbrauchern, der Fall ist. Die Anonymität der Beziehungen erschwert es dem Verbraucher, den kompetenten Gesprächspartner zu finden. Aber auch beim Handel kann eine derartige Einrichtung für den Verbraucher hilfreich sein, insbesondere dann, wenn es sich um große Handelskonzerne mit Filialbetrieben handelt. Hier ist der Kontakt mit dem Unternehmen meist auf eine untere Ebene der Organisation (Verkäufer, Abteilungsleiter) beschränkt, von der das Problem oft nicht selbständig gelöst werden kann, oder die zum Teil selbst Anlaß zur Beschwerden gibt (vgl. Tabelle H 3, Anhang). Gerade bei letzterem besteht die Gefahr, daß die Beschwerden dann beim übergeordneten Entscheidungsträger nicht oder nur gefiltert ankommen.

Nicht immer ist die Differenzierung zwischen Hinweis und Kommunikationserleichterung von den Befragten auch beachtet worden. Dadurch lassen sich die Antworten nicht ganz klar abgrenzen. Trotzdem soll auf eine separate Darstellung nicht verzichtet werden.

Hinweise auf Ansprechstellen im Unternehmen

Rund 61% der befragten Unternehmen geben an, den Verbrauchern konkrete Hinweise zu geben, an wen sie sich mit ihrer Beschwerde wenden können (Tabelle H 5, Anhang). Da nicht von allen Unternehmen hierfür Anschauungsmaterial zur Verfügung gestellt wurde, kann keine detaillierte Aussage darüber gemacht werden, inwieweit mit den Anschriften auch immer eine konkrete Aufforderung zur Kommunikation verbunden ist. Soweit jedoch aufgrund des vorhandenen Materials eine Beurteilung abgegeben werden kann, handelt es sich hierbei meist um die bloße Angabe einer Herstelleranschrift, von der allerdings eine nur wenig auffordernde Wirkung ausgeht.

Ein Beispiel dafür, wie eine konkrete Aufforderung zur Kommunikation aussehen kann, zeigt nachfolgender Auszug aus einem Firmenprospekt (S.92). Hier wird konkret darauf hingewiesen, daß der Kontakt mit dem Verbraucher verstärkt werden soll und Kritik (aber auch Lob) erwünscht ist [1].

[1] Dieses Unternehmen war nicht an der Untersuchung beteiligt.

Beispiel 2

Dieses Zeichen steht für Bosch-Kundenberatung im Bereich – Kraftfahrzeugausrüstung.
BOSCH
Kundenberatung für Kraftfahrzeug-Ausrüstung
07 21/4 00 93 18
Postf. 410 960, 75 Karlsruhe 41
In Zukunft wird man es auf Packungen, in Bedienungsanleitungen und Katalogen finden. Das Zeichen steht für einen Service, der die Bosch-Erzeugnisse rund ums Auto noch ein bißchen wertvoller macht.
Es gibt die Sicherheit, daß man mit Bosch-Erzeugnissen der Kraftfahrzeug-Ausrüstung nicht einfach ein Produkt kauft, sondern die gute Fachberatung gleich mit. Ob sie nun vom Fachgeschäft kommt oder vom Bosch-Dienst. Oder direkt von der Bosch-Kundenberatung. Alle helfen gern und gut.
Schneller Rat direkt am Draht: Bosch-Kundenberatung für Kraftfahrzeug-Ausrüstung.
07 21/4 00 93 18
Lob hilft uns weiter. Kritik erst recht.
Meinungen, Anregungen, Lob und Kritik des Kunden sind für jeden Hersteller das Salz in der Suppe. Bosch kann für sich in Anspruch nehmen, auf diese Art von „Zusammenarbeit" immer größten Wert gelegt zu haben.
Viele dieser Kontakte mit dem Kunden und seinen Erfahrungen waren Ausgangspunkt für Verbesserungen, Weiter- und Neu-Entwicklungen von Bosch-Erzeugnissen.
Mit der Bosch-Kundenberatung für Kraftfahrzeug-Ausrüstung wurde nun eine neue Plattform geschaffen, um den Kontakt mit dem Kunden weiter zu verstärken.
So helfen Helmut Obilsnik und sein Team.
Helmut Obilsnik steht ein Team von erfahrenen Mitarbeitern zur Seite – alles ausgebildete Fachberater, die bis ins technische Detail Auskunft geben können.
Zum Beispiel bei Montage-Problemen oder bei der Zündkerzen-Wahl oder bei Fragen der Kraftfahrzeug-Nachrüstung.
Montag bis Freitag von 8.30 bis 16.00 Uhr. Mittwochs länger.
Helmut Obilsnik und seine Fachberater haben zwischen 8.30 und 16.00 Uhr ein offenes Ohr für Kundenfragen – mittwochs sogar bis 19.00 Uhr. Außerhalb dieser Zeiten nimmt ein Anrufbeantworter Tag und Nacht alle Anrufe auf. Herr Obilsnik ruft dann zurück oder antwortet schriftlich.
Denn natürlich können alle Anfragen auch schriftlich gestellt werden. Das Berater-Team ist bemüht, innerhalb von 4 Arbeitstagen zu antworten. Ist das in besonderen Fällen nicht möglich, wird ein Zwischenbescheid gegeben.

"Hinweisträger"

Die Angaben der Unternehmen, Hinweise auf Beschwerdemöglichkeiten zu geben, sagen noch nichts darüber aus, inwieweit diese für den Verbraucher auch zur Verfügung stehen, wenn er seiner Unzufriedenheit Ausdruck geben möchte. Hinweise auf Ansprechstellen bei Unternehmen können aber nur dann für den Verbraucher Vorteile bringen, wenn sie in einer konkreten Problemsituation auch zugänglich sind.

Hinweise finden sich bei den meisten Unternehmen (64%) im Rahmen der Garantieerklärung (vgl. Tab. H 6, Anhang) . Die Garantieerklärung kann allerdings für den o.g. Zweck aus verschiedenen Gründen nur als bedingt geeignet betrachtet werden: Garantien sind eine Zusicherung der Qualität oder Leistungsfähigkeit eines Gutes (Riemer, 1986, S. 131). Sie dienen in erster Linie einem akquisitatorischen Zweck, indem durch die Reduzierung des Kaufrisikos beim Konsumenten Kaufpräferenzen erzeugt werden sollen (Nieschlag et al., 1976, S. 222). In der Bundesrepublik Deutschland werden Garantien überwiegend für Gebrauchsgüter gegeben, wie auch die Ergebnisse der Tabelle H 40 (Anhang) bestätigen. Sie beschränken sich meist auf die Haftung des Herstellers für material-, konstruktions- bzw. produktionsbedingte Fehler innerhalb einer bestimmten Zeit (vgl. Tabelle H 41, Anhang). Bei den Verbrauchsgütern beinhaltet die Garantierklärung zum großen Teil die Zusicherung einer bestimmten Qualität oder ein Rückgaberecht bei Nichtgefallen bzw. Unzufriedenheit. Allerdings erfolgt die Abwicklung häufig über den Handel. Nur in den Fällen, in denen die Inanspruchnahme einer Garantieleistung gegenüber dem Hersteller geäußert werden soll, können sie als Aufforderung zur Kommunikation gelten. Garantien dieser Form sind allerdings in der Bundesrepublik Deutschland noch relativ selten anzutreffen; in der Untersuchung gibt sie nur ein Hersteller. Beim Versandhandel wird häufig ein Rückgaberecht innerhalb einer bestimmten Frist garantiert. Hier ist in manchen Fällen mit dem Rückgabeschein ein kleiner Fragebogen verbunden, auf dem der Verbraucher die Gründe für die Rückgabe vermerken kann. Dies stellt eine Möglichkeit dar, den Vertragspartner zu informieren.

Durch die zeitlichen und inhaltlichen Begrenzungen der Garantieerklärungen kann nicht angenommen werden, daß darin enthaltene Hinweise auf Reklamationswege während der Garantiezeit auch den Zweck verfolgen, andere Beschwerdeinhalte, oder Beschwerden außerhalb dieser Zeit, auf das Unternehmen zu lenken. Allerdings können die Anschriften dem Verbraucher die Kontaktaufnahme mit dem Unternehmen erleichtern, selbst wenn eine konkrete Aufforderung dazu fehlt.

Neben der Garantie sind Prospekte (34%) – vor allem beim Handel (63%) – und andere Werbeaktivitäten (18%), sowie Verpackung (12%) und Rechnungsvordrucke (11%) häufiger genannte "Hinweisträger". Gebrauchsanleitungen, die als dauerhafte "Begleiter" eines Produktes geeignete Träger für Hinweise darstellen könnten, werden zu diesem Zweck nur selten genutzt. Lediglich zwei Unternehmen geben an, in der Gebrauchsanleitung auf eine Ansprechstelle hinzuweisen.

Kommunikationserleichterungen für den Verbraucher

Den Ergebnissen zufolge bieten rund die Hälfte der befragten Unternehmen Kommunikationserleichterungen an. Sie sind bei der Konsumgüterindustrie mit rund 35% weniger häufig anzutreffen als bei den Dienstleistungsunternehmen (69% der Unternehmen) und beim Versandhandel (100%) (vgl. Tab. H 7, Anhang). Bei näherer Betrachtung der Ergebnisse wird deutlich, daß hier viele Unternehmen als Kommunikationserleichterungen "Kontaktadressen" angeben, die sich mit Verbraucheräußerungen und deren Bearbeitung befassen (Tab. H 8, Anhang). Kontaktadressen erleichtern zwar den zeitlichen und psychischen Beschwerdeaufwand des Konsumenten, indem eine lange Suche nach dem richtigen Ansprechpartner im Unternehmen vermieden werden kann. Sie sind aber eher als "Hinweis" zu kategorisieren.

Zentraler telefonischer Service und dezentrale Servicestellen sind die von den Unternehmen am zweithäufigsten gewählte Form der Kommunikationserleichterung. Allerdings sind die dezentralen Servicestellen bei der Gebrauchsgüterindustrie meist nicht als gesonderte Maßnahme zu beurteilen, sondern betreffen oftmals den bereits vorhandenen regionalen Kundendienst.

In den persönlichen Gesprächen mit Unternehmensvertretern wie auch durch die Beantwortung der Frage 2 (Fragebogen, Anhang und Tab. H 4, Anhang) wurde deutlich, daß die telefonische Kommunikation zwischen Unternehmen und Verbrauchern zunehmend an Bedeutung gewinnt. Bei den dezentralen Telefonnetzen und dem Service 130 handelt es sich um Einrichtungen, die die Erreichbarkeit des Unternehmens für den Konsumenten beschleunigen und gleichzeitig die finanziellen Beschwerdekosten niedrig halten. Ein dezentrales Telefonnetz ist auch bei den Unternehmen zu vermuten, die über regionale Servicestellen verfügen, so daß durch die räumliche Nähe der Beschwerdestelle die Beschwerdekosten für den Verbraucher hier ebenfalls gesenkt werden.

Die Servicenummer 130 wird lediglich von sechs Unternehmen angeboten. Gerade diesem Anruf zum Ortstarif werden aber Erfolge bei der Erhöhung der Verbraucherkontakte zugeschrieben. So schätzt man, daß in US-amerikanischen Unternehmen, bei denen dieser Service unter der Bezeichnung "800 tollfree number" bzw. "hotline" weit verbreitet ist, im Jahr 1982 ungefähr zweihundert Millionen Anrufe auf diesem Wege eingingen (TARP, 1984, S. 1). Ein Großteil der vorgetragenen Probleme kann dabei sofort erledigt werden (McGuire, 1973, S. 19 und Beispiel 6, S. 156), wodurch sich der Aufwand zur Bearbeitung von Beschwerden für die Unternehmen wesentlich verringert. Darüberhinaus bietet dieser Service die Möglichkeit, einer Erhöhung der Unzufriedenheit seitens des Beschwerdeführers aufgrund langer Bearbeitungszeiten vorzubeugen und auf das Problem genauer einzugehen.

Beispiel 3

- "Meines Erachtens wäre es keine schlechte Sache, den Service 130 einzuführen. Durch diese Nummer erreichen Sie, daß der Konsument nicht erst den sinnlosen Weg zum Handel geht, sondern daß er sich direkt an das Unternehmen wendet, weil das sicherlich von Zeit und Aufwand noch günstiger ist. Dann hätten wir auch eine breitere Basis an Konsumentenreaktionen, die ja jetzt noch mehr oder weniger zufällig ist. Und wenn jemand anruft, dann haben Sie – besser als im Schriftwechsel – die Möglichkeit, im direkten Dialog mehr rauszufinden. Doch vor fünf Jahren habe ich eine Kosten-Nutzen-Analyse gemacht mit dem Ergebnis, es lohnt sich nicht" *(Elektro-Branche).*

- "Wir haben den Service 130 zwar für den professionellen Bereich (Computer) eingerichtet, da kann man das machen. Da ist eine Telefonistin, die die Anfragen vom Anwender aufnimmt, den Vorgang erfaßt und in das System eingibt. Das dauert nicht länger als eine Minute. Für den Konsumgüterbereich haben wir dagegen bewußt keine 130er Nummer eingerichtet. Das ist für allgemeinere Fragen zu umständlich und zu teuer. Nicht finanzierbar. Wir bieten aber den Rückruf an" *(Elektro-Branche).*

Obwohl auch bundesdeutsche Unternehmen die Chance einer schnelleren und direkteren Beschwerdebearbeitung erkennen, wird der Service 130 noch häufig aus Kostengründen abgelehnt [1] (vgl. Beispiel 3, S. 95). Als Alternative wird der Rückruf angeboten, dem allerdings – da diese Lösung beim Verbraucher nicht als bekannt vorausgesetzt werden kann – kein Aufforderungscharakter zukommt.

Faßt man die Ergebnisse zusammen, so gibt zwar ein Großteil der Unternehmen an, über Einrichtungen zu verfügen, die dem Verbraucher die Kommunikation mit dem Unternehmen ermöglichen und erleichtern sollen. Direkte Aufforderungen zur Kommunikation sind aber meist nicht damit verbunden.

Auch kann nicht angenommen werden, daß die Unternehmen, die nach ihrer Auskunft Beschwerden als Frühwarnsignale betrachten, den Konsumenten eher zur Kommunikation auffordern als diejenigen, die den Verbraucherbeschwerden neutral bzw. negativ gegenüberstehen. Wie Abb. F/1 (S. 98) zeigt, ist die Exisitenz von Hinweisen und Kommunikationserleichterungen von der jeweils geäußerten Einstellung unabhängig. Sie sind sowohl bei Unternehmen anzutreffen, die Beschwerden als Informationsquelle betrachten, als auch bei Unternehmen, die den Beschwerden weniger Bedeutung beimessen.

Allein aus der Existenz von Hinweisen und Kommunikationserleichterungen kann damit kein weitergehendes Interesse von Unternehmen an Verbraucherbeschwerden abgeleitet werden. Umgekehrt kann jedoch die verstärkte Kommunikation mit dem Konsumenten infolge einer Kommunikationserleichterung das Unternehmen darauf aufmerksam machen, daß Verbraucherkontakte Informationsquellen eröffnen, wie Beispiel 4 (S. 97) verdeutlicht.

4. Die Bearbeitung und Nutzung von Verbraucherbeschwerden

Beschwerden sind Ausdruck der Unzufriedenheit von Verbrauchern mit unternehmerischen Leistungen. Für Unternehmen können Verbraucherbeschwerden damit Bedeutung in zweierlei Hinsicht erhalten: Die artikulierte Unzufriedenheit bietet dem Unternehmen die Möglichkeit, die Zufriedenheit des indivi-

---

[1] Für den bundesweiten Service 130 sind vom anbietenden Unternehmen monatliche Grundgebühren in Höhe von DM 500 (ab 1.4.1989: DM 350) zu entrichten. Die Sprechdauer für eine Gebühreneinheit beträgt 10 Sekunden (ab 1.4.1989: 12 Sekunden). Die Mindestabnahmezahl beträgt 5000 Einheiten pro Monat (ab dem 4. Monat der Einrichtung: 4000 Einheiten). Für den Verbraucher gilt der 8 bzw. 12-Minuten-Takt zu 23 Pfennig (Deutsche Bundespost, Gebührenübersicht zum Service 130, Stand: 1988).

Beispiel 4

- Im Rahmen einer Marketing-Aktion sollte bei einem Hersteller von Wasch- und Reinigungsmitteln eine gewisse Zeit lang ein "Beratungstelefon" eingerichtet werden. Unter der Servicenummer 130 konnten Verbraucher anrufen, um ihre Fragen und Probleme einzubringen. Ziel dieser Aktion war es, eine positive Imagewirkung zu erzielen, da sich gerade diese Branche – bedingt durch die Diskussion um Umweltschutzfragen – häufigen Angriffen ausgesetzt sieht. Nach Aussagen eines Unternehmensvertreters war man bei der Einrichtung des Beratungstelefons nicht davon ausgegangen, daß die Verbraucherkontakte auch Informationen für das Unternehmen selbst liefern könnten. Im Laufe der Aktion stellte sich jedoch heraus, daß auf Verbraucherseite Probleme vorliegen, die vom Unternehmen bislang noch nicht erkannt worden waren, die sich jedoch relativ einfach lösen ließen. Das Beratungstelefon – ursprünglich nur als kurzfristige akquisatorische Einrichtung geplant – ist inzwischen organisatorisch fest etabliert und dient dem Unternehmen in verschiedener Hinsicht als Informationsquelle.

duellen Verbrauchers wieder herzustellen und damit dem Verlust dieses sowie – aufgrund der Effekte negativer Mundwerbung – weiterer potentieller Kunden entgegenzuwirken. In diesem Sinne wird der Beschwerdebearbeitung eine Abhilfe- oder Wiedergutmachungsfunktion zugeschrieben ("Einzelfall-Lösung").

Beschwerden können darüberhinaus auch zur Einleitung von Maßnahmen anregen, die der Vorbeugung künftiger Unzufriedenheit dienen. Die Aufgabe der Beschwerdebearbeitung liegt in diesem Fall in der Ursachenanalyse und Informationserstellung zu erkannten Problemen (Informationsfunktion der Beschwerdebearbeitung), sowie in der Erarbeitung von Vorschlägen zum Abbau von Unzufriedenheitsquellen (Prävention).

a. Bearbeitung der individuellen Verbraucherbeschwerde (Einzelfall-Lösung)

Die Untersuchungsergebnisse zeigen, daß die Unternehmen bemüht sind, möglichst schnell auf Verbraucherbeschwerden zu antworten. 66% der Befra-

Abbildung F/1:
Zusammenhang zwischen den Einstellungen der Befragungsteilnehmer und den Maßnahmen der Unternehmen zur Förderung der Kommunikation mit dem Verbraucher

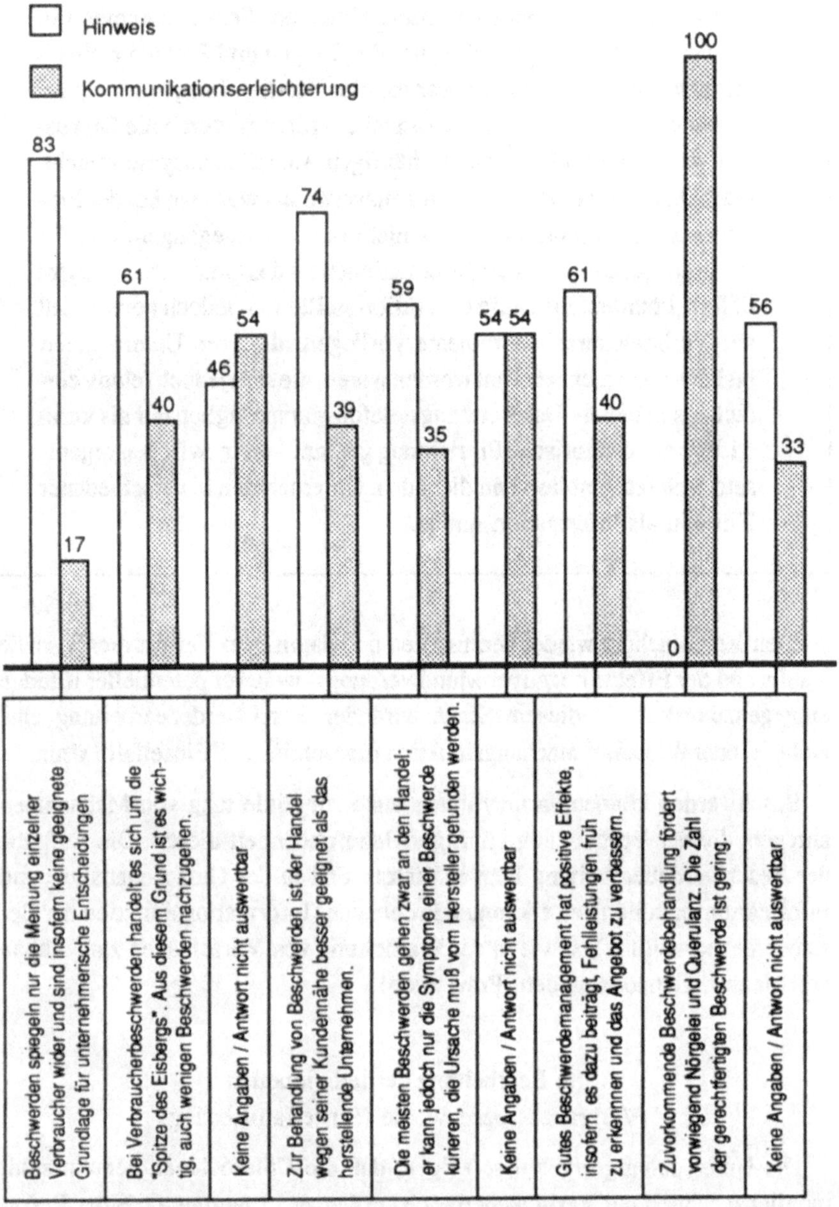

gungsteilnehmer geben an, daß die Reaktionszeit auf Beschwerden das Limit von fünf Tagen nicht überschreiten soll (vgl. Tab. H 10, Anhang).

Zur schnellen und sachgerechten Bearbeitung von Verbraucherbeschwerden muß gewährleistet sein, daß die Beschwerde möglichst sofort die dafür zuständige Organisationseinheit erreicht. Dies hängt einmal davon ab, ob die Beschwerde des Verbrauchers bereits an die zuständige Stelle gerichtet ist. Wie wir im vorangegangenen Abschnitt gezeigt haben, ist der Verbraucher jedoch häufig nicht dazu in der Lage, direkt zu adressieren, da seitens der Unternehmen Hinweise auf Ansprechstellen nicht immer gegeben werden. Zum anderen üben aber auch die internen Regelungen zur Bearbeitung von Verbraucherbeschwerden Einfluß auf die Bearbeitungszeit aus. Grundsätzlich kann zwischen zwei Regelungen unterschieden werden, die die Abwicklung der Beschwerdebearbeitung bestimmen:

– Die Beschwerde wird entsprechend ihrem Inhalt von der Stelle bearbeitet, in deren Bereich die Ursache des Problems zu suchen ist. Die Fachkompetenz des Sachbearbeiters, der die Beschwerde direkt beantworten kann und somit zeitliche Verzögerungen durch Informationsnachfrage in anderen Abteilungen vermeidet, spricht für eine solche Lösung.

  In diesem arbeitsteiligen Konzept können allerdings Schwierigkeiten auftreten, wenn im Rahmen einer Beschwerde inhaltlich verschiedene Problembereiche angesprochen werden. Sobald mehrere Abteilungen an der Beschwerdebearbeitung mitwirken, hängt die Reaktionszeit davon ab, ob die innerbetriebliche Kommunikation problemlos bewältigt werden kann. "Für kleinere Unternehmen wird das Problem von geringerer Bedeutung sein, da die Strukturen noch relativ transparent sind. Mit zunehmender Unternehmensgröße wird die Lösung der Zuständigkeitsfrage aufgrund komplexerer Strukturen immer schwieriger" (Riemer, 1986, S. 193). Für den Verbraucher selbst ergeben sich bei dieser Regelung Probleme beim (Wieder-) Auffinden des Ansprechpartners.

– Es existiert eine zentrale Stelle im Unternehmen, die für die Bearbeitung und Beantwortung sämtlicher Verbraucherbeschwerden verantwortlich ist. Dies hat den Vorteil, daß durch klare Zuständigkeiten ein zirkuläres Weiterleiten solcher Beschwerden vermieden wird, die keinem Fachbereich eindeutig zuordenbar sind. Zugleich verbessert die Zentralisierung den Überblick über Eingang, Bearbeitungsstand und Erledigung von Beschwerden. Und für den Konsumenten bedeutet diese organisatorische Regelung der Beschwerdebearbeitung, daß er nicht zu befürchten braucht, zunächst von einer zur anderen Stelle verwiesen zu werden, bevor er endlich den richtigen Sachbearbeiter erreicht.

Im folgenden werden wir die erste Lösung als *dezentrale*, letztere als *zentrale Beschwerdebearbeitung* bezeichnen (s. auch S. 77).

Nach den Untersuchungsergebnissen verfügen 59% der befragten Unternehmen über zentrale Einrichtungen zur Bearbeitung von Konsumentenbeschwerden. 41% geben an, keine eindeutigen Zuständigkeiten festgelegt zu haben. Bei Verbrauchsgüterherstellern ist die zentrale Beschwerdebearbeitung wesentlich häufiger verbreitet (78% der Unternehmen) als in der Gebrauchsgüterindustrie (49%, vgl. Tab. H 14, Anhang).

Die Antworten sind allerdings mit Vorsicht zu interpretieren. Wie sich durch die Fallstudien erwiesen hat, sprechen Unternehmen zum Teil auch dann von einer zentralen Beschwerdebearbeitung, wenn eine Stelle im Unternehmen hinsichtlich ihrer Sachkompetenz zwar *schwerpunktmäßig* von Verbraucherbeschwerden betroffen ist, Beschwerden außerhalb dieser Kompetenz aber doch von anderen Organisationseinheiten bearbeitet werden.

Es läßt sich feststellen, daß Unternehmen mit relativ hohem Beschwerdeaufkommen ("mehrmals in der Woche"/"täglich") Beschwerden häufiger zentral bearbeiten als dezentral (vgl. Tab. K 3, Anhang). Der Einfluß ist jedoch nicht sehr bedeutend ($\lambda = 0.28$)[1]. Andere Situationskomponenten – wie z.B. Mitarbeiterzahl oder Umsatz – nehmen auf die organisatorische Regelung der Beschwerdebearbeitung keinen Einfluß.

Dezentrale Beschwerdebearbeitung

Eine Beschwerdebearbeitung, die nicht durch die eindeutige Zuständigkeit einer Stelle gekennzeichnet ist, findet sich vor allem in der Gebrauchsgüterindustrie (vgl. Tab. H 14, Anhang). Im Gegensatz zu den Herstellern von Verbrauchsgütern (22%), zum Handel (18%) und zu den Dienstleistungsunternehmen (39%) geben hier 51% der befragten Unternehmen an, Beschwerden würden entsprechend ihrem Probleminhalt von der jeweiligen Fachabteilung

---

[1] Der Koeffizient λ beschreibt den Zusammenhang zwischen Nominalvariablen. λ ist 1, wenn eine Variable (X) vollständig durch die andere (Y) determiniert ist. λ ist 0, wenn die Kenntnis der zweiten Variable absolut nichts zur Vorhersage von X beiträgt (vgl. Kriz, 1973, S. 233 ff.).

bearbeitet. Im Durchschnitt werden zwei bis drei Abteilungen genannt (die Summe über alle Nennungen liegt bei den einzelnen Branchen zwischen 180% und 300%, vgl. Tab. H 15, Anhang). Als vorrangig zuständige Instanz kristallisiert sich bei den Herstellern von Gebrauchsgütern der Kundendienst heraus. Bei Verbrauchsgüterproduzenten, bei Dienstleistungsunternehmen und beim Handel ist eine bevorzugte Zuordnung nicht zu erkennen. Allerdings erlaubt hier die geringe Anzahl der betreffenden Unternehmen keine Aussage.

In der Marketingliteratur wird die Kundendienstleistung dem absatzpolitischen Instrumentarium zugeordnet. Sie soll im Zusammenhang mit dem eigentlichen Objekt der Kaufentscheidung unmittelbare und intensive Beziehungen zu den Abnehmern herstellen, um damit den Absatz der Hauptleistung zu fördern (Nieschlag et al., 1976, S. 222 ff.). Grundsätzlich läßt sich zwischen zwei Gruppen von Kundendienstleistungen unterscheiden: dem technischen und dem kaufmännischen Kundendienst.

Der technische Kundendienst erstreckt sich vor allem auf Installations-, Inspektions-, Wartungs- und Reparaturleistungen, wogegen zum kaufmännischen Kundendienst "vor allem verschiedene Einkaufserleichterungen, Beratungs- und Zustelldienste, Kostenvoranschläge sowie Gefälligkeiten aller Art, individuelles Entgegenkommen und Hilfsbereitschaft in vielfältigen Ausprägungen" zählen (Nieschlag et al., 1976, S. 223). Der kaufmännische Kundendienst wird häufig auch als "Kundenbetreuung" bezeichnet.

Im Zusammenhang mit den in Tab. H 3 (Anhang) aufgeführten Beschwerdeinhalten kann angenommen werden, daß die Beschwerdebearbeitung hauptsächlich von den Abteilungen wahrgenommen wird, die sich inhaltlich für das Problem und die Problemlösung zuständig zeichnen. Bei Gebrauchsgütern und beim Handel, insofern dieser Kundendienstleistungen anbietet, ist dies vorwiegend der Kundendienst, von dem ja auch Produktdefekte (Mängelrügen) behoben werden müssen.

Zentrale Beschwerdebearbeitung

Ähnlich wie bei den Unternehmen mit dezentraler Beschwerdebearbeitung ist auch bei den Unternehmen, die über eine zentrale Stelle zur Bearbeitung von Verbraucherbeschwerden verfügen, der Kundendienst oftmals Ansprechpartner für den Konsumenten: Mit 22% der Nennung wird er am zweithäufigsten genannt (vgl. Tab. H 16, Anhang).

Die Mehrzahl der befragten Unternehmen mit zentraler Beschwerdebearbeitung gibt jedoch eine Stelle an, deren Bezeichnung zwar einerseits auf Kundendienstleistungen hinweisen könnte, andererseits aber auch die Möglichkeit offen läßt, daß es sich um eine spezielle Anlaufstelle für den Verbraucher handelt, die außerhalb des Kundendienstes angesiedelt ist [1]. Die Bezeichnungen weisen Wortbestandteile wie "Verbraucher-/ Konsumenten-/ Kunden-..." und "-beratung/ -betreuung/ -relations und -service" auf (vgl. Tab. H 17, Anhang). Ihre organisatorische Eingliederung deutet darauf hin, daß es sich vorwiegend um Abteilungen bzw. Mitarbeiter handelt, die dem traditionellen Servicebereich zugeordnet werden können (vgl. Tab. H 19, Anhang). Nur acht dieser insgesamt 26 spezifischen Beschwerdestellen sind der Geschäftsleitung direkt unterstellt und scheinen damit über einen relativ unabhängigen Status innerhalb der Organisation zu verfügen.

Neben dem Kundendienst und den speziellen Konsumentenberatungs-/betreuungs- und -servicestellen wird die Beschwerdebearbeitung nur selten von anderen Fachabteilungen im Unternehmen durchgeführt.

Die zentrale Stelle zur Bearbeitung von Verbraucherbeschwerden entscheidet bei 78% der Unternehmen selbständig über die zu ergreifenden Maßnahmen. Eine eingeschränkte Entscheidungskompetenz (hier sind Rückfragen bei zu hohen Kosten oder bei schwierigen Fällen notwendig) geben 12% der Unternehmen an. "Keine selbständige Entscheidung" nennen 10% der Unternehmen (vgl. Tab. H 22, Anhang). Bei der Mehrzahl der Unternehmen (46%) sind bis zu drei Mitarbeiter in dieser Stelle beschäftigt (vgl. Tab. H 20 und H 21, Anhang).

Für den Konsumenten bedeutet eine zentrale Beschwerdestelle dann einen Abbau der Beschwerdebarrieren, wenn sie für ihn als Ansprechpartner auch wahrzunehmen ist. Außer bei den Beratungs-/ Betreuungs-/ Servicestellen und unter Umständen auch beim Kundendienst (wenn dieser nicht selbst den Anlaß zur Beschwerde liefert) ist dies wohl kaum der Fall. Sie sind bestimmten Fachabteilungen angegliedert und symbolisieren nach außen hin keine Verbraucherkontaktfunktion. Zwar mag hier intern durch die Zentralisierung eine bessere Abwicklung von Verbraucherbeschwerden gewährleistet sein, man hat sich

---

[1] Wegen der Schwierigkeit, aus der Bezeichnung dieser Stellen Aussagen darüber abzuleiten, ob es sich um traditionelle Servicestellen handelt oder um spezifische Einrichtungen zur Bearbeitung von Verbraucheranfragen und -beschwerden, werden sie in der tabellarischen Darstellung unter dem Begriff "Bezeichnung" aufgeführt.

jedoch zu fragen, ob eine Beschwerdeerleichterung für den Konsumenten durch eine Kennzeichnung der Anlaufstelle nicht gewünscht oder diese Möglichkeit noch nicht in Betracht gezogen worden ist.

Organisatorische Eingliederung der zentralen Beschwerdestelle

Bei der Beantwortung der Frage nach der organisatorischen Eingliederung der zentralen Beschwerdestelle kristallisieren sich branchenspezifische Unterschiede heraus. So ist in der Gebrauchsgüterindustrie die Beschwerdestelle bei 44% der Unternehmen direkt dem Kundendienst verantwortlich. Bei der Verbrauchsgüterindustrie wird in der Mehrzahl (43%) der Marketingbereich angegeben (vgl. Tab. H 18, Anhang). Eine direkte Zuordnung der Beschwerdestelle zur Geschäftsleitung findet sich bei 26% der Konsumgüterproduzenten. Bei den Dienstleistungsunternehmen und im Handel ist diese organisatorische Eingliederung weit häufiger anzutreffen, doch läßt die geringe Zahl der Unternehmen keine Verallgemeinerung zu. Abbildung F/2 (S. 104) gibt einen Überblick über die organisatorische Eingliederung der Beschwerdestellen in den einzelnen Sektoren.

Aufgrund der Ergebnisse kann angenommen werden, daß die Beschwerdebearbeitung auch bei zentraler Organisation entsprechend der Problemschwerpunkte bestimmten Hauptabteilungen angegliedert wird. Wie schon an anderer Stelle erwähnt, wirken auch bei Unternehmen, die angeben, über ein spezielle Bearbeitungsstelle zu verfügen, häufig noch andere Abteilungen mit. Damit steht auch hier im wesentlichen die sachgebietsorientierte Beschwerdebearbeitung im Vordergrund.

b. Beschwerden als Informationsquelle für Verbraucherprobleme (Prävention)

Beschwerden können als Frühwarnsignale gewertet werden, die auf potentielle Unzufriedenheitsquellen hindeuten und nicht auf den Einzelfall des Beschwerdeführers beschränkt bleiben müssen. Diese Unzufriedenheit kann, wie wir verdeutlichten, bei den Verbrauchern zu Reaktionen wie Abwanderung oder negativer Mundpropaganda – und damit zu nachteiligen Konsequenzen für die Unternehmung – führen. Wird diese Überlegung von den Unternehmen aufgegriffen, so ist anzunehmen, daß sie Maßnahmen einleiten, den Ursachen der Unzufriedenheit nachzugehen.

Abbildung F/2:
Organisatorische Eingliederung der Beschwerdestelle bei zentraler Beschwerdebearbeitung (Quelle: Tabelle H 18, Anhang)

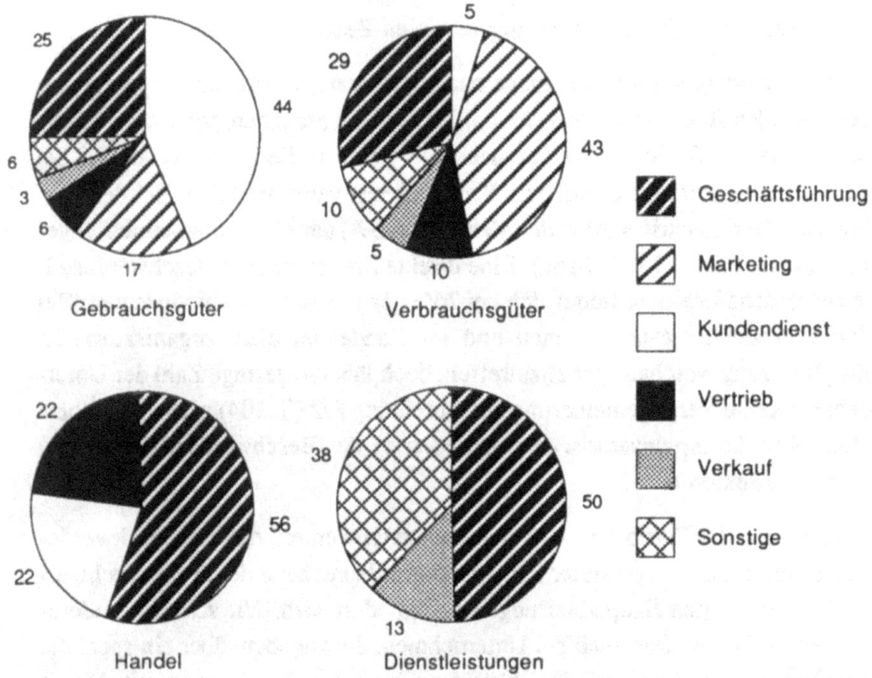

Eine Möglichkeit der Ursachenfindung besteht in der systematischen Erfassung und Auswertung von Beschwerden, wodurch bei Beschwerdehäufungen Problemschwerpunkte erkannt werden können. Das Problem einer solchen quantitativen Analyse besteht jedoch darin, daß durch die Aggregation und Abstraktion der Ergebnisse möglicherweise wichtige Details fallengelassen werden und daß aufgrund weniger bedeutsamer Aspekte der ursprünglichen Daten zu stark verallgemeinert wird (Jahoda et al., 1976, S. 272).

Zudem muß bei Beschwerden davon ausgegangen werden, daß sie kein repräsentatives Abbild der Verbraucherunzufriedenheit darstellen (Fornell, 1982, S. 479 und Abschnitt C.IV., S. 49 ff.). So sind etwa Beschwerden bei manifesten Problemen häufiger (Andreasen, 1977, S. 188), und der Kreis der Beschwerdeführer ist nicht unbedingt repräsentativ für die Gesamtheit der Bevölkerung. Wenige Beschwerden deuten daher nicht zwangsläufig auch auf eine geringe Unzufriedenheit am Markt hin. Ein hoher Anteil an Mängelrügen ist kein Anzeichen dafür, daß andere Beschwerdegründe eine untergeordnete Rolle spielen. In der Literatur wird daher vielmehr hervorgehoben, daß Beschwerden Frühwarnsignale sein können, die trotz mangelnder Repräsentativität Anhaltspunkte zur Problemerkennung liefern (Hansen, 1982 und 1978). So kann in manchen Fällen bereits eine einzelne Beschwerde symptomatisch für ein Unzufriedenheitspotential sein. In diesem Fall genügt es nicht, allein anhand von Beschwerdehäufungen nach möglichen Problemen zu suchen. Denn zum einen könnten damit wichtige Informationen untergehen. Und zum anderen würde der Prozeß der Problemerkennung erst relativ spät einsetzen, nämlich erst dann, wenn bereits eine Mindestzahl an Beschwerden eingegangen ist. Unzufriedenheitsursachen, die relativ selten artikuliert werden und damit recht schwache Signale darstellen, würden zu spät (oder gar nicht) identifiziert und in Entscheidungen nicht berücksichtigt. Gerade hier wird deutlich, daß auch der qualitativen Analyse von Beschwerden besondere Beachtung geschenkt werden muß.

Die Methode der Beschwerdeauswertung ist keine Frage des "entweder – oder". Bei relativ hohem Beschwerdeaufkommen ist die statistische Erfassung und quantitative Auswertung von Verbraucherbeschwerden nahezu unabdingbar, um einen Überblick über die Beschwerdeentwicklung und die Problemschwerpunkte zu erhalten, sowie um einheitliche Lösungsansätze zu erarbeiten. Zur Beurteilung der Relevanz von Beschwerden mit der Folge einer schnellen Reaktion auf bestimmte Unzufriedenheitsäußerungen darf aber auch die qualitative Analyse, das Erkennen von symptomatischen Beschwerden, nicht fehlen. Wie *Riemer* (1986) betont, liegt das Hauptproblem darin, "Sensoren zu entwikkeln, die relevanten Signale zu identifizieren".

In den persönlichen Gesprächen mit Unternehmensvertretern wurde deutlich, daß diese "Sensoren" momentan hauptsächlich in den beschwerdebearbeitenden Mitarbeitern liegen, von deren Sensibilität es abhängt, ob Warnsignale erkannt werden.

So läßt sich auch feststellen, daß die Mitarbeiter in zentralen Beschwerdestellen, die dem Konzept einer Verbraucherabteilung in bestimmten Punkten recht nahe kommen, wenigstens eine der folgenden Bedingungen erfüllen:

– langjährige Erfahrung im Unternehmen,

– Erfahrungen im direkten Kontakt mit dem Kunden,

– gute interne Unternehmenskenntnisse.

Wir haben in unseren einleitenden Hypothesen angenommen, daß Probleme eher erkannt werden können, wenn eine Organisationseinheit explizit mit der Aufnahme, Interpretation und Weiterleitung von Beschwerden betraut ist. Die Kenntnis der ursprünglichen Daten (Beschwerden) ermöglicht Einsicht in das subjektive Problemverständnis des Konsumenten und damit eine Interpretation, die über die Betrachtung von Zahlen hinausgeht.

Im folgenden werden wir darstellen, inwieweit und in welcher Form in Unternehmen überhaupt eine Auswertung stattfindet. Und wenn ja, ob sie von der Beschwerdestelle selbst oder von anderen Organisationseinheiten durchgeführt wird [1], welchen Entscheidungsbereichen sie zugänglich ist und welchen Zwekken sie hauptsächlich dient.

Auswertung von Verbraucherbeschwerden

Insgesamt 85% der befragten Unternehmen geben an, eine Beschwerdeauswertung vorzunehmen. Unterschiede zwischen den einzelnen Branchen/ Sektoren lassen sich dabei nicht feststellen (vgl. Tab. H 28, Anhang).

Den Ergebnissen zufolge übt die Einstellung der Unternehmen gegenüber Verbraucherbeschwerden auf die Auswertung wesentlichen Einfluß aus. So nehmen 87% der Unternehmen, die in Beschwerden die Spitze eines Eisberges sehen, deren Ursachen nachgegangen werden muß, auch eine systematische Beschwerdeauswertung vor, wohingegen bei Unternehmen mit eher ablehnender Haltung gegenüber Beschwerdeinformationen weit seltener (50% dieser Unternehmen) eine Auswertung stattfindet (vgl. Tab. K 8, Anhang).

Die Nichtauswertung bei Unternehmen, die Beschwerden ohnehin kein Informationspotential zumessen, scheint auf der Hand zu liegen. Dagegen ist die Erklärung dafür, daß Unternehmen, die in Beschwerden eine potentielle Informationsquelle sehen, nicht so eindeutig. Die Gründe hierfür können darin liegen, daß den Beschwerden nur im Einzelfall nachgegangen wird; oder daß möglicherweise noch keine Maßnahmen entwickelt wurden, um Beschwerden systematisch zu erfassen und zu analysieren. Die Ursache mag aber auch von der Zahl der Beschwerden abhängen, die ein Unternehmen erhält.

---

[1] Die Beantwortung dieser Frage beschränkt sich auf die Unternehmen mit zentraler Beschwerdebearbeitung. Bei dezentraler Bearbeitung kann die Einheit oder Arbeitsteilung zwischen Beschwerdebearbeitung und Auswertung/Interpretation nicht nachvollzogen werden.

Wie Abbildung F/3 verdeutlicht, läßt sich auch ein Zusammenhang zwischen Beschwerdefrequenz und Beschwerdeauswertung erkennen ($\lambda = 0.71$). So wird eine systematische Auswertung von 94% der Unternehmen vorgenommen, in denen Beschwerden täglich eingehen. Je seltener dagegen Beschwerden gegenüber einem Unternehmen geäußert werden, umso weniger nehmen Unternehmen eine Auswertung vor.

In Unternehmen mit zentraler Beschwerdebearbeitung findet eine Auswertung häufiger statt (96% der Unternehmen) als bei dezentraler Bearbeitung (vgl. Abb. F/4, S. 108). Dieses Ergebnis steht auch im Zusammenhang mit der Beobachtung, daß bei Unternehmen mit relativ hohem Beschwerdeaufkommen häufiger zentrale Einrichtungen zur Bearbeitung von Verbraucherbeschwerden vorhanden sind (Tab. K 3, Anhang).

Abbildung F/3:
Zusammenhang zwischen Beschwerdefrequenz und Auswertung
(Quelle: Tab. K 1, Anhang)

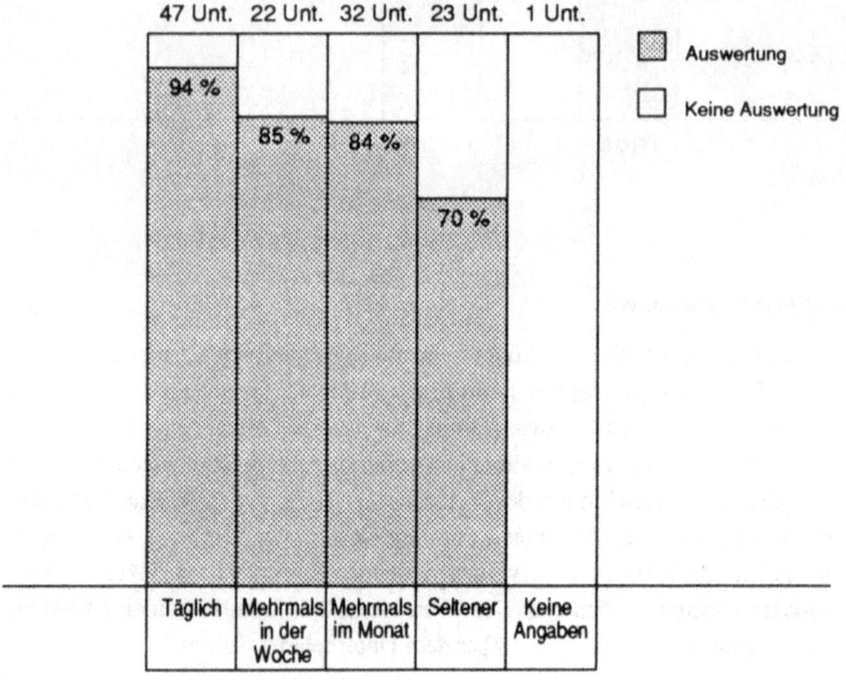

Abbildung F/4:
Zusammenhang zwischen Organisation der Beschwerdebearbeitung und Auswertung (Quelle: Tab. K 2, Anhang)

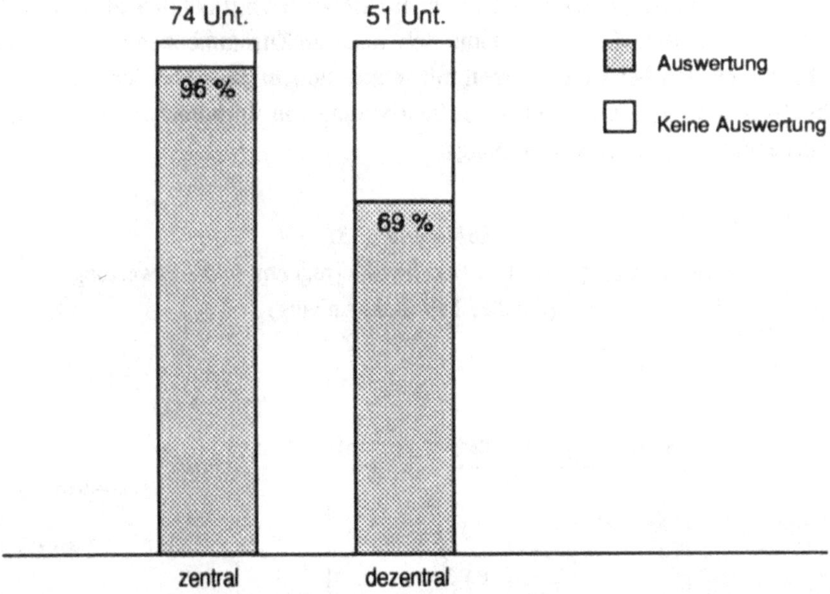

Auswertungskriterien

Verbraucherbeschwerden können sowohl in subjektiven als auch in objektiven Problemen begründet sein (Andreasen, 1977). Im Gegensatz zu den objektiven Beschwerdegründen, denen ein nachweisbarer Leistungsmangel zugrunde liegt (z.B. Produkt funktioniert nicht), sind subjektive Beschwerden von der persönlichen Wahrnehmung des Verbrauchers abhängig (z.B. Handhabungsschwierigkeiten, Unzufriedenheit mit dem Design, der Werbung, etc.). Welcher Art das Problem ist, das der Unzufriedenheit zugrunde liegt, ist für den Verbraucher relativ unbedeutend. Die Unzufriedenheit kann in beiden Fällen zu einer negativen Reaktion gegenüber dem Unternehmen führen.

Aus diesem Grund kann es für die Unternehmen wichtig sein, sowohl objektiven als auch subjektiven Beschwerdegründen nachzugehen. Dies wird auch in der folgenden Aussage eines Unternehmensvertreters zur Beschwerdeauswertung seiner Organisation deutlich:

Beispiel 5
● "Der erste Punkt ist, daß wir jeden Fehler an einem Produkt über ein Qualitätsdaten-Erfassungs- und Regelungssystem aufnehmen und im Rahmen der Datenverarbeitung bearbeiten. Dadurch wissen wir über unser Qualitätsgeschehen ausgezeichnet Bescheid. Die Ergebnisse spielen wir in die Entwicklung und Produktion ein. Das ist die eine, ganz sachliche und objektive Seite. Doch der Kunde muß auch subjektiv mit einem Produkt zufrieden sein. Bei der Analyse der Beschwerdebriefe stellt sich heraus, daß das, was unsere Kunden am meisten stört, bei der sachlichen Analyse nicht unbedingt auch als Schwerpunktfehler herauskommt. Es müssen keine technischen Produktmängel sein, wie wir sie in der Qualitätsdatenerfassung aufnehmen, sondern beispielsweise Handhabungsschwierigkeiten. Und da muß man sich fragen, über welchen Fehler ärgert sich der Kunde am meisten, wo wird negatives Image für uns produziert, was dann wiederum negative Kaufentscheidungen beim Kunden oder dessen Verwandten oder Bekannten zur Folge hat. Deshalb analysieren wir nach den verschiedensten Gesichtspunkten: Nach technischen Fehlern, nach Fehlern in der Bedienungsanweisung, nach Verhaltensfehlern, nach subjektiven und objektiven Beschwerdeanlässen. Dann gehen wir rein bis in die Entwicklung und diskutieren mit den Entwicklern" *(Elektro-Branche).*

Die Befragungsergebnisse zeigen, daß von über 90% der Unternehmen die subjektiven Beschwerdegründe des Verbrauchers in die Auswertung aufgenommen werden (Tab. H 29 b, Anhang). Andere Kriterien, wie z.B. saisonale oder regionale Beschwerdeschwankungen, sind dagegen von untergeordneter Bedeutung.

Verwertung der Beschwerdedaten

Die Verwendung der aus den Beschwerdedaten gewonnenen Informationen läßt sich entsprechend der in Tabelle 2 (S. 111) dargestellten Untersuchungsergebnisse nach vier Funktionen systematisieren. Sie dienen

- als Anregung zur *Verbesserung* des Angebots und sonstiger Leistungen des Unternehmens ("Impulse"),
- zur *Kontrolle* des Angebots und anderer unternehmenspezifischer Leistungen,
- als Grundlage für interne *Schulung*smaßnahmen ("Bildung"),
- als Grundlage für die Entwicklung von *Konsumentenprogrammen* ("externe Information").

Damit deutet sich bereits an, daß Beschwerden in vielfacher Hinsicht genutzt werden können. Im Durchschnitt nennen die Unternehmen vier Entscheidungsbereiche, in die Beschwerdeinformationen eingehen. Bei detaillierterer Betrachtung lassen sich branchenspezifische Unterschiede erkennen:

Konsumgüterhersteller verwenden Beschwerdeauswertungen vorwiegend als Anregung für *Verbesserungsmaßnahmen*, und zwar sowohl für Produkte (90% der Nennungen) und die damit verbundenen Kundendienstleistungen (63%), als auch für die Gestaltung des Produktionsprogrammes (44%). Annähernd genauso häufig werden sie als *Kontrollinformation* in der Qualitätssicherung verwendet (89%).

Im engen Zusammenhang mit den Verbesserungsmaßnahmen im Kundendienstbereich steht die Schulung der Mitarbeiter. Gerade bei den Herstellern von Gebrauchsgütern, bei denen der Kundendienst ein wichtiges akquisitatorisches Instrument darstellt, werden Beschwerdeinformationen von vielen Unternehmen als Grundlage für Schulungsmaßnahmen (34%) verwendet. Bei Verbrauchsgüter-Produzenten, bei denen Kundendienstleistungen nur selten eine Rolle spielen, haben Beschwerdeauswertungen in dieser Richtung nur selten Bedeutung.

Beschwerden können durch falschen Gebrauch, Unkenntnis der Verwendungsmöglichkeiten und andere Ursachen hervorgerufen werden. Diese Beschwerden lassen sich durch eine bessere Beratung der Konsumenten oder durch zusätzliche Informationen vermeiden. 43% der Hersteller von (z.T. erklärungsbedürftigen) Gebrauchsgütern benutzen daher die Ergebnisse der Beschwerdeauswertung auch als Hinweis für zusätzlich notwendige *Beratungsak-*

Tabelle 2:
Verwertung der Beschwerdedaten

Unternehmen / Verwertung der Auswertung		Insgesamt		davon:													
				Konsumgüterindustrie						Handel						DL	
				Insgesamt		Gebrauchsgüter		Verbrauchsgüter		Insgesamt		Stationär. Handel		Versandhandel		Insgesamt	
		abs.	%	abs.	%	abs.	%	abs.	%	abs.	%	abs.	%	abs.	%	abs.	%
	Anz. der verw. Fälle	106		84		61		23		11		8		3		11	
Kontrolle	Qualitätssicherung	93	*88*	75	*89*	53	*87*	22	*96*	10	*91*	8	*100*	2	*67*	8	*73*
Kontrolle	Kontrolle der Mitarbeiter	24	*23*	15	*18*	14	*23*	1	*4*	2	*27*	1	*13*	2	*67*	6	*55*
Kontrolle	Kontrolle des Handels	13	*12*	13	*15*	13	*21*	–	–	–	–	–	–	–	–	–	–
Kontrolle	Kontrolle der Zulieferer	6	*6*	1	*1*	–	–	1	*4*	5	*45*	4	*50*	1	*33*	–	–
Kontrolle	Schwachst.analyse in Fachbereichen	1	*1*	1	*1*	1	*2*	–	–	–	–	–	–	–	–	–	–
Impulse	Verbesserung des Produkts/Leistung	83	*78*	76	*90*	53	*87*	23	*100*	–	–	–	–	–	–	7	*64*
Impulse	Verbesserung des Kundendienstes	62	*58*	53	*63*	47	*77*	6	*26*	9	*82*	6	*75*	3	*100*	–	–
Impulse	Verb. d. Prod.progr./ Sortimentsplanung	45	*42*	37	*44*	29	*48*	8	*35*	5	*45*	4	*50*	1	*33*	3	*27*
Impulse	Gestaltung von Werbemaßnahmen	8	*8*	4	*5*	2	*3*	2	*9*	2	*18*	1	*13*	1	*33*	2	*18*
Impulse	Gestaltung der Konditionen	7	*7*	3	*4*	3	*5*	–	–	2	*28*	2	*25*	–	–	2	*18*
Bildung	Verbesserung von Org.abläufen	1	*1*	1	*1*	1	*2*	–	–	–	–	–	–	–	–	–	–
Bildung	Grundlage für Mitarbeiterschulung	39	*37*	23	*27*	21	*34*	2	*9*	7	*64*	5	*63*	2	*67*	9	*82*
Bildung	Schulg. d. Handels, d. Vertragspartner	2	*2*	2	*2*	1	*2*	1	*4*	–	–	–	–	–	–	–	–
Ext. Info	Beratungsleist. für Kunden	34	*32*	30	*36*	26	*43*	4	*17*	2	*18*	2	*25*	–	–	2	*18*
Ext. Info	Verbesserung der Bedienungsanleit.	1	*1*	1	*1*	1	*1*	–	–	–	–	–	–	–	–	–	–
	Σ	419	*395*	335	*399*	265	*434*	70	*304*	45	*409*	33	*413*	12	*400*	39	*355*

tivitäten. Ein Unternehmen gibt an, sie auch in Verbesserungsmaßnahmen für Bedienungsanleitungen einzubeziehen.

Die Ergebnisse bei Handel und Dienstleistungsunternehmen lassen wegen der geringen Teilnehmerzahl keine verallgemeinbaren Aussagen zu. Doch deutet sich an, daß beim Handel Beschwerdedaten in erster Linie der *Kontrolle* der Angebotsqualität dienen. So antworten 91% der Handelsunternehmen, daß die Beschwerdeauswertung in der Qualitätssicherung Verwendung findet. Qualitätssicherung steht gleichzeitig im engen Zusammenhang mit der Kontrolle der Zulieferer (45% der Nennungen), die diese Qualität bereitstellen.

Aus ähnlichen Gründen wie bei den Gebrauchsgüterherstellern haben Beschwerdedaten auch hier Bedeutung für die Beurteilung des Kundendienstes (82% der Fälle), der Mitarbeiter (27%) und den damit verbundenen internen Schulungsmaßnahmen (64%) und Beratungsaktivitäten (25%).

Bei den Dienstleistungsunternehmen, deren Kundenzufriedenheit u.a. stark vom Verhalten der Mitarbeiter abhängt, die im direkten Kontakt mit dem Konsumenten stehen, fällt auf, daß die Ergebnisse schwerpunkmäßig als Ansatzpunkt für interne *Schulungen* (82%) und *Mitarbeiterkontrolle* (55%) gewertet werden. 73% der Dienstleistungsunternehmen verwerten Beschwerdeinformationen auch in der Qualitätssicherung, 64% als Anregung zur Verbesserung ihrer Leistungen.

Durchführung der Beschwerdeauswertung und interne Kommunikation

Die Durchführung der Beschwerdeauswertung liegt bei der Mehrzahl der Unternehmen in der Hand der Abteilung "Qualitätssicherung" oder des Kundendienstes, gleichgültig ob es sich um Unternehmen mit zentraler oder dezentraler Beschwerdebearbeitung handelt (vgl. Tab. H 30, Anhang). Dies steht in engem Zusammenhang mit der Verwendung der Auswertungsergebnisse als Qualitätssicherungs- und Kontrollinstrument, bzw. als Anregung für Verbesserungsmaßnahmen im Leistungsprogramm. Diesem Bild entspricht auch, daß bei der Weiterleitung der Auswertung, die bei 74% der Unternehmen in regelmäßigen, meist monatlichen Zeitabständen erfolgt (vgl. Tab. H 35, Anhang), vorwiegend die Abteilungen über die Auswertungsergebnisse informiert werden, die daraus direkt Maßnahmen ableiten können (z.B. Vertrieb, Forschung und Entwicklung, Produktion usw., vgl. Tab. H 34, Anhang).

Die Information der Geschäftsleitung über Verbraucherbeschwerden erfolgt bei zwei Drittel der Unternehmen persönlich. Rund 60% der Unternehmen

Tabelle 3:
Überblick über die Durchführung der Beschwerdeauswertung und interne Weiterleitung der Beschwerdeinformation

	Durchführung der Beschwerdeauswertung abs.	Weiterleitung an (ohne die Antwort: an alle Abteilungen) abs.
Anzahl der Fälle	106	106
Bezeichnung	14	–
Kundendienst	27	7
Qualitätssicherung	23	20
Marketing	12	18
Geschäftsleitung	11	alle
Stabstelle der GF	2	–
Forsch./Entwicklung	6	24
Produktmanagment	5	6
Vertrieb	4	25
Technik	3	–
Einkauf	3	8
Verkauf	2	7
Produktion	2	19
Qualit./Forsch-Entw.	1	–
Sonstige *)	6 [a]	6 [b]
(Betroff. Fachabt.)	(8)	(20)
Finanzen	–	4

*** Aufschlüsselung "Sonstige":**

[a] PR-Abteilung, Marktforschung, Materialwirtschaft, EDV, Arbeitskreis Schwachstellenanalyse, Rechtsabteilung

[b] Disposition, Warenbereitstellung, Lager, Organisation, Rechtsabteilung, Redaktion

erstellen eine Beschwerdestatistik, die, z.T. mit Kommentaren aufbereitet, auch der Information anderer Abteilungen dient (vgl. Tab. H 32, Anhang).

Tabelle 3 (S. 113) gibt einen Überblick über die Abteilungen, für die Verbraucherbeschwerden direkt oder indirekt von Bedeutung sind. Häufig vertreten sind Qualitätssicherung, Forschung und Entwicklung, Kundendienst, Produktion, Vertrieb und Marketing, was wiederum den Rückschluß zuläßt, daß Beschwerdeinformationen insbesondere zur Kontrolle und Verbesserung der Produktqualität und Kundendienstleistung verwendet werden.

Beschwerdebearbeitung und Auswertung liegen bei 47% der befragten Unternehmen, die eine Beschwerdeauswertung vornehmen und über eine zentrale Beschwerdestelle verfügen, in einer Hand, wobei zusätzliche Auswertungen zum Teil noch in anderen Fachabteilungen vorgenommen werden (vgl. Tab. K 5, Anhang). Zum großen Teil erfolgt die Beschwerdeauswertung und -analyse demnach sachgebiets- bzw. ursachenorientiert.

c. Schlußfolgerung

Zusammenfassend muß festgestellt werden, daß bei der Mehrzahl der Unternehmen sowohl der Bearbeitung als auch der Analyse und Interpretation von Verbraucherbeschwerden Bedeutung zugemessen wird. Allerdings wird sowohl die Einzelfall-Lösung als auch die prospektive Nutzung von Beschwerden vorwiegend sachgebietsorientiert vollzogen. Eine Zentralisierung der Beschwerdebearbeitung und Informationsgewinnung in einer expliziten Stelle scheint nur in wenigen Fällen stattzufinden. Und wenn, dann ist diese Stelle meist einer bestehenden Fachabteilung angegliedert, so daß eine unabhängige Beschwerdebearbeitung nicht wahrscheinlich ist. Damit werden aber die Voraussetzungen für eine interne Interessenwahrnehmung der Verbraucher im Unternehmen nicht oder nur bedingt erfüllt.

Die Verwendung von Beschwerdeinformationen beschränkt sich weitgehend auf Kontroll- und Verbesserungsmaßnahmen im Produkt- und Servicebereich, wobei die Beschwerden in der Mehrzahl der Fälle von den betroffenen Fachabteilungen selbst analysiert und interpretiert werden. Die Vermutung liegt nahe, daß der informative Nutzen von Beschwerden von Unternehmen erkannt wird und daß Beschwerden unter Marketing-Gesichtspunkten Verwertung finden, daß es jedoch noch an einem konkreten Instrumentarium mangelt, wie es das Konzept eines Beschwerdemanagements vorsieht (vgl. Kap. D.II., S. 55 ff.).

Dennoch deutet sich an, daß das Widerspruchsverhalten von Verbrauchern, zumindest in Teilbereichen, bei unternehmerischen Entscheidungen durchaus Wirkungen erzielen kann, die nicht zustände kämen, wenn die anonyme Reaktion der Abwanderung gewählt worden wäre. Es bleibt jedoch offen, ob auch diejenigen Probleme der Verbraucher Berücksichtigung finden, die sich nicht allein durch Produkt- oder Serviceverbesserungen mit den Vorstellungen des Unternehmens in Einklang bringen lassen. Zumindest scheinen interne Stellen zur Wahrnehmung von Verbraucherinteressen (i.S.v. Verbraucherabteilungen) bei der Mehrzahl der befragten Unternehmen nicht vorzuliegen.

5. Die Kosten der Beschwerdebearbeitung

Als Argument gegen die Einführung eines Beschwerdemanagements werden vielfach die zusätzlichen Kosten vorgebracht, die mit einem Anstieg der Beschwerdezahl verbunden sind. Allein schon jeder Anruf beim Kunden, jede Ersatzleistung und jedes Versenden eines Briefes verursacht Kosten, die auf irgendeine Weise gedeckt werden müssen (Riemer, 1986, S. 204). Nicht zuletzt deshalb schrecken viele Unternehmen vor einer Forcierung von Verbraucherbeschwerden zurück, zumal sich der Nutzen der Beschwerdebearbeitung, bzw. die Kosten der Nichtberücksichtigung von Verbraucherbeschwerden, nur sehr schwer, zum Teil überhaupt nicht, in monetären Größen ausdrücken lassen. Wie sich in den Gesprächen mit den Unternehmensvertretern zeigte, werden selbst in Unternehmen, die bereits bestimmte Grundsätze des Beschwerdemanagements verfolgen, keine Nutzenberechnungen durchgeführt.

Kosten der Beschwerdebearbeitung

Bei der Ermittlung der Kosten, die durch eine Beschwerde verursacht werden, können verschiedene Faktoren berücksichtigt werden. Im wesentlichen beziehen die Unternehmen Kosten für Ersatzleistungen, Bearbeitungskosten (Personal, Laboruntersuchungen, usw.) und Kosten für Porto, Verpackung, etc. in die Kalkulation ein (vgl. Tabelle H 26, Anhang). Obwohl insgesamt 89 Unternehmen (71%) angeben können, welche Faktoren in die Beschwerdekosten eingehen, verfügen nur 40% dieser Unternehmen über Angaben zur Höhe der durchschnittlichen Beschwerdekosten. Soweit Durchschnittswerte genannt werden, weisen die angegebenen Kosten starke Schwankungsbreiten auf (vgl. Tabelle H 27, Anhang). Branchenspezifische Unterschiede können nicht allein der Grund dafür sein. Denn so sind sowohl innerhalb der höherwertigen

Gebrauchsgüter, wie z.B. den Haushaltsgeräten, als auch bei den relativ preisgünstigen Verbrauchsgütern (Kosmetika, Lebensmittel) Variationen zwischen DM 20 und DM 200 zu finden. Entscheidend scheint dagegen zu sein, welche Faktoren in der Kostenberechnung berücksichtigt werden. Dies wurde insbesondere in den Gesprächen mit den Unternehmensvertretern deutlich. So wird etwa zu den "Bearbeitungskosten" z.T. nur der verwaltungsmäßige Aufwand zur Beantwortung der Verbraucherbeschwerde gezählt. In anderen Fällen werden darunter auch die Kosten einer Laboruntersuchung zur Feststellung der Fehlerursache subsumiert.

Die Veschiedenartigkeit der Kostenkalkulation bewirkt, daß daß aufgrund der Ergebnisse keine generelle Aussage darüber möglich ist, mit welchen Kosten die Unternehmen bei der Bearbeitung von Konsumentenbeschwerden zu rechnen haben. Zudem kann allein aus der isolierten Betrachtung der Kostenseite keine Bewertung darüber abgegeben werden, ob Beschwerdekosten als hoch oder niedrig einzustufen sind. Die Bewertung ergibt sich erst aus ihrer Relation zum Nutzen, der aus der Beschwerdebearbeitung gezogen werden kann. So sind die 200 Mark Beschwerdekosten, die etwa von der Haushaltsgeräte- und Unterhaltungselektronik-Branche angegeben werden, sicherlich nicht zu hoch, wenn dadurch das Wiederkaufsverhalten der Kunden gesichert, die Wirkung einer negativen Mund-zu-Mund-Werbung vermieden, oder Produktverbesserungen bewirkt werden können.

An dieser Stelle soll jedoch auf die Problematik der Rechtfertigung von Beschwerdekosten nicht weiter eingegangen werden. Wie werden dieses Thema in Kapitel G.I.1. (S. 159 ff.) nochmals gesondert aufgreifen.

Zurechnung der Kosten

Bei der Zurechnung der Kosten lassen sich zwei Prinzipien unterscheiden: Die Kosten der Beschwerdebearbeitung werden von der Stelle getragen, die die Beschwerde bearbeitet und die damit verbundenen Maßnahmen (z.B. Umtausch, Reparatur, usw.) einleitet. Sie können aber auch dem Verursacher der Beschwerde zugerechnet werden. Nach diesem Grundsatz würde die Abteilung mit den Kosten der Beschwerdebearbeitung belastet, die den Beschwerdegrund zu verantworten hat, – ein Prinzip, das auch der leistungsgerechten Ausweisung von Erträgen innerhalb des Unternehmens Rechnung trägt.

Von 35% der Unternehmen mit dezentraler Beschwerdebearbeitung wird angegeben, daß mit den Kosten der Beschwerde diejenige Abteilung belastet wird, die als Verursacher erkannt wird, bei einem Viertel gehen sie zu Lasten der Allgemeinen Verwaltung und bei 10% bzw. 18% (wenn "keine besondere Kostenerfassung" bedeutet, daß sie der Beschwerdestelle zugerechnet werden) trägt sie die beschwerdebearbeitende Stelle selbst (vgl. Tab. H 23, Anhang).

Da bei dezentraler Beschwerdebearbeitung in der Mehrzahl der Fälle Beschwerden auch von der problemverursachenden Abteilung bearbeitet werden, kann angenommen werden, daß hier die Beschwerdekosten bei der Mehrheit der Unternehmen nach dem Verursacherprinzip verrechnet werden.

Bei Unternehmen mit zentraler Beschwerdebearbeitung werden die Beschwerdekosten in 45% der untersuchten Fälle von der Beschwerdestelle selbst getragen. Ungefähr ein Drittel der Unternehmen legt die Beschwerdekosten auf den Verursacher der Beschwerde um und 19% rechnen sie der Allgemeinen Verwaltung zu (vgl. Tabelle H 24, Anhang).

Auch auf die Bedeutung der Kostenzurechnung werden wir in Kapitel G.I.3. (S. 163) noch einmal gesondert eingehen.

II. Fallbeispiele

In Ergänzung zur postalischen Umfrage wurden im Sommer 1988 zehn Unternehmen persönlich aufgesucht, um genauere Einsicht in Organisation, Aufgaben und Ziele der Beschwerdebearbeitung zu erhalten. Der Inhalt dieser Gespräche wird im folgenden in gekürzter Fassung wiedergegeben. Aufgrund der unterschiedlichen Gesprächsverläufe sind die Gliederungspunkte der Kurzfassungen nicht einheitlich. Durch diese Form der Darstellung wird aber deutlich, auf welche Informationen die Gesprächspartner besonderen Wert gelegt haben. Zuvor soll jedoch zusammenfassend ein Überblick über die wesentlichen Ergebnisse gegeben werden.

Entsprechend der in Abschnitt E.II.2. (S. 77) angegebenen Auswahlkriterien "Organisation der Beschwerdebearbeitung" und "Auswertung der Beschwerdedaten" lassen sich die Unternehmen entsprechend den in Abbildung F/5 (S. 118) genannten organisatorischen Prinzipien zuordnen.

Im Verlauf der Gespräche stellte sich allerdings heraus, daß häufig Mischformen zwischen dezentraler und zentraler Beschwerdebearbeitung vorzufinden sind, selbst wenn die Unternehmen in der schriftlichen Umfrage eine eindeutige Zuordnung vorgenommen hatten.

Abbildung F/5:
Übersicht über die besuchten Unternehmen

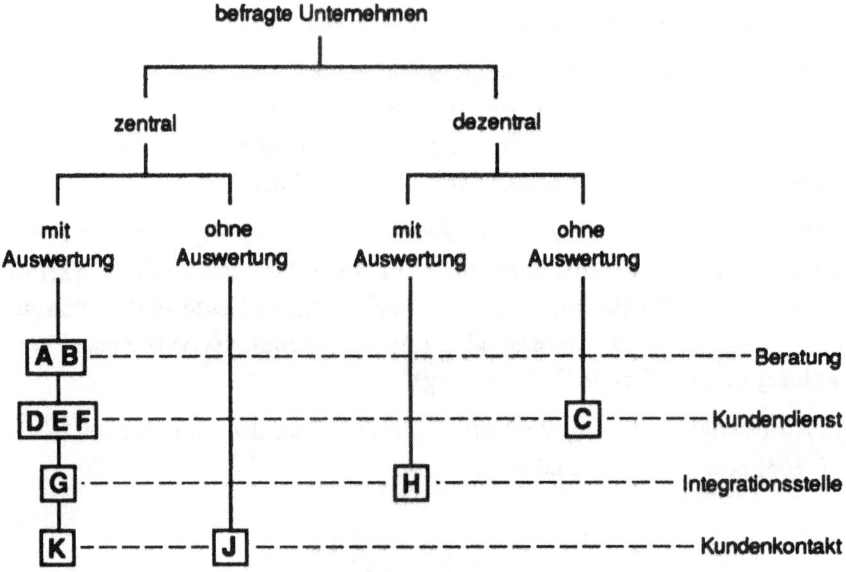

Die Beschwerdebearbeitung in den besuchten Unternehmen kann durch vier organisatorische Prinzipien charakterisiert werden: Beschwerdebearbeitung im Rahmen einer Beratungseinrichtung, des Kundendienstes, einer Integrationsstelle oder der Kundenkontaktfunktion im Direktvertrieb.

1. Beschwerdebearbeitung im Rahmen einer Beratungseinrichtung (Unternehmen A und B: *"Verbraucherberatung"*, beide Verbrauchsgüterindustrie)

Wie bereits aus der Bezeichnung der zuständigen Beschwerdestelle – "Verbraucherberatung" – abzuleiten ist, liegt derAufgabenschwerpunkt dieser Abteilung in der Vermittlung von Informationen und Ratschlägen.

Die Verbraucherberatung ist nicht speziell für die Bearbeitung von Verbraucherbeschwerden konzipiert. Die Idee, die ihr zugrunde liegt, ist die Erzielung positiver Imagewirkungen durch einen zusätzlichen Beratungsservice.

In beiden besuchten Beratungsstellen werden Beschwerden statistisch erfaßt und im Anschluß daran ausgewertet. In bezug auf interne Maßnahmen, die einem Abbau von Verbraucherunzufriedenheit dienen könnten, stehen ihnen informierende und beratende Rechte zu.

2. Beschwerdebearbeitung im Rahmen des Kundendienstes
(Unternehmen C und D: *Zentraler Kundendienst*, Unternehmen E und F: *Konsumentenbetreuung*, alle Gebrauchsgüterindustrie)

Grundsätzlich lassen sich die Aufgaben und Ziele der Beschwerdebearbeitung im Rahmen des Zentralen Kundendienstes der besuchten Unternehmen durch drei "Kompetenz-Stufen" charakterisieren.

Stufe 1 (Unternehmen C und D):

Der Zentrale Kundendienst ist vornehmlich für die Bearbeitung von individuellen Service- und Produkt*reklamationen* zuständig. Dabei übernimmt er im wesenlichen Koordinationsaufgaben zur Einleitung von Beschwerdelösungsmaßnahmen, da i.d.R. dezentrale Servicestellen mit der Ausführung betraut werden.

Verbraucherbeschwerden werden in dieser "Stufe" entweder statistisch erfaßt oder gleich direkt an den entsprechenden Sachbearbeiter weitergeleitet, von dem dann entschieden wird, ob aufgrund der Beschwerdeinformation Maßnahmen (z.B. Änderungen am Produkt) einzuleiten sind. Die Auswertung und Interpretation der Beschwerdefälle wird nicht vom Kundendienst selbst übernommen.

Stufe 2 (Unternehmen E):

Zu den Aufgaben, wie sie sich in "Stufe 1" darstellen, kommt zusätzlich noch die Auswertung und Interpretation der Beschwerden hinzu. Zudem erfolgen regelmäßig informelle Gespräche mit den Abteilungen Produktion, Konstruktion und Qualitätssicherung über Beschwerdehäufungen und mögliche Verbesserungsmaßnahmen.

Stufe 3 (Unternehmen F):

Die dritte Kompetenzstufe zeichnet sich dadurch aus, daß die beschwerdebearbeitende Stelle ("Konsumentenbetreuung") im Rahmen des Kundendienstes einen relativ autonomen Status einnimmt. Neben Produkt- und Servicereklamationen werden hier auch Beschwerden bearbeitet, die nicht in den Kompetenzbereich des Kundendienstes fallen, allerdings unter Beteiligung der betroffenen Abteilungen.

Die Informationsgewinnungsfunktion stellt den zweiten Schwerpunkt der Arbeit dar. Besonderen Wert wird auf die Erfassung und Analyse von subjektiven Beschwerdegründen gelegt. Die Mitsprachemöglichkeiten in Entscheidungsbereichen außerhalb des Kundendienstes sind weiter ausgebaut als in den Stufen 1 und 2, allerdings ohne formelle Einflußrechte.

Sowohl bei den Unternehmen der Stufe 2 als auch 3 wird Beschwerdebearbeitung explizit unter der Zielsetzung der Erzeugung positiver Imagewirkungen betrieben. Dies dokumentiert sich u.a. auch darin, daß die Verbraucher konkret auf diese Ansprechstellen hingewiesen werden.

3. Beschwerdebearbeitung im Rahmen einer Integrationsstelle (Unternehmen G: *Konsumentenberatung*, Unternehmen H: *P.A. Geschäftsführungsprogramme* (im folgenden: *GFP*), beide Gebrauchsgüterindustrie)

Gemeinsam haben die hier zuzuordnenden Beschwerdestellen, daß

- sie der Geschäftsleitung direkt unterstellt sind und dort beratende Funktionen wahrnehmen,
- durch die organisatorische Eingliederung die Bedeutung dieser Stelle – und damit auch die Relevanz von Verbraucherangelegenheiten – unternehmensintern dokumentiert werden soll,
- sie in Verbraucherfragen über Beratungs-, Mitsprache- und Kontrollrechte verfügen,
- sie auf die *strategische* Überlegung zurückzuführen sind, Beschwerden als Informationsgrundlage zu nutzen und durch eine kundenfreundliche Beschwerdebearbeitung positive Imagewirkungen zu erzielen.

Während allerdings die Konsumentenberatung des Unternehmens G auch die Aufgabe wahrnimmt, direkter Ansprechpartner des Verbrauchers zu sein (und daher durch spezielle Hinweise auf sich aufmerksam macht), tritt die GFP nur mittelbar mit dem Verbraucher in Kontakt. Der Aufgabenschwerpunkt der GFP soll darauf beschränkt bleiben, Beschwerden zu analysieren und entsprechende Verbesserungsmaßnahmen einzuleiten.

Zur Charakterisierung dieser beiden beschwerdebearbeitenden Stellen haben wir den Begriff "Intergrationsstelle" gewählt. Dies bedarf einer Erläuterung: Die Beschwerdestellen der Unternehmen G und H verfügen über gewisse funktionale Entscheidungs- und Weisungsrechte und nehmen für die Geschäftsleitung beratende Aufgaben wahr. Aufgrund dieser Beratungsfunktion wird die Stelle "P.A. Geschäftsführungsprogramme" im Unternehmen H auch als Stabstelle der Geschäftsleitung bezeichnet. Stabsabteilungen verfügen jedoch nach der Definition der deutschen Organisationslehre nicht über Weisungs- und Entscheidungsbefugnisse (Kieser/Kubicek, 1983, S. 115). Um eine Verwirrung aufgrund der in der Praxis verwendeten Bezeichnung und der Stabsdefinition der Organisationstheorie zu vermeiden, wird der aus der englischsprachigen Organisationstheorie stammende Begriff "Integrationsstelle" verwendet. "Die Hauptaufgabe dieser Stellen besteht in der Koordination von Aktivitäten im Hinblick auf bestimmte Teilziele" (Kieser/Kubicek, 1983, S. 118) – in diesem Fall: Verbraucherangelegenheiten.

Abbildung F/6:

Übersicht über Aufgaben und Rechte der "Beschwerdestellen" in den besuchten Unternehmen

Beschwerdebearbeitung im Rahmen	Einzelfall-Lösung	Ausrichtung auf den Verbraucher [a]		Informationsgewinnung		Rechte			
		mittelbar	unmittelbar	"nebenbei"	"gezielt"	Info.	Berat.	Mitspr.	Kontr.
von Beratungseinrichtungen:									
A: Verbr.beratung	●		●	nicht eindeutig		●	●		
B: Verbr.beratung	●	●		nicht eindeutig		●			
des Kundendienstes:									
C: Kundendienst	●	●		○		●			
D: Kundendienst	●	●		nicht eindeutig		●	● [b]		
E: Kons.betreuung	●		●		●	●	●	● [b]	
F: Kons.betreuung	●		●		●	●	●	●	
einer Integrationsstelle:									
G: Kons.beratung	●		●		●	●	●	●	●
H: GFP	○	●			●	●	●	●	●
einer Kundenkontaktfunktion:									
I: Mitgl.betreuung	●		●	○		●	● [b]		
K: Kundenbetreuung	●		●		●	●	● [c]	● [c]	

[a] Mittelbare Ausrichtung: der Verbraucher wird nicht explizit auf diese Stelle hingewiesen
Unmittelbare Ausrichtung: der Verbraucher wird gezielt auf diese Stelle hingewiesen

[b] Informelle Rechte

[c] wird nicht von dieser Stelle selbst wahrgenommen

○ Schwerpunkt der Aufgaben liegt nicht in diesem Punkt

4. Beschwerdebearbeitung im Rahmen der Kundenkontaktfunktion bei Direktvertriebsunternehmen
(Unternehmen I: *Mitgliederbetreuung*, Unternehmen K: *Kundenbetreuung*, beide Dienstleistungsunternehmen).

Die Einrichtung von Mitglieder- bzw. Kundenbetreuungsstellen in den Unternehmen I und K ist durch das Direktvertriebsgeschäft bedingt. Die Beschwerdebearbeitung fällt neben anderen Beratungs- und Betreuungsaufgaben an, die von diesen, ähnlich dem Handel, als Mittler zwischen Unternehmen und Kunden wahrgenommen werden.

Im Gegensatz zu Unternehmen I, bei dem sich die Beschwerdebearbeitung lediglich auf die Einzelfall-Lösung beschränkt, werden in Unternehmen K Beschwerden zusätzlich einer gesonderten Analyse unterzogen, allerdings nicht von der Kundenbetreuung selbst. Diese Analyse steht unter der Zielsetzung, Lösungsmöglichkeiten zu erarbeiten, die einen Beitrag zur Wiederherstellung von Kundenzufriedenheit und zur Vorbeugung von Kundenunzufriedenheit leisten.

Abbildung F/6 (S. 121) gibt einen Überlick über die beschriebenen Aufgaben und Rechte der "Beschwerdestellen" in den besuchten Unternehmen.

1. Beschwerdebearbeitung im Rahmen von Beratungseinrichtungen

UNTERNEHMEN A – VERBRAUCHERBERATUNG

Branche/Produkte: Wasch- und Reinigungsmittel, Kosmetika, Papier- und Zelluloseerzeugnisse

Gesprächspartner: PR-Managerin

Nach Auffassung des Unternehmens gehört es zum Markenimage, dem Verbraucher einen Ansprechpartner zu geben. In diesem Sinne ist die *Verbraucherberatung* Teil des "Gesamterscheinungsbildes" des Unternehmens und der PR-Abteilung zugeordnet. Sie ist allein für die Bearbeitung sämtlicher Verbraucheranfragen- und beschwerden zuständig, andere Abteilungen stehen ihr beratend zur Verfügung.

Aufgaben

1. Signalisierung der Dialogbereitschaft

Die Signalisierung der Dialogbereitschaft ist eine der wesentlichen Aufgaben der *Verbraucherberatung*. Zu diesem Zweck nahm das Unternehmen bereits bei dem Pilot-Projekt der Deutschen Bundespost zum Service 130 teil. Den Service 130 bezeichnet die PR-Managerin als *das* Kommunikationsmedium für die Beratung der Zukunft: "Wer setzt sich heute schon hin und schreibt einen Brief? Man greift zum Telefon. Und da telefonieren teuer ist, läßt man sich diese Form des Dialogs aus der Hand nehmen, wenn man den Service 130 nicht anbietet. Und der Kontakt zum Verbraucher ist heute lebenswichtig". Auf die Anschrift und die Servicenummer der *Verbraucherberatung* wird daher auf der Produktverpackung und z.T. in der Werbung hingewiesen.

2. Information und Beratung

Genau wie eine kontinuierliche Produktqualität soll die *Verbraucherberatung* dazu beitragen, eine gewisse Markenbindung und Zufriedenheit beim Verbraucher zu erreichen. Dies ist besonders wichtig bei einer Produktkategorie, bei der jeden Tag "am Regal" abgestimmt wird. Der Aufgabenschwerpunkt der *Verbraucherberatung* liegt dabei in der Information und Beratung des Konsumenten, zu deren Unterstützung auch Informationsbroschüren erarbeitet werden. Die Beschwerdebearbeitung selbst steht unter der Zielsetzung, die Probleme des Konsumenten beratend zu lösen und aus den Beschwerden Hinweise auf Verbesserungsmöglichkeiten abzuleiten.

3. Beschwerdeerfassung und -analyse

Die Verbraucherkontakte werden von der *Verbraucherberatung* für jede Produktlinie numerisch erfaßt und differenziert nach "Anfragen", "begeisterten Zuschriften" und "Beschwerden" kategorisiert. Innerhalb dieser Hauptgruppen wird noch zwischen den Ursachen der Beschwerde bzw. Anfrage unterschieden. In Form von nachbearbeiteten Wochen- bzw. Monatsberichten werden die Statistiken an die jeweiligen Produktmanager und an das Topmanagement weitergeleitet.

Nach Angaben der Gesprächspartnerin hängt das Erkennen von Problemen jedoch nicht nur von statistisch erfaßten Anfragen- oder Beschwerdehäufungen ab, sondern vielmehr von der Sensibilität der Mitarbeiterinnen der *Verbraucherberatung*: "Die notwendigen Fachkenntnisse werden am Anfang (beim Eintritt in diese Stelle, d.V.) in einem job-training speziell für diesen Bereich vermittelt und dann laufend geschult. Der langjährige Erfahrungsschatz ist aber durch nichts zu ersetzen. Sowohl das Gefühl im Umgang mit dem Verbraucher als auch das Gefühl, da liegt nun ein Problem vor oder nicht. Also die Funktion des Frühwarnsystems. Das können sie nur mit Erfahrung. Diese Sensibilität muß geschult werden."

Interne Wirkungen

Das Ansehen der *Verbraucherberatung* im Hause hat sich im Laufe der Zeit gewandelt. Wurde die Einrichtung früher eher als "netter Luxus" bezeichnet, so wird "die Verbraucherpost heute von den Produktmanagern sehr ernst genommen. Auch vom Topmanagement wird nachgefaßt, wenn sie sehen, daß bestimmte Probleme zugenommen haben ...". Als eine Art Frühwarnsystem gelten die Verbraucheräußerungen insbesondere dann, wenn ungewöhnliche Fragen oder Beschwerden gehäuft auftreten. In solchen Fällen finden informelle Gespräche mit den betroffenen Abteilungen statt.

Mitwirkungsrechte

Im Vorfeld neuer Marketingkonzeptionen (z.B. Produktentwicklung, Werbemaßnahmen und Verkaufsförderungsaktionen) wird die Leiterin der *Verbraucherberatung* beratend hinzugezogen. "Wir beurteilen alles, was wir vorgelegt bekommen, durch die "Brille des Verbrauchers". ... Ich sehe unsere Stelle als "Anwalt der Verbrauchers" im Unternehmen". Allerdings stützt sich das Marketing hier vorwiegend auf die Ergebnisse der Marktforschung. "In Kombination – Marktforschung als Vorabinformation und Verbraucherpost als feedback – gibt beides ein relativ gutes Bild vom Verbraucher oder den Wünschen des Verbrauchers".

Budget

Die *Verbraucherberatung* verfügt über ein eigenes Budget, das jährlich neu festgelegt wird. Eine Erfolgsberechnung findet nicht statt, da sich der Nutzen "nur sehr schwer messen läßt, wie meistens, wenn sie Public Relations machen. ...Wir gehen einfach davon aus, das muß sein, weil der Schaden sonst größer wäre, wenn wir´s nicht täten".

UNTERNEHMEN B – VERBRAUCHERBERATUNG

Branche: Papier- und Kunstoff, Elektro
Produkte: Verbrauchs- und Gebrauchsgüter für den Haushalt
Gesprächspartner: Bereichsleiter Marketing und Absatzförderung

Mit der Einrichtung des jüngsten Geschäftsbereichs des Unternehmens, dem Marketing, wurde die bereits seit Jahren existierende *Verbraucherberatung* hier angesiedelt. Zu dieser organisatorischen Eingliederung führte die Überlegung, alle Funktionseinheiten, die mit dem anwenderbezogenen Bereich des Produktes zu tun haben (Produkt-PR, Werbung, Verbraucherberatung, etc.), in einer Abteilung anzusiedeln, um so einen informellen und schnellen Informationsfluß zu gewährleisten, sowie "Eifersüchteleien" zwischen den einzelnen Abteilungen – als Folge der Weitergabe von Verbraucherkritik – zu vermeiden.

Im Zuge dieser Umstrukturierung tritt die *Verbraucherberatung*, die bislang nur unternehmensintern als zuständige Stelle für Verbraucheranfragen bekannt war, nun auch nach außen hin als Anlaufstelle für den Konsumenten auf. Allerdings wird nicht aktiv für diese Stelle geworben: Da lediglich Briefpapier und Informationsmaterial die Anschrift der *Verbraucherberatung* enthalten, kann der Konsument von ihrer Existenz nur dann wissen, wenn er bereits einmal mit dem Unternehmen Kontakt aufgenommen hatte. Im Widerspruch zu dieser eher passiven Verhaltensstrategie steht die mit der *Verbraucherberatung* verbundene Absicht, dem Konsumenten eine Orientierungshilfe zu geben, die Anonymität des Unternehmens abzubauen und ihm zu zeigen, daß er "ernst genommen" wird.

Aufgaben

Zwei miteinander eng verbundene Aufgabenschwerpunkte lassen sich identifizieren:

1. Beschwerdebearbeitung und -erfassung

Die Produkte des Unternehmens sind zum großen Teil – zumindest in ihrer Einführungsphase oder bei der Erstverwendung – erklärungsbedürftig. Die Ursachen von Reklamationen beruhen daher weitgehend auf Handhabungsfehlern der Verbraucher, so daß in der Folge der Beschwerdebearbeitung meist eine zusätzliche Beratung notwendig wird.

Zur Beantwortung komplizierter Fragen werden die entsprechenden Fachabteilungen herangezogen. Für die Abwicklung der Beschwerde ist jedoch die *Verbraucherberatung* in vollem Umfange verantwortlich. Wichtig ist unter anderem, daß das intern gesetzte Zeitlimit von einer Woche zur Bearbeitung der Verbraucheranfragen nicht überschritten wird. "Wieviele Leute schreiben erst gar nicht und sagen, da kriege ich sowieso keine Antwort. Das ist ja schon die Spitze vom Eisberg! Wenn also jemand schreibt und sich die Mühe macht, dann soll er auch nicht lange warten müssen, bis er eine Antwort erhält".

Die Beschwerden werden von der *Verbraucherberatung* mit Hilfe der elektronischen Datenverarbeitung gesammelt und nach Beschwerdeursachen (Fabrikationsfehler, Handhabungsfehler, etc.) ausgewertet, um daraus Rückschlüsse auf mögliche Verbesserungen – z.B. in der Produktbeschreibung, der Qualitätskontrolle, usw. – zu ziehen.

Neben den Monatsberichten, die vorwiegend an Produktion, Qualitätssicherung und Marketing weitergereicht werden, bestehen informelle Kontakte mit der Abteilung Forschung und Entwicklung bei auffälligen Reklamationen bzw. Beschwerdehäufungen.

2. Informationserstellung

Die Anfragen und Beschwerden der Verbraucher lieferten u.a. die Anregung für eine "Infothekreihe", die als Ergänzung zur individuellen Beratung von der *Verbraucherberatung* herausgegeben wird. Sie dient zum einen als unterstützende Beratungshilfe für den eigenen Verkauf und den Handel, zum anderen richtet sie sich an Multiplikatoren im Beratungsdienst (Energieversorgungsunternehmen, Landfrauenverbände, usw.).

Mit der Infothek werden (auch) PR-Ziele verfolgt. So formuliert der Bereichsleiter Marketing, dem die *Verbraucherberatung* zugeordnet ist: "Ein bißchen Werbung haben wir natürlich immer drauf, so neutral, wie wir uns auch immer versuchen zu geben. Aber ein klein bißchen will natürlich der, der das Ganze bezahlt, auch sein Produkt dargestellt wissen".

Budget

Die *Verbraucherberatung* verfügt über kein eigenes Budget. Die Kosten der Informationserstellung werden den Produktgruppen zugerechnet, die Beschwerdekosten in die Gemeinkosten des Marketing miteinbezogen. Eine Umrechnung der Kosten auf die einzelnen Verursacher der Beschwerde erscheint zu aufwendig. Eine gesonderte Erfolgskontrolle erfolgt nicht. Die Kommunikation mit dem Endverbraucher gehört zum Marketing-Mix, und diese kann – so der Marketing-Bereichsleiter – entweder über die Werbung oder über die *Verbraucherberatung* vonstatten gehen.

2. *Beschwerdebearbeitung im Rahmen des Kundendienstes*

UNTERNEHMEN C – ZENTRALER KUNDENDIENST

Branche: Automobilindustrie
Produkte: Kraftfahrzeuge
Gesprächspartner: Kundendienstleiter

Beschwerdebearbeitung

Die Beschwerdebearbeitung steht unter der Zielsetzung, das Problem schnell zu erkennen, den Kunden zufriedenzustellen und die Ursachen des Problems sofort "abzuschalten". Die Bearbeitung der individuellen Verbraucherbeschwerde übernimmt im Normalfall einer der über 3000 Servicebetriebe (Vertragshändler) in der Bundesrepublik. Richtet sich der Verbraucher direkt an die Hauptverwaltung des Unternehmens, wird von dort aus durch die *Kundenbetreuung* des Zentralen Kundendienstes Kontakt mit einem der zwölf Vertriebszentren aufgenommen, das sich wiederum mit dem Händler in Verbindung setzt. Der Verbraucher erhält von der *Kundenbetreuung* der Zentrale einen Bericht über die eingeleiteten Maßnahmen und eine vorläufige Stellungnahme. In diesem Sinne sieht sich die *Kundenbetreuung* in der Rolle eines Koordinators mit dem Ziel, den direkten und fachlich sichersten Weg zu suchen, um das Problem abzustellen.

Damit die Beanstandung aber nicht nur individuell behoben wird, sondern die Probleme auch dem Hersteller zur Kenntnis gelangen, sind die Servicebetriebe unternehmensseitig angehalten, über die Kundenbeanstandungen schriftlich zu berichten. Dadurch erhält das Unternehmen einen umfassenden Überblick über die Qualität der laufenden Serie. Zusätzlich werden von 5% dieser Service-Betriebe Langzeitbeobachtungen und genauere Fehleranalysen durchgeführt, um detaillierte Informationen zu liefern.

Die Kundenbetreuungsstellen in der Zentrale sind sachgebietsorientiert geordnet. Der größte Teil der Verbraucherkontakte bezieht sich allerdings auf Kundendienstleistungen. Sobald eine Beanstandung beim Unternehmen eingeht, wird sie an die jeweilige Fachabteilung weitergeleitet, dort überprüft, und – sofern es sich um ein konstruktives oder produktionsbedingtes Problem handelt – eine werkseitige Problembeseitigung veranlaßt. Bei der Entwicklung eines neuen Fahrzeuges werden die aufgetretenen Probleme später mitberücksichtigt. "Denn wenn wir die Fehler zweimal machen, dann wird´s teuer. Und meistens für den Kunden leider teuer – für uns aber auch!"

Auswertung von Beschwerdedaten

Da bereits der ersten Beanstandung genau nachgegangen wird, ist nach Ansicht des Kundendienstleiters eine Statistik über Verbraucherbeanstandungen nicht notwendig. Sie erscheint sogar eher überflüssig: "Eine Statistik darüber zu erstellen hat den großen Nachteil, daß in der Zwischenzeit schon viele Autos mit den möglichen Fehlern produziert sind. Wir dürfen gar nicht erst so lange warten, bis sich hundert Leute dazu gemeldet haben, sondern stellen das Problem schon bei der ersten Beanstandung an der entsprechenden Stelle ab – sei es Produktion, Konstruktion, Lackiererei, oder sei es Einzelfall-Lösung".

Entsprechend dem Ziel, Beanstandungen möglichst schnell zu beseitigen, würde nach Angaben des Kundendienstleiters eine Zentralisierung der Beschwerdebearbeitung aus fachlicher und organisatorischer Sicht eher ein bürokratisches Hemmnis darstellen als der Beschwerdebearbeitung förderlich sein.

Evaluierung

Das Wiederkaufsverhalten hängt in starkem Maße von der Zufriedenheit des Kunden mit den Kundendienstleistungen ab. Produkt und Kundendienst bilden ein System. Der Kundendienst, der früher als Wartungsdienst definiert war, wird daher heute mehr und mehr zum Dienstleistungsbetrieb, der dazu beiträgt, sich vom Mitbewerber zu differenzieren.

Um eine möglichst umfangreiche Kontrolle über die Leistungen der Servicebetriebe zu erhalten, werden regelmäßig händlerbezogene Zufriedenheitsumfragen bei den Kunden des Unternehmens durchgeführt. Der einzelnen Verbraucherbeschwerde wird weniger Bedeutung beigemessen: "Für uns ist es nicht möglich, aufgrund von Kundenzuschriften zwischen dem ursächlichen Problem und der subjektiven Darstellung des Kunden zu trennen. Das aus den Kundenbriefen zu erfassen, ist eine enorme Arbeit und man kommt nie auf den Punkt. Wir haben zwar ein paar Jahre eine Statistik darüber geführt, untergliedert nach Produktbeschwerden, Servicebeschwerden, Preisstellungsbeschwerden, und konnten daraus auch entnehmen, welche Probleme bei welchen Betrieben auftauchten. Doch das Ganze dauerte viel zu lange mit der Folge, daß wir erst viel zu spät reagieren konnten. Wir sind im Moment dabei, im nachhinein von abgeschlossenen Kundenvorgängen eine Systematik zu entwickeln, die es uns ermöglicht, mit Systemunterstützung da ein bißchen besser zu werden. Aber ob uns das gelingt, weiß ich noch nicht ...".

UNTERNEHMEN D – ZENTRALER KUNDENDIENST

Branche: Elektro
Produkte: Haushaltsgeräte
Gesprächspartner: Leiter des Zentralen Kundendienstes

Die Bearbeitung von Konsumentenanfragen und -beschwerden obliegt in der Unternehmenszentrale keiner bestimmten Organisationseinheit, sondern wird sachgebietsorientiert zwischen den einzelnen Fachabteilungen aufgeteilt. Da sich der größte Teil der Beschwerden auf die Preisstellung oder Leistung des regionalen Kundendienstes oder des Handels bezieht, ist überwiegend der *Zentrale Kundendienst* Ansprechpartner für den Verbraucher [1].

Beschwerdebearbeitung

Die Beschwerdebearbeitung muß vor dem Hintergrund einer verstärkten Serviceorientierung betrachtet werden. Im Service sieht das Unternehmen eine wichtige Differenzierungsmöglichkeit von Mitbewerbern, die durch die Produktqualität allein nicht mehr erreicht werden kann. Denn inzwischen haben fast alle Konkurrenten ein annähernd gleiches Qualitätsniveau erreicht. Als Instrumente dienen eine intensive Garantiepolitik, ein bundesweites Kundendienstnetz und die Darstellung des Händlers als "D...- Fachhändler" mit dem Ziel, den Verbraucher direkt auf das Unternehmen zu lenken, sowie die schnelle und angemessene Lösung von Verbraucherbeschwerden durch den regionalen Kundendienst oder die Kundendienst-Zentrale.

Obwohl das Unternehmen sehr an dem direkten Kontakt mit dem Verbraucher interessiert ist, um dadurch Detailinformationen für die Qualitätssicherung zu erhalten, besteht Skepsis gegenüber der Einrichtung einer zentralen Anlaufstelle für Verbraucher im Sinne einer Verbraucherabteilung: "Das Ganze ist natürlich schon diskutiert worden. In dem Moment, wo Mitbewerber solche Dinge als Allheilmittel herausstellen, muß man sich damit auseinandersetzen. Und wenn auch der Endverbraucher nicht danach fragt, so kommt wenigstens der Handel und fragt: "Gibt es so etwas bei euch auch? Wen können wir ansprechen?" Aber wir sind bisher immer zu dem Ergebnis gekommen, daß es nichts bringt. Ich vergebe nur irgendwelche schöne Titel. Die Stelle ist niemals neutral,

---

[1] Aus diesem Grund war auch im Fragebogen angegeben worden, daß das Unternehmen über eine zentrale Einrichtung zur Bearbeitung von Konsumentenbeschwerden verfügt (vgl. auch Unternehmen E).

denn sie wird vom Unternehmen bezahlt. Und letztlich hilft sie dem Endverbraucher auch nicht weiter als wir es heute tun. Oder auch uns irgendwo nicht weiter."

Eine Bestätigung dieser Argumentation sieht der Kundendienstleiter in den Erfahrungen, die das Unternehmen in den benachbarten Niederlanden machen konnte. Dort war eine "Abteilung für Konsumentenbelange" eingerichtet worden. "Sie ist aber letztlich auch wieder dem Kundendienst zugeordnet. Es kommt also immer wieder an dieselbe Stelle. Wir haben aber nicht das Gefühl, daß wir dort Dinge besser bearbeiten, oder daß der Kunde dadurch zufriedener ist". Im wesentlichen geht es nach Ansicht des Kundendienstleiters bei der Beschwerdebearbeitung immer darum, die Probleme "so in den Griff" zu bekommen, daß sie langfristig nicht negativ auf das Unternehmen zurückwirken, sondern im Gegenteil eine positive Imagewirkung auslösen. Ob Kundennähe dabei über spezifische Verbraucherabteilungen demonstriert wird, oder der Kontakt zum Verbraucher über eine großzügige Kulanz- und Garantiepolitik, ein ausgedehntes Servicenetz oder den ausgewählten Fachhändler gesucht wird, bleibt sich gleich. In diesem Sinne wird die Beschwerdebearbeitung im Rahmen des Kundendienstes als vertriebsunterstützende Maßnahme betrachtet, die zwar kurzfristig keinen Gewinn bringt, langfristig aber durchaus zu Wettbewerbsvorteilen führt.

Auswertung von Beschwerden

Der *Zentrale Kundendienst* ist selbst nicht für die Auswertung und Analyse von Verbraucheranfragen und -beschwerden zuständig. Seine Aufgabe besteht im wesentlichen darin, anderen Funktionsbereichen Daten über die Verbraucherprobleme zu liefern, die dort produkt- und bauteilbezogen sowie nach Beschwerdeursachen ausgewertet und auf Lösungsmöglichkeiten überprüft werden (z.B. Produktverbesserungen, Händler-/ Kundendienstschulungen). Informelle Gespräche zwischen *Zentralem Kundendienst*, Serviceorganisation, Qualitätskontrolle, Konstruktion und Produktion, die nach Bedarf angesetzt werden, ermöglichen eine Rückkopplung zwischen Beschwerdeinput und den daraus resultierenden Maßnahmen.

Budget

Für die Kosten der Beschwerdebearbeitung ist kein gesondertes Budget vorgesehen. Sie gehen zu Lasten des *Zentralen Kundendienstes*.

UNTERNEHMEN E – ZENTRALE KONSUMENTENBETREUUNG

Branche: Elektro
Produkte: Geräte der Unterhaltungselektronik
Gesprächspartner: Leiter des Zentralen Kundendienstes

Den Anstieg der Beschwerderate, der in den vergangenen Jahren vom Unternehmen verzeichnet werden konnte, führt der Kundendienstleiter auf die wachsende Kritikfähigkeit und -bereitschaft und das zunehmende Anspruchsdenken der Konsumenten zurück. Wachsender Wettbewerbsdruck, insbesondere aus Fernost, führt dazu, daß die Verbraucher die Abwanderungsdrohung immer häufiger anwenden, um ihr Anliegen durchzusetzen. Aus diesem Grund liegt ein Schwerpunkt der Marketing-Aktivitäten auf dem Service: Kundendienst, Garantie- und Kulanzpolitik und die Berücksichtigung von Verbraucherbeschwerden als feedback-Information sollen die Kundenbindung stärken und zur Differenzierung vom Mitbewerber führen. "Die einzige Chance, an den Konsumenten heranzukommen, ist gegenwärtig die, daß wir überwiegend Beschwerden als *die* Chance ansehen". Der größte Teil der Beschwerdeführer wendet sich jedoch nicht an das Unternehmen selbst, sondern an den Handel. Informationen über diese Beschwerden erhält das Unternehmen nur indirekt über die Serviceabgeltung während der Garantiezeit, bzw. über die Ersatzteilabgänge.

Um den Konsumenten zu veranlassen, sich bei Problemen auch an das Unternehmen selbst zu wenden, erfolgte im vorangegangenen Jahr eine Veränderung der Prospektkonzeption. Der Kundenprospekt enthält nicht mehr lediglich Informationen über das Produktprogramm, sondern stellt auch die verantwortlichen Entscheidungsträger für Vertrieb, Marketing, Produktmanagement, Kundendienst und Werbung, sowie den Vorsitzenden der Geschäftsführung, persönlich vor. Damit verbunden ist die Aufforderung an den Verbraucher, sich bei Fragen oder Problemen direkt an diese Personen zu wenden.

Aufgaben

1. Beschwerdebearbeitung

Bei rund 80% der eingehenden Kundenanfragen und Beschwerden handelt es sich um technische bzw. Kundendienst-Probleme [1]. 20% der Verbraucherkon-

---

[1] Da die Mehrzahl der Verbraucheranfragen und -beschwerden Produkt- und Kundendienstprobleme betreffen, wurde auch hier angegeben, das Unternehmen verfüge über eine zentrale Beschwerdestelle.

takte lassen sich dem Marketing im weitesten Sinne zuordnen. Die Beschwerdebearbeitung erfolgt sachgebietsorientiert, um dadurch die Fachkompetenz bei der Bearbeitung zu gewährleisten.

2. Beschwerdeerfassung und -analyse

Von der *Zentralen Konsumentenbetreuung* werden die Verbraucherkontakte über Häufigkeitszählungen statistisch erfaßt, und – differenziert nach Bestellungen, Anfragen, normalen Beanstandungen (Reparaturaufträge) und kritischen Beanstandungen (Beschwerden) – monatlich an das Marketing weitergeleitet. Dort findet die anschließende Analyse und Interpretation der Daten statt. Unter Einbeziehung der betroffenen Fachabteilungen werden die Ergebnisse und symptomatischen Beschwerdefälle in regelmäßigen Abständen, z.T. aber auch bei aktuellem Anlaß, diskutiert, um daraus Marketingempfehlungen abzuleiten.

3. Kontrolle

Die Bearbeitung von Verbraucherbeschwerden im Rahmen des Zentralen Kundendienstes birgt die zusätzliche Möglichkeit, die Leistungen des regionalen Kundendienstes zu kontrollieren. Gleichzeitig wirken die Entscheidungen der *Zentralen Konsumentenbetreuung* als Orientierungshilfe vor Ort.

Budget

Für Beschwerdebearbeitung und Kulanzregelungen ist keine eigenes Budget vorgesehen. Die Kosten werden dem Kundendienst angelastet, der als Profit-Center organisiert ist.

Auch wenn die Beschwerdebearbeitung kurzfristig nur Kosten verursacht, sieht der Kundendienstleiter im dadurch gewonnenen Imagevorteil langfristig einen "doppelten" Gewinn: Kulante Beschwerdebearbeitung führt zu positiver Mund-zu-Mund-Werbung mit der Folge, daß mehr Produkte des Unternehmens nachgefragt und damit längerfristig auch mehr Serviceleistungen in Anspruch genommen werden. Dies kommt wiederum dem Kundendienst zugute. Insgesamt entstehen somit durch eine kundenorientierte Beschwerdebearbeitung Vorteile sowohl für den Absatz neuer Produkte als auch der Kundendienstleistungen.

UNTERNEHMEN F – ZENTRALE KONSUMENTENBETREUUNG

Branche: Elektro
Produkte: Haushaltsgeräte
Gesprächspartner: Leiter Kundendienst und Vertriebslogistik und
Leiter Zentrale Angelegenheiten

"Wir haben nicht nur keine Angst vor Beschwerden, sondern wir möchten sie gerne. Am liebsten wäre uns natürlich, wenn sich niemand beschwert. Aber wenn jemand unzufrieden ist, soll die Beschwerde bei uns eingehen".

Mit diesen Worten beschreibt der Leiter der *Zentralen Konsumentenbetreuung* die Einstellung des Unternehmens gegenüber Verbraucherbeschwerden. Die Artikulation von Verbraucherunzufriedenheit soll maximiert werden. Deshalb befinden sich Hinweise auf die *Zentrale Konsumentenbetreuung* auf Garantien, Rechnungsformularen und in den Kundendienst-Serviceunterlagen, verbunden mit der Aufforderung an den Verbraucher, sich bei Problemen an die *Zentrale Konsumentenbetreuung* zu wenden.

Aufgaben

1. Beschwerdebearbeitung und -erfassung

In den vergangenen beiden Jahren ist die Beschwerdezahl um mehr als 100% gestiegen. Für die Bearbeitung von Verbraucherbeschwerden ist sowohl der regionale Kundendienst als auch die *Zentrale Konsumentenbetreuung* zuständig. In dieser Arbeitsteilung beantwortet die *Zentrale Konsumentenbetreuung* außer den Beschwerden, die an sie oder einen anderen Funktionsbereich der Zentrale gerichtet sind, auch alle Verbraucherbriefe an die Geschäftsleitung. Bei den Beschwerden handelt es sich vorwiegend um Probleme, die der Kundendienst vor Ort nicht lösen kann (z.B. weil er selbst Anlaß zur Beschwerde gab oder weil es sich um Beschwerden über Händler handelt). Der regionale Kundendienst ist dagegen für technische Probleme mit dem Produkt zuständig. Diese werden dort, wie auch in der *Zentralen Konsumentenbetreuung* , in das "Qualitätsdaten-Erfassungs- und Regelungssystem" aufgenommen. Beschwerden, die im Produktumfeld liegen, werden nur von der *Zentralen Konsumentenbetreuung* registriert. In diesem Punkt liegt nach Angaben des Kundendienstleiters ein (noch) ungelöstes Problem der Dezentralisierung: Durch das Kundendienstnetz soll die Kundennähe des Herstellers garantiert werden. Gleichzeitig verhindert dies aber die lückenlose Erfassung aller Beschwerden. Doch – so meinen die Gesprächspartner – richten sich die Verbraucher, wenn ihre Beschwerden vom

Kundendienst nicht zufriedenstellend gelöst wurden, ohnehin an die Zentrale, so daß ein Überblick über die Probleme gewährleistet wird.

2. Beschwerdeanalyse

Die Einrichtung der *Zentralen Konsumentenbetreuung* und ihre Aufgaben begründen sich, wie uns erklärt wurde, weniger auf strategischen Überlegungen als auf einem "evolutionärem" Prozeß: Bereits vor rund 15 Jahren war damit begonnen worden, in der Zentrale des Unternehmens Richtlinien für bestimmte Beschwerdereaktionen, wie z.B. Kulanzentscheidungen, zu erarbeiten, um so die bisher unterschiedlichen Praktiken auf regionaler Ebene zu vereinheitlichen. Die Zentralisierung brachte nicht nur den Überblick über Problemschwerpunkte mit sich, sondern auch die Erkenntnis, daß Beschwerden durchaus wichtige Informationen liefern können.

Zum Aufgabenbereich der *Zentralen Konsumentenbetreuung* gehören daher heute nicht mehr nur Entscheidungen über die Lösung von Verbraucherbeschwerden und ihre Beantwortung. Der Schwerpunkt der Arbeit liegt vielmehr in der Erzielung eines direkten feedbacks vom Kunden, um die Unzufriedenheitsgründe, die nicht in das Qualitätsdaten-Erfassungs- und Regelungssystem eingehen, zu ermitteln. Dabei werden objektiv feststellbare Fehler (Produktdefekte, Kundendienstleistungen) gleichermaßen aufgenommen wie vom Kunden subjektiv empfundene Probleme (Handhabungsschwierigkeiten, Preisstellungsprobleme etc.). Die Auswertung erfolgt produktspezifisch, untergliedert nach Beschwerdeursachen und der von der *Konsumentenbetreuung* festgelegten Einteilung in "berechtigte/unberechtigte Beschwerden". Je nach Beschwerdeinhalt dienen diese Daten als Ansatzpunkt für

- konstruktive Maßnahmen (Korrekturen an Produkten bzw. Produktneuentwicklungen),
- personelle Maßnahmen (Schulungsmaßnahmen für Mitarbeiter) und
- organisatorische Maßnahmen (z.B. Kundendiensteinsatz-Planung).

Insofern Beschwerden außerhalb der Kompetenz des Kundendienstes liegende Sachverhalte betreffen (wie z.B. Beschwerden über bestimmte Werbemaßnahmen) – was allerdings nach Angaben der Gesprächspartner selten der Fall ist – werden diese zwar auch von der *Zentralen Konsumentenbetreuung* bearbeitet, allerdings mit Unterstützung der betroffenen Abteilung. Auf die Konsequenzen, die aus solchen Beschwerden möglicherweise gezogen werden (können), hat die *Zentrale Konsumentenbetreuung* jedoch kaum Einfluß.

Interne Kommunikation

Die *Zentrale Konsumentenbetreuung* bezeichnet sich selbst als "Anwalt des Kunden" im Unternehmen. Ein aktives Engagement der Mitarbeiter ist gefordert: Probleme, die in der *Zentralen Konsumentenbetreuung* festgestellt werden, müssen an die anderen Fachbereiche, insbesondere auch die Entwicklungsabteilung, herangetragen werden ("Bringschuld"). Selten müssen andere Abteilungen von sich aus auf die *Zentrale Konsumentenbetreuung* zukommen.

Neben diesen informellen Kontakten werden die Auswertungsergebnisse der "Beschwerdebriefstatistik" auch regelmäßig vorgetragen: Zwei- bis dreimal jährlich wird darüber auf einer erweiterten Geschäftsleitungssitzung berichtet, alle sechs Monate wird eine Statistik für die Geschäftsleitung und die Bereichsleiter erstellt. Und in Produktteambesprechungen werden die Produktprobleme der Kunden vorgetragen, um die Ursachen des Problems und die Möglichkeiten ihrer Lösung gemeinsam zu diskutieren. Dabei ist für die Berücksichtigung von Beschwerden nicht ihre absolute Zahl ausschlaggebend, sondern vielmehr ihr Inhalt ("was ärgert den Kunden am meisten?").

Zur Unterstützung ihrer Tätigkeit stehen den Mitarbeitern der *Zentralen Konsumentenbetreuung* alle Einrichtungen im Haus offen. Vor allem die Zusammenarbeit mit den Produktverantwortlichen des Kundendienstbereiches ist bei der Bearbeitung von Beschwerden sehr eng. Die Verantwortung für die schnelle und angemessene Beantwortung der Verbraucherpost liegt jedoch allein in der Hand der *Konsumentenbetreuung*. Das Einholen von Informationen wird von ihr als "Holschuld" betrachtet.

Interne und externe Probleme

Da sich die Verbraucher zum großen Teil mit Kundendienstbeschwerden an die Unternehmenszentrale wenden, empfindet gerade der regionale Kundendienst die Entscheidungen der *Zentralen Konsumentenbetreuung* häufig als Kontrolle seiner Arbeit. Die dadurch aufgebauten Spannungen versucht die *Zentrale Konsumentenbetreuung* abzubauen, indem sie intern – z.B. durch Berichte in der Hauszeitung – über die Zielsetzung ihrer Arbeit informiert. Durch zusätzliche Maßnahmen, wie etwa einem Kundendienst-Wettbewerb, sollen die Bemühungen der *Zentralen Konsumentenbetreuung*, bei allen Mitarbeitern eine kundenorientierte (und kostensenkende) Verhaltensweise zu erreichen, unterstützt werden.

Die größten Probleme bereiten Beschwerden, die sich auf die Leistung und Preisstellung des Handels beziehen. Formal besteht für das herstellende Unternehmen keine Möglichkeit, bei Schwierigkeiten zwischen Händlern und Verbrauchern zu intervenieren. Es wird jedoch über den Dialog mit dem Händler versucht, eine befriedigende Lösung zu erreichen. Nicht zuletzt muß aber dabei die Tatsache berücksichtigt werden, daß nicht nur der Endverbraucher, sondern auch der Händler Kunde des Unternehmens ist.

Organisatorische Eingliederung

Bedingt durch die "evolutionäre" Entwicklungsgeschichte der *Zentralen Konsumentenbetreuung* ist sie organisatorisch dem Kundendienst zugeordnet. Der verantwortliche Leiter der *Zentralen Konsumentenbetreuung* ist gleichzeitig Chef-Controller des Kundendienstes. Damit soll dokumentiert werden, daß nicht nur der wirtschaftliche, in Zahlen ausdrückbare Erfolg des Kundendienstes zählt [1], sondern auch die Qualität der Kundenbetreuung, entsprechend der Philosophie "Unsere Philosophie ist Qualität, unsere Strategie heißt: nicht über den Preis". Kulanzen gehören dabei zur Geschäftspolitik des Unternehmens.

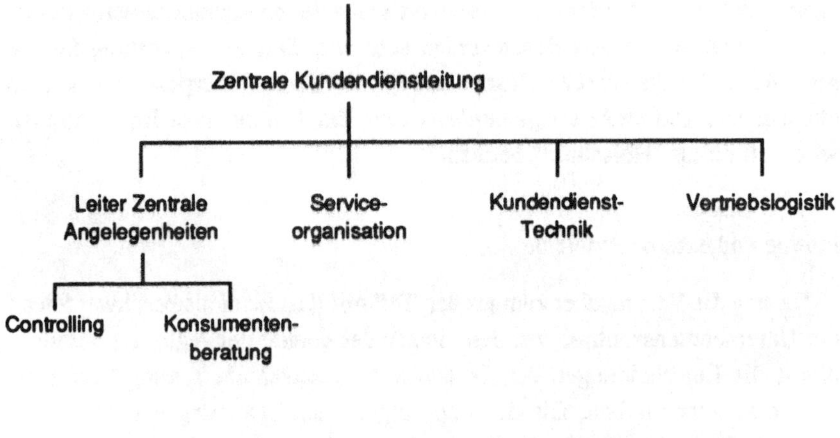

Organisatorische Eingliederung der Konsumentenbetreuung im Rahmen des Zentralen Kundendienstes

[1] "Der Kundendienst ist zwar als Profit-Center organisiert, muß aber nicht unbedingt Gewinn erwirtschaften. Die Aufwendungen des Kundendienstes müssen allerdings kostendeckend über die Einnahmen erwirtschaftet werden" (Kundendienstleiter).

Gleichzeitig – so der Kundendienstleiter – ist es dem Controller eher möglich, Verbraucherprobleme sachlicher zu beurteilen als den anderen Fachabteilungen, die von Beschwerden direkt betroffen sein können.

Budget

Die *Zentrale Konsumentenbetreuung* verfügt über ein eigenes Budget, in dessen Rahmen die Mitarbeiter zusammen mit dem Verantwortlichen der Abteilung frei entscheiden können. Bei Kulanzentscheidungen erfolgt häufig eine Abstimmung mit den regionalen Kundendienst-Zentren. Erfolgsberechnungen für die Arbeit der *Zentralen Konsumentenbetreuung* sind nach Ansicht der Gesprächspartner, aus ähnlichen Gründen wie bei Werbeaktionen, nicht durchführbar. Der Nutzen liegt in der Möglichkeit, den Kunden wieder zufriedenzustellen und damit negativen Wirkungen auf Umsatz oder Image vorzubeugen, sowie Informationen vom Kunden zu erhalten. Es bestehen keine Schwierigkeiten, die Ausgaben zu rechtfertigen.

Evaluierung

Die Kundendienstleistungen des Unternehmens werden als wesentlicher akquisatorischer Beitrag definiert. Aus diesem Grund wird auf die Zufriedenheit der Konsumenten gerade mit diesen Leistungen – und mit den Leistungen der *Zentralen Konsumentenbetreuung* – sehr viel Wert gelegt. Zur Kontrolle dieser Leistungen wird – neben den den regelmäßigen Beschwerdeanalysen – alle drei bis vier Jahre bei einem externen Meinungsforschungsinstitut die Durchführung einer Zufriedenheitsumfrage bei 10.000 Kunden in Auftrag gegeben.

3. Beschwerdebearbeitung im Rahmen einer Integrationsstelle

UNTERNEHMEN G – KONSUMENTENBERATUNG

Branche: Elektro
Produkte: Haushaltsgeräte, Geräte der Unterhaltungselektronik, Produkte aus der Elektronischen Datenverarbeitung.
Gesprächspartner: Leiter der Konsumentenberatung

Die *Konsumentenberatung* ist eine "junge" Abteilung der Unternehmensgruppe Konsumgüter des besuchten Herstellers. Am 1. Januar 1987 wurde sie auf Anregung der Geschäftsleitung in der Zentrale des Unternehmens eingerichtet. Den Hintergrund der *Konsumentenberatung* beschreibt folgender Auszug einer internen Direktionsmitteilung:

"Diese Funktion ist erforderlich, um dem Konsumenten, d.h. dem Endverbraucher, einen direkten Ansprechpartner im Unternehmen zur Verfügung zu stellen. Damit unterstreichen wir unsere verstärkten Bemühungen, uns auf die Bedürfnisse der Konsumenten hin auszurichten."

Organisatorische Eingliederung

Bei der *Konsumentenberatung* handelt es sich um eine der Geschäftsleitung direkt unterstellte Abteilung; formal ist sie der Marktforschung zugeordnet. Die direkte Unterstellung unter das Top-Management soll die Unabhängigkeit und Bedeutung der Abteilung gegenüber anderen operativen Funktionseinheiten dokumentieren, bei deren Aktivitäten, soweit sie im direkten Zusammenhang mit Verbraucherangelegenheiten stehen, die *Konsumentenberatung* sowohl über beratendende, fordernde und kontrollierende Rechte verfügt.

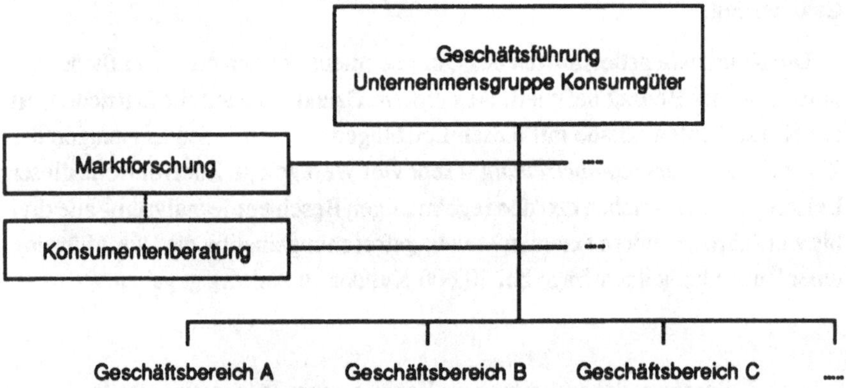

Organisatorische Eingliederung der Konsumentenberatung

Aufgaben

Die Aufgaben der *Konsumentenberatung* lassen sich nach zwei Globalzielen untergliedern. So soll die *Konsumentenberatung* einerseits die Zufriedenheit der Konsumenten wiederherstellen, indem sie schnell und angemessen auf Probleme reagiert, die an sie herangetragen werden. Zum anderen soll sie der Unzufriedenheit der Verbraucher vorbeugen, indem sie intern durch Beratung, Vorschläge und Kontrolle absatzpolitische Reaktionen bewirkt.

In die erste Kategorie fallen die direkte Kommunikation mit dem Konsumenten, die Kommunikation mit Drittinstitutionen und die Kommunikation mit dem (kleinen) Einzelhändler.

1. Die direkte Kommunikation mit dem Konsumenten.

Hinweise auf die Einrichtung *Konsumentenberatung* in der Zentrale des Unternehmens finden sich in Produktprospekten und Katalogen. Mit der Frage "Mehr wissen?" bietet sich die *Konsumentenberatung* dem Verbraucher als Ansprechpartner an, sollte dieser Fragen oder Probleme haben, die nicht vom Fachhandel gelöst werden können.

Dabei erweist sich die schriftliche Kommunikation als weniger effizient als die telefonische, bei der durch das direkte feedback eventuelle Unklarheiten auf beiden Seiten sofort geklärt werden können. Um die Kosten von Ferngesprächen für den Verbraucher zu reduzieren, bietet die *Konsumentenberatung* den Rückruf an. Die Nutzung des Service 130 wird wegen der hohen Gebühren abgelehnt.

2. Die Kommunikation mit Drittinstitutionen

Für verbraucherspezifische Fragen, die von Verbraucherorganisationen oder von den Medien an das Unternehmen herangetragen werden, ist die *Konsumentenberatung* zuständig.

3. Die Kommunikation mit dem Händler

Zum einen dient die *Konsumentenberatung* dem "kleinen" Einzelhändler als Ansprechpartner, der – bedingt durch die steigenden Vertriebskosten – durch den Außendienst des Herstellers zum großen Teil nicht mehr betreut werden kann. Zum anderen begreift sich die *Konsumentenberatung* aber auch als Mittler bei Problemen zwischen Kunde und Facheinzelhandel. Da in formal-juristischer Hinsicht kein Einfluß auf den Händler ausgeübt werden kann, muß sich die Mittlerfunktion allerdings auf ein "miteinander reden" beschränken. Dies bedeutet nach Auskunft des Gesprächspartners eine ständige Gratwanderung zwischen Händler- und Konsumenteninteressen: "Der Händler ist unser Absatzmittler. Wenn ich den vergraule, verlieren wir eine ganze Menge. Wenn ich den Konsumenten vergraule, dann kann der zwar auch sagen "nie wieder ...", aber wir verkaufen ja nicht direkt an ihn".

Interne Funktionen

Die *Konsumentenberatung* bearbeitet und sammelt sämtliche Anfragen und Beschwerden von Verbrauchern, die im Unternehmen eingehen. Telefonische Vorgänge werden mittels eines Erfassungsbogens als Strichliste registriert, schriftliche Kontakte in einer EDV-gestützten Beschwerdeakte nach Beschwerde- und Reaktionsdaten festgehalten. Anhand dieser Beschwerdeakte kann genau nachvollzogen werden, wer (Kunde, Händler, Verbraucherorganisation, ...) sich mit welchem Problem (Produkt, Produktfehler, ...) zu welchem Zeitpunkt im Kaufentscheidungsprozeß (Vorkauf-/ Kauf-/ Verwendungsphase) an die *Konsumentenberatung* gewendet hat, und welche Maßnahmen (was?,von wem?, in welchem Zeitraum?) daraufhin getroffen wurden.

Die strukturierte Erfassung bildet die Grundlage für die Auswertung der Daten nach den o.g. Kriterien. Die Statistik wird von der *Konsumentenberatung* dabei kontinuierlich aufbereitet und in monatlichen Abständen an die Geschäftsleitung, die ausländische Muttergesellschaft und an die betroffenen Abteilungen weitergeleitet. Bei symptomatischen Einzelfällen erfolgt eine detaillierte Information der Entscheidungsträger.

Reaktionen auf die Einrichtung der Konsumentenberatung

Intern

Innerhalb der Organisation wurde die Einrichtung der *Konsumentenberatung* positiv aufgenommen. Lange Bearbeitungszeiten infolge von Kompetenzunklarheiten konnten damit beseitigt werden. Wegen ihrer interdisziplinären Tätigkeit und ihrer Verbrauchernähe ist sie inzwischen auch fester Bestandteil des Ausbildungsplans des Unternehmens.

Extern

Aussagen über die Reaktion der Verbraucher auf die Ansprechstelle waren zum Zeitpunkt des Gesprächs aufgrund der erst vor anderthalb Jahren erfolgten Einrichtung nicht möglich, zumal zuvor keine Beschwerdeerfassung erfolgt war.

Beim Handel war die *Konsumentenberatung* zunächst auf Widerstand gestoßen. So wendeten Vertreter der Fachhandelsverbände ein, daß die *Konsumentenberatung* der erste Schritt zum Direktvertrieb wäre und das Ziel verfolge, den Handel in zunehmenden Maße auszuschalten. Das Problem konnte gelöst werden, nachdem die *Konsumentenberatung* mehrfach verdeutlichte, daß sie in ihre Tätigkeit den Handel miteinbezieht.

Wirkungen

Die *Konsumentenberatung* betrachtet die Aktivitäten des Unternehmens mit den "Augen des Kunden". Mit ihren umfassenden Rechten (Beratungs-, Vorschlags-, Mitsprache- und Kontrollrecht) übt sie Einfluß auf Entscheidungen über Werbemaßnahmen, Produktentwicklung, Verpackung, produktbegleitendes Material, etc. aus. Dabei geht die *Konsumentenberatung* von sich aus auf andere Abteilungen zu, um ihre Argumente und Forderungen einzubringen. Immer häufiger treten aber auch die anderen Abteilungen an die *Konsumentenberatung* heran. Durch ihre "Nähe zum Kunden" kann sie auf Fragen und Probleme aufmerksam machen, die bislang in Prospekten oder anderem Informationsmaterial nicht beachtet wurden. Die *Konsumentenberatung* gilt daher für verschiedene Organisationseinheiten als "Lieferant" für Anregungen und als "Kontrolleur" von Entscheidungen, die eine Verhaltensänderung beim Konsumenten hervorrufen können.

Budget

Die *Konsumentenberatung* verfügt über ein eigenes Budget. Der größte Teil der Kosten geht allerdings zu Lasten der Abteilungen bzw. Produkte, die sich für die Ursachen eines Problems verantwortlich zeichnen. Auch für Leistungen, die im Rahmen von Garantien oder Kulanzen erbracht werden, existiert ein gesondertes Konto. Lediglich Probleme, die sich keinem normalen Geschäftsvorgang zurechnen lassen, wie z.B. Service Manuals, Dokumentationen etc., werden als "Internal Services" der *Konsumentenberatung* zugerechnet. Von dem Budget der *Konsumentenberatung* werden weiterhin die Personalkosten, Nebenkosten, Kosten für Büromaterial und -maschinen, Spesen, Honorare, anteilige Kosten, usw. bestritten.

Evaluierung

Der Nutzen der *Konsumentenberatung* ist nach Ansicht des Abteilungsleiters, ähnlich wie bei PR- und Werbeaktionen, nur indirekt bewertbar. Zum Zeitpunkt des Gesprächs wurde deshalb in Zusammenarbeit mit einer Universität eine Meinungsumfrage durchgeführt, in der die Kunden ihre Zufriedenheit oder Unzufriedenheit mit den unternehmerischen Leistungen, insbesondere auch ihre Beschwerde(un)zufriedenheit, ausdrücken sollten.

UNTERNEHMEN H [1] – P.A. GESCHÄFTSFÜHRUNGSPROGRAMME

Branche: Elektro
Produkte: Büromaschinen, Datenverarbeitung
Gesprächspartner: Mitarbeiter P.A. Geschäftsführungsprogramme (GFP)

Für die Bearbeitung und Regelung von Kundenbeschwerden sind im Unternehmen verschiedene Wege vorgesehen: Beschwerden, die in den örtlichen Niederlassungen oder beim Außendienst eingehen, werden dort reguliert. Bei Beschwerden an die Hauptverwaltung wird unterschieden zwischen

- Beschwerden über bestimmte Produkte und Serviceleistungen. Sie werden sofort an die betroffene Fachabteilung zur Bearbeitung weitergegeben;
- Beschwerden, die sich keiner bestimmten Organisationseinheit zuordnen lassen und Beschwerden an die Geschäftsleitung. Diese werden von der Stelle "P.A. Geschäftsführungsprogramme" (im folgenden: *GFP*) entgegengenommen und bearbeitet. Nach Einschätzung des Gesprächspartners sind dabei 60% der Beschwerden sachlich begründet. 40% beruhen auf eher "emotionalen" Gründen und betreffen kein manifestes Problem.

Aufgaben

1. Beschwerdebearbeitung und -analyse,
Erarbeiten von Verbesserungsvorschlägen

Den Mitarbeitern der *GFP* obliegt neben der Beschwerdebearbeitung die Aufgabe, die Beschwerden zu analysieren und – entsprechend der Ergebnisse – Maßnahmen zu erarbeiten, durch die die Ursachen der Probleme abgestellt werden können. Um für diese strategischen Aufgaben genügend Raum zu haben, wird der Umfang der Beschwerden an die *GFP* bewußt klein gehalten. Der Beschwerdeeingang beschränkt sich auf die genannten Bereiche. Die Existenz dieser Stelle wird unternehmensextern nicht publiziert. Damit handelt es

[1] Das Unternehmen stellt im Rahmen der vorgestellten Fallbeispiele eine gewisse Ausnahme dar, da sich das Angebot weitgehend an gewerbliche Kunden und nicht an den Endverbraucher richtet. Mit der Verbreitung von EDV-Geräten auch im privaten Bereich ist aber eine Zunahme von Endverbrauchern zu verzeichnen, die die Produkte des Unternehmens nachfragen. Trotz dieser Einschränkung wurde das Unternehmen aus folgendem Grund als Fallbeispiel aufgenommen: Wenn im Investitionsgüterbereich von einem intensiveren Informationsaustausch zwischen Anbietern und Nachfragern auszugehen ist als im Bereich der Endnachfrage (vgl. S. 26), dann ist möglicherweise auch die Beschwerdebearbeitung durch diesen stärkeren Kontakt geprägt, so daß die Darstellung Impulse auch für den reinen Konsumgüterbereich geben kann.

sich bei den Beschwerden, die in der Analyse berücksichtigt werden, zwar nur um die "Spitze des Eisbergs". Nach Auskunft des Gesprächspartners wird jedoch ein repräsentativer Überblick über die volle Breite möglicher Beschwerdeinhalte erreicht, die auf das Unternehmen zukommen. Ein quantitatives Mehr an Beschwerden würde die Effektivität der Arbeit eher erschweren, da durch die Bearbeitung der Einzelfälle keine Zeit mehr für die Erarbeitung strategischer Maßnahmen bliebe.

2. Sensibilisierung der Mitarbeiter

Kundenorientierung wird als wesentlicher Bestandteil der Unternehmensphilosophie bezeichnet. In diesem Sinne hat sich das Unternehmen das Ziel gesetzt, das kundenfreundlichste in der Branche zu sein. In diesem Zusammenhang ist auch der dritte Aufgabenschwerpunkt der *GFP* zu sehen, der in der Sensibilisierung der Mitarbeiter für Beschwerden liegt. So wurde beispielsweise durch einen intern veröffentlichten Artikel mit dem Titel "Beschwerden als Chance" versucht, allen Mitarbeitern den Nutzen von Beschwerden zu verdeutlichen, die bislang eher noch als lästige Störung des Betriebsablaufs betrachtet werden.

Kommunikation mit dem Verbraucher

Die Beschränkung der Beschwerdezahl in der Abteilung *GFP* bedeutet nicht, daß die Unternehmung den direkten Kontakt zum Kunden meidet. So werden mit einer 130er-Rufnummer vorhandene und potentielle Kunden zur Kommunikation aufgefordert. Dabei handelt es sich allerdings nicht um ein spezielles Beschwerdetelefon. Durch diese Serviceeinrichtung soll den Kunden die Möglichkeit geboten werden, sich mit allen Fragen und Problemen direkt an das Unternehmen wenden zu können und möglichst einfach einen direkten Ansprechpartner zu finden. 90% aller Anfragen und Beschwerden können auf diesem Wege sofort erledigt werden. Für die restlichen, ungelösten Fälle dient dieser Service als Filter, um Beschwerden und Anfragen an die kompetente Stelle weiterzuleiten.

Organisatorische Eingliederung und Kompetenzen

Zur Durchsetzung der von der *GFP* erarbeiteten Maßnahmen verfügt die Stelle über Informations-, Beratungs-, Mitsprache- und Kontrollrechte gegenüber den von Beschwerden betroffenen Abteilungen. In ihrer Tätigkeit ist die *GFP* dem Vorsitzenden der Geschäftsführung direkt zugeordnet und nimmt hier eine beratende Funktion ein. Die Quartalsauswertungen der Beschwerdestatistik werden zusammen mit den Problemlösungsvorschlägen der Geschäftsführung vorgetragen, die dann darüber entscheidet, welche Vorschläge unter wirtschaftlichen und finanziellen Gesichtspunkten berücksichtigt werden können.

Formal "hängt" die *GFP* am "Direktor für Qualität" des Unternehmens. Mit dieser organisatorischen Eingliederung soll die Bedeutung dokumentiert werden, die der Abteilung von der Geschäftsleitung zugemessen wird. Sie spiegelt sich im übrigen auch in der Namensgebung wider: Die Bezeichnung *GFP* zeigt zum einen die Rückenstärkung durch die Geschäftsführung, aber auch die Aufgaben, die sie zu erfüllen hat – nämlich die Erarbeitung von Problemlösungsprogrammen für die Geschäftsführung in bezug auf Kundenbeschwerden. Weiterer Grund für diese organisatorische Eingliederung: "Eine logische Eingliederung könnte zwar der Marketingbereich sein. Die Beschwerden befassen sich ja zum größten Teil mit Marketingangelegenheiten im weitesten Sinne. Die wertfreie Bearbeitung von Beschwerden ist aber besser gewährleistet, wenn die Bearbeitungsfunktion nicht an der betroffenen Funktion hängt".

Kosten

Die Kosten der Beschwerdebearbeitung werden weitgehend der Abteilung angelastet, die den Kunden oder das Produkt betreut, bzw. den Service erbringt. Die Mitarbeiterkosten werden vom Qualitätsbereich getragen, dem die *GFP* zugeordnet ist. Daß sich die strategische Verwertung von Beschwerdeinformation nach Ansicht des Unternehmens lohnt, charakterisiert folgendes Zitat: "Natürlich überlegt man sich immer, ob so eine Beschwerdefunktion einen Rentabilitätseffekt hat. Aber selbst wenn es in dem Fall nicht immer in Mark und Pfennig auszudrücken ist, ist man sich absolut bewußt, daß allein vom Imagewert einer vollständig und sorgfältig abgearbeiteten Beschwerde Impulse ausgehen, die so wertvoll sind, daß sich die Sache trägt. Unsere Arbeit hat PR-Wirkung, ist Bestandteil der Aussage der Kundenfreundlichkeit. Eine Werbeaktion bringt auch nicht einen in Zahlen ausdrückbaren Profit, aber löst doch gewisse Dinge aus. Und das ist hier genauso...".

4. Beschwerdebearbeitung im Rahmen der Kundenkontaktfunktion bei Direktvertrieben

UNTERNEHMEN I – MITGLIEDERBETREUUNG

Branche: Buchgemeinschaft [1]
Produkte: Bücher, Schallplatten, Geräte der Unterhaltungselektronik
Gesprächspartner: Leiter der Mitgliederbetreuung

Bedingt durch das Direktvertriebssystem gehört die *Mitgliederbetreuung* als Ansprechpartner des Konsumenten zu den notwendigen Einrichtungen des Unternehmens. Ungefähr zwei- bis dreitausend telefonische Kundenkontakte werden von ca. 95 Mitarbeitern, zum großen Teil Teilzeitkräften, täglich entgegengenommen und zu 90% schon beim Erstkontakt vollständig erledigt. Während in diesen telefonischen Kontakten auch Bestellungen einbezogen sind, die an das Vertriebszentrum weitergeleitet werden, umfassen die schriftlichen Eingänge an die *Mitgliederbetreuung* im weitesten Sinne Reklamationen: Reklamationen über nicht eingehaltene Liefertermine, Falschlieferungen, Rechnungsstellung, unerfüllte Werbeversprechen (Werbeprämie bei Freundschaftswerbung), Vertragsabschlüsse, etc.

Beschwerdebearbeitung und -analyse

Der gesamte Postzugang wird von der Arbeitsgruppe "Arbeitsvorbereitung" statistisch erfaßt, vorsortiert und nachgehalten, um so einen täglichen Statusbe-

---

[1] Buchgemeinschaften lassen sich durch eine besondere Art der Kundenbindung kennzeichnen. Während die Verbraucher auf Wettbewerbsmärkten in der Regel frei entscheiden können, wann und wo sie welches Produkt kaufen, werden sie mit Eintritt in eine Buchgemeinschaft zu deren "Mitglied" mit der Verpflichtung, pro Quartal mindestens ein Buch abzunehmen. Diese Vertriebsform ergibt sich aus den rechtlichen Voraussetzungen für Buchgemeinschaften. Buchgemeinschaften können trotz der Preisbindung ihre Bücher bis zu 40% günstiger anbieten als der Bucheinzelhandel, allerdings nur unter der Voraussetzung, daß diese Bücher unter anderer Aufmachung erscheinen und die Abgabe nur an Mitglieder erfolgt. Mitgliedschaft definiert sich durch eine gewisse Mitgliedsdauer und eine regelmäßige Abnahmeverpflichtung *(Frankfurter Abkommen zwischen Buchgemeinschaften, Buchhandel und Kartellamt).*

Probleme können sich für den Verbraucher allein schon aus der "Zwangsabnahmeverpflichtung" ergeben. Desweiteren führt die oft aggressive Mitgliederwerbung der von den Buchgemeinschaften beauftragten Werbefirmen zu einem ständigen Konflikt zwischen Konsumenten, Verbraucherorganisationen und Buchclubs. Im Jahr 1984 erfolgte aus diesem Grund die Berufung eines "Ombudsmannes" durch die AG Buchgemeinschaften, der den Verbrauchern, Medien sowie staatlichen und anderen Institutionen als Ansprechpartner dienen und als neutraler Schiedsrichter zur Schlichtung von Beschwerdefällen herangezogen werden soll.

richt über den Posteingang zu erhalten und das gesetzte Bearbeitungslimit von zwei Wochen zu überwachen. Es handelt sich dabei um eine rein quantitative Erfassung, in der die Gründe der Anschreiben nicht aufgeführt werden. Im wesentlichen hängt es vom Fingerspitzengefühl und der Erfahrung des Sachbearbeiters ab, um aus der Masse der Verbraucherkontakte wichtige Probleme herauszufiltern. Allerdings war zum Zeitpunkt des Gesprächs geplant, durch eine Projektgruppe – zusammengesetzt aus Mitarbeitern der *Mitgliederbetreuung*, der EDV, der Disposition, des Lagers, des Versands und des Vertriebszentrums – eine neue Servicestrategie zu erarbeiten, die die Erfassung und Analyse von Beschwerdegründen ermöglicht, um daraus Maßnahmen zur Reklamationsprophylaxe und Serviceverbesserung ableiten zu können.

Aufgaben und Rechte

Die Aufgaben der *Mitgliederbetreuung* sind im wesentlichen auf die Bearbeitung von individuellen Verbraucheranfragen und -beschwerden und auf den Service beschränkt. Einfluß auf andere Abteilungen, die als Verursacher von Beschwerden zu erkennen sind, übt sie kaum aus. Löst beispielsweise eine Werbeaktion eine gewisse Beschwerdehäufung aus, so kann die *Mitgliederbetreuung* zwar ihre Verbesserungsvorschläge an das Marketing herantragen. In der Regel zählt aber der wirtschaftliche Vergleich zwischen der Zahl der dadurch gewonnenen Neukunden und der Beschwerdezahl. Im Zweifelsfall hat die Kundenwerbung den Vorrang. Ex ante hat "von unserem Ansatz her die *Mitgliederbetreuung* zwar nicht unbedingt ein Mitsprache- oder Vetorecht, aber immerhin doch eine Gestaltungsmöglichkeit: das Recht, auf mögliche Mängel aufmerksam zu machen. ...In der Praxis sieht es jedoch so aus, daß die Zeit für Werbeaktionen relativ knapp bemessen ist und sie daher manchmal plötzlich umgesetzt werden. Aber es ist nicht so, daß wir von der Aktion überrollt werden. Es sind meistens kleine innerbetriebliche Kommunikationsprobleme; daß eben die Zeit nicht reicht, alle an einen Tisch zu kriegen".

Organisatorische Eingliederung

Organisatorisch ist die *Mitgliederbetreuung* dem Vertrieb zugeordnet. Diese Eingliederung ist – wie der Gesprächspartner erklärt – weitgehend historisch bedingt: Der Vertrieb wird als eine dem Verkauf nachgelagerte Aktivität definiert. Die *Mitgliederbetreuung* rundet dieses Bild ab, indem sie den Kontakt zum Mitglied pflegt, Reklamationen bearbeitet und versucht, die Mitgliedschaft zu erhalten.

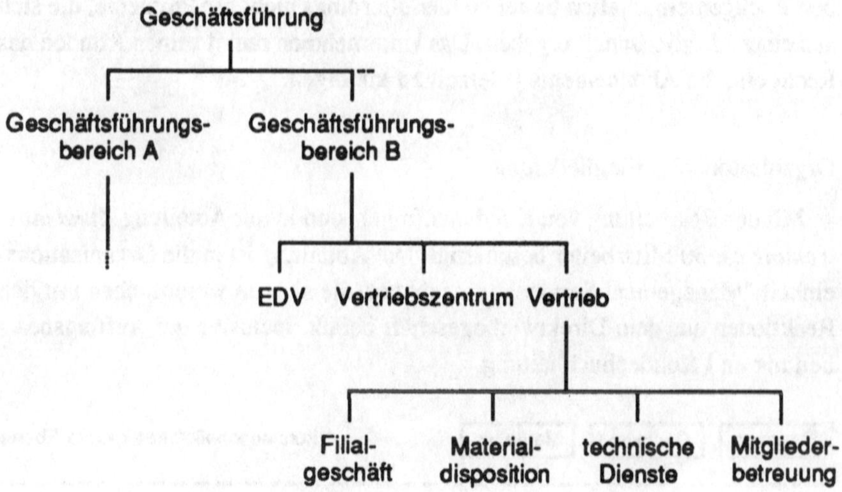

Organisatorische Eingliederung der Mitgliederbetreuung

Budget

Die *Mitgliederbetreuung* verfügt als selbständige Fachabteilung über ein eigenes Budget. Die Kosten der Bearbeitung von Anfragen und Beschwerden werden ihr zugerechnet.

UNTERNEHMEN K – KUNDENBETREUUNG

Branche: Verlag
Produkte: Monatszeitschriften, Buchserien, Sachbücher, Musiksammlungen
Gesprächspartner: Leiter der Verkaufsverwaltung

Bedingt durch die Höhe der Auflage und den Direktvertrieb an mehrere Millionen Privatkunden erhält das Unternehmen knapp eine Million Kundenzuschriften im Jahr. Etwa 5 bis 10% aller Kundenreaktionen erfolgen auf dem telefonischen Weg. Davon sind über 80% neutrale Zuschriften, die aus dem Produktangebot und den Angebotsformen hervorgehen, z.B. Adressänderungen für Zeitschriftenlieferungen oder Abbestellungen von Abonnements und Serienprodukten. Die restlichen, etwas über 100.000 Zuschriften, werden als Kundenanfragen, Reklamationen, etc. bezeichnet. Dabei handelt es sich bei den Reklamationen vorwiegend um Probleme, die sich auf den Vertriebsweg beziehen (Werbung, Lieferschwierigkeiten, Rechnungsstellung). Im Gegensatz zu den Buchgemeinschaften bestehen hier allerdings nicht die Probleme, die sich aus einer Mitgliedschaft ergeben. Das Unternehmen räumt seinen Kunden das Recht ein, die Abonnements jederzeit zu kündigen.

Organisatorische Eingliederung

Mit der Bearbeitung von Kundenanfragen sind in der Abteilung *Kundenbetreuung* ca. 30 Mitarbeiter beschäftigt. Die Abteilung ist in die Organisationseinheit "Management Services" eingebettet, die sich im wesentlichen mit den Reaktionen aus dem Direktwerbegeschäft befaßt, inclusive der Auftragsbearbeitung und Kundenbuchhaltung.

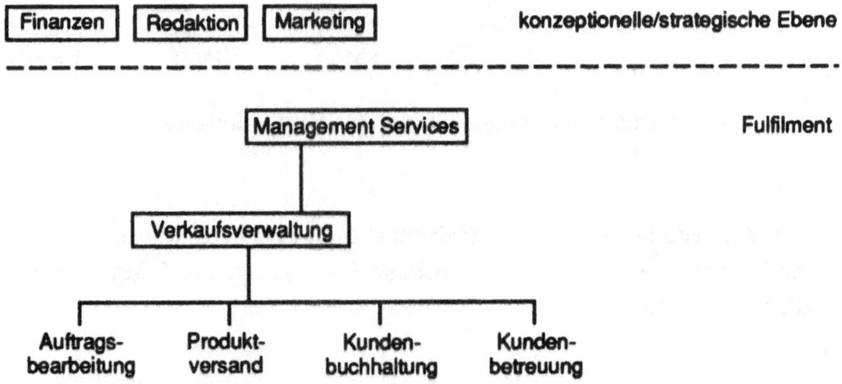

Organisatorische Eingliederung der Kundenbetreuung

Aufgaben

1. Beschwerdebearbeitung, - erfassung und -analyse

Die Mitarbeiter bearbeiten selbständig alle Verbraucheranfragen. Durch die hohe Anzahl an Kundenkontakten und die langjährige Erfahrung hat sich eine Vielzahl von Standardfällen herauskristallisiert, für die Richtlinien erarbeitet worden sind. Sämtliche Zuschriften und Telefonate werden getrennt nach Produktbereichen und nach dem subjektiven Kundenanliegen von der *Kundenbetreuung* erfaßt und ausgewertet. Neben den Einzelauswertungen wird regelmäßig monatlich und einmal jährlich ein Gesamtbericht für die Geschäftsleitung und die betroffenen Bereiche erstellt. Diese Berichte werden zur Ursachenanalyse verwendet, um daraus Maßnahmen zu Erhöhung der Servicequalität abzuleiten.

2. Erarbeiten von Lösungsvorschlägen

Neben den schriftlichen Berichtswegen und den Linienverantwortlichen gibt es ein Gremium, das sich mit grundsätzlichen Fragen zum Thema Kundenbeziehungen beschäftigt. In diesem Gremium sind sowohl Geschäftsleitung als auch die kundenorientierten Bereiche (*Kundenbetreuung*, Marketing) vertreten. Zur Unterstützung des Gremiums werden in einem Projekt-Team Kundenanliegen und -probleme permanent diskussionsreif aufbereitet und Verbesserungsvorschläge unter Berücksichtigung wirtschaftlicher, organisatorischer und personeller Konsequenzen erarbeitet. Diese werden im Anschluß an die Entscheidung des Gremiums zur Realisierung an die Fachabteilungen weitergeleitet.

Rechte

Der Einfluß der *Kundenbetreuung* beschränkt sich auf ein Informations- und Vorschlagsrecht. Nach Angaben des Gesprächspartners werden die Anregungen der *Kundenbetreuung* von den anderen Abteilungen gerne wahrgenommen, da sie durch ihre Kenntnis der Beschwerdeursachen Informationen für solche Abteilungen liefern kann, die weniger direkt am Kunden "sitzen". Bei Marketing-Entscheidungen, die im Konflikt mit den Anliegen der *Kundenbetreuung* stehen (wie z.B. bei Direktwerbeaktionen, die möglicherweise Verbraucherprotest hervorrufen), wird abgewogen, ob sich die Anzahl der Reklamationen gegenüber der Anzahl der gewonnenen Neukunden infolge einer Werbeaktion rechtfertigen läßt.

Budget

Die *Kundenbetreuung* fungiert als eigene Kostenstelle, auf die alle anfallenden Kosten – wie etwa Personal, Raum, Telefon, Porti, etc. – verrechnet werden. Dies ermöglicht die Umrechnung der Kosten auf den einzelnen Beschwerdefall. Die Kosten pro bearbeitete Beschwerde varriieren in Abhängigkeit von der Komplexität des Falles zwischen 3 und 20 DM.

Berechnungen über den wirtschaftlichen Nutzen der *Kundenbetreuung* liegen im Unternehmen selbst zwar nicht vor, doch werden die Berechnungsergebnisse einer Kundenumfrage als Orientierungshilfe herangezogen, die von der *TARP* Inc. im Auftrag der amerikanischen Muttergesellschaft in den USA durchgeführt worden war. Die Untersuchung hatte das Ziel, die Wirkungen der Konsumentenunzufriedenheit auf das Wiederkaufsverhalten und die Bereitschaft der Kunden, noch weitere Produkte aus dem Sortiment des Unternehmens zu bestellen, festzustellen. Das Ergebnis der Untersuchung verdeutlicht nachfolgende Abbildung. Demnach ist die Bereitschaft zur Abonnementverlängerung bzw. zum Erwerb eines anderen Produkts bei den Kunden am größten, die mit den Leistungen des Unternehmens zufrieden waren oder nach einer Beschwerde wieder zufriedengestellt werden konnten.

	zufriedene Kunden	unzufriedene Kunden	
		Unzufriedenheit geäußert	Unzufriedenheit nicht geäußert
Bereitschaft zur Abonnementverlängerung	82 %	84 %	72 %
Bereitschaft zum Kauf weiterer Produkte	25 %	44 %	–

Ergebnisse der TARP-Studie

Zielsetzung und Verhaltensstrategien

Obwohl die Untersuchung nicht bei den eigenen Kunden durchgeführt worden war, führten die Ergebnisse der *TARP*-Studie beim Management des Unternehmens zu einer Vorstellung vom möglichen Nutzen der Beschwerdebearbeitung. Daraufhin wurden folgende Zielsetzungen erarbeitet:

1. *Probleme müssen vermieden werden.*

Folge: Im o.a. Gremium für Kundenbeziehungen werden grundlegende kundenspezifische Themen diskutiert und Lösungsvorschläge erarbeitet.

2. *Unzufriedene Kunden sollen sich gegenüber dem Unternehmen äußern.*

Folge: Die Kunden werden mittels Hinweisen in den Monatszeitschriften und auf Rechnungsbeilagen zur Kommunikation aufgefordert ("Rufen Sie an. Wir erledigen das Problem sofort"). Gleichzeitig wird aufgezeigt, wo Probleme auftauchen können, sowie welche Maßnahmen von seiten des Verbrauchers ergriffen werden müssen, damit die Beschwerde gelöst werden kann.

3. *Kunden müssen zufriedengestellt werden.*

Folge: Die Mitarbeiter der Kundenbetreuung werden regelmäßig weitergebildet und für den Umgang mit dem Kunden geschult, nicht zuletzt auch deshalb, weil sie – nach Ansicht des Gesprächspartners – zu den am stärksten stressbelasteten Mitarbeitern im Unternehmen zählen. Zudem ist die Zufriedenheit der Kunden die "Rechtfertigungsgrundlage" für die Arbeit der *Kundenbetreuung* .

5. Zusammenfassende Beurteilung

Die Fallbeispiele weisen auf Ähnlichkeiten mit den in Kapitel D.II.2. (S. 63 ff.) beschriebenen verschiedenen Typen von Verbraucherabteilungen hin.

Die Beschwerdebearbeitung im Rahmen von Beratungsleistungen entspricht dem von *Hansen* und *Schoenheit* (1986) beschriebenen Typ des "Ratgebers". Auch bei den Produkten der Unternehmen A und B handelt es sich z.T. um beratungsbedürftige Angebote, und gerade bei Wasch- und Reinigungsmitteln ist eine zunehmende Sensibilisierung der Konsumenten in bezug auf den Umweltschutz zu beobachten.

Die beschwerdebearbeitenden Stellen der Unternehmen G und H, die als "Integrationsstellen" bezeichnet wurden, vereinen die Rolle des Innovators, des Kontrolleurs und des Sensors in sich, wobei der Konsumentenberatung des Unternehmens G noch zusätzlich die Aufgaben der "complaint box" und des Ratgebers ("advisor") zukommen. Ihre Konzeption wird somit am ehesten der Definition einer Verbraucherabteilung gerecht (vgl. Kap.D.III.3., S. 65): Sie dient dem Verbraucher als Ansprechpartner für sämtliche Probleme und hat die Möglichkeit, die Interessen der Konsumenten in die Unternehmung einzubringen. In ähnlicher Weise ist auch die Konsumentenbetreuung des Unternehmens F zu sehen, wobei die Kontrollrechte allerdings auf den Bereich des Kundendienstes beschränkt bleiben.

Sowohl bei Unternehmen G und H, als auch F, ist die Einrichtung einer zentralen Ansprechstelle für die Verbraucher auf eine Entscheidung des Managements zurückzuführen, den Konsumenten und ihren Problemen mehr Beachtung zu schenken, wobei der Schwerpunkt der Funktionen allerdings auf unterschiedliche Bereiche gelegt wird: Bei den Unternehmen G und F soll nach außen hin dokumentiert werden, daß sie sich um eine stärkere Kommunikation mit dem Konsumenten bemühen. Bei Unternehmen H liegt das primäre Ziel dagegen in der Analyse der Konsumentenprobleme und in der Erarbeitung von Lösungsvorschlägen.

Die Kundendienst-Beschwerdestellen der Unternehmen C, D und E nehmen zum Teil zwar auch Sensorfunktionen wahr, sie lassen sich aber eher durch den Typ "complaint-box" charakterisieren, dem interne und externe Servicefunktionen zukommen.

Die Aufgaben der beschwerdebearbeitenden Stellen in Unternehmen mit Direktvertrieb (Unternehmen I und K) lassen sich am ehesten mit den Funktionen des Handels vergleichen. Sie nehmen die Stellung eines "Mittlers" zwischen Konsument und Unternehmen ein. Während in Unternehmen I dabei vorwiegend Beratungs- und Beschwerdebearbeitungsaufgaben wahrgenommen werden, finden sich bei der Kundenbetreuung in Unternehmen K auch verstärkt Sensorfunktionen. Allerdings werden die herausgefilterten Problembereiche nicht von ihr selbst in Verbesserungsvorschläge umgesetzt.

Die Fallstudien weisen darauf hin, daß den Beschwerden durchaus Bedeutung zugemessen wird. Die zum Ausdruck gebrachte Unzufriedenheit soll reduziert bzw. aufgehoben werden, um den Verlust des Kunden und die Multiplikatoreffekte einer negativen Mundwerbung zu vermeiden. Selbst wenn in einem Unternehmen keine systematische Erfassung und Auswertung von Verbraucherbeschwerden stattfindet (vgl. Unternehmen C, S. 127 ff.) und die Kommunikation nicht gezielt gefördert wird, gelten Beschwerden als Frühwarnsignale für Problembereiche, die überprüft werden müssen.

Die Konsequenzen, die Unternehmen aus dieser durchaus erkannten Bedeutung von Beschwerden ableiten, können allerdings ganz unterschiedlicher Art sein. Unternehmen, die ihre Kommunikationsbereitschaft zum Ausdruck bringen wollen, verfügen über eine spezifische Anlaufstelle für sämtliche Verbraucheranfragen und weisen den Konsumenten auf diese Ansprechstelle im Unternehmen hin.

Ist darüberhinaus auch beabsichtigt, Verbraucherproblemen stärker nachzugehen und sie in unternehmerischen Entscheidungen vermehrt zu berücksichtigen, können zwei Prinzipien festgestellt werden:

1. Die Entgegennahme, Bearbeitung und Analyse von Beschwerden, sowie die Erarbeitung von Lösungsansätzen liegen in einer Hand. Der um diese Aufgaben erweiterten Beschwerdestelle wird ein relativ autonomer Status zugesprochen. In Fallbeispiel G (S. 137 ff.) bestätigt sich die Annahme, daß ein umfassender Einfluß dieser Stelle in der direkten Zuordnung zur Geschäftsleitung und in formellen Einflußrechten zum Ausdruck kommt.

2. Die Zufriedenstellung des individuellen Konsumenten erfolgt weitgehend getrennt von der Stelle, die die Beschwerdeanalyse und die Entwicklung von Lösungsstrategien vornimmt. Die Einsichtnahme der prospektiv tätigen Instanzen in die Probleme der Verbraucher ergibt sich dadurch, daß Mitarbeiter der Beschwerdeabwicklung bei der Erarbeitung von Vorschlägen und Verbesserungsmaßnahmen beteiligt sind, bzw. ein bestimmter Anteil der Verbraucherbeschwerden von dieser Stelle auch direkt bearbeitet wird.

Bei den beschwerdebearbeitenden Stellen der Unternehmen F, G und H lassen sich die stärksten Bemühungen beobachten, Konsumentenprobleme als Grundlage für Verbesserungsvorschläge heranzuziehen und diese auch durchzusetzen. Sie verfügen alle drei über eine relativ autonome Position im Unternehmen sowie über gewisse formelle Einflußrechte. Dabei wird auch deutlich, daß die Einstellung des Managements wesentlich dazu beiträgt, welchen Status eine Anlaufstelle für Verbraucheranfragen und -beschwerden im Unternehmen einnimmt. Gerade von den Unternehmen G und H, bei denen die zuständige Beschwerdestelle direkt der Geschäftsleitung zugeordnet ist, aber auch von Unternehmen F, bei dem die Konsumentenbetreuung zwar in die Abteilung Kundendienst eingegliedert ist, aber doch über ein hohes Maß an Einflußmöglichkeiten verfügt, wird betont, daß die Kundenorientierung ein wesentlicher Bestandteil der Unternehmensphilosophie sei. Dementsprechend wird auch der Verbraucherbeschwerde besondere Beachtung geschenkt. Und die "Beschwerdeinstanzen" nehmen zusätzlich Beratungsfunktionen für die Geschäftsleitung wahr.

Trotz der unterschiedlichen organisatorischen Regelungen zur Bearbeitung von Konsumentenbeschwerden und den verschiedener Aufgabenschwerpunkten der einzelnen Beschwerdestellen kristallisiert sich eine wesentliche Gemeinsamkeit heraus:

Beschwerdebearbeitung – wie auch die Beantwortung allgemeiner Verbraucheranfragen – wird durchgehend als Beitrag zur Erhöhung des Imagewertes der Unternehmung betrachtet. Kosten, die dadurch entstehen, rechtfertigen sich nach Ansicht der Gesprächspartner durch den indirekten Erfolgsbeitrag der Beschwerdebearbeitung. In diesem Sinne kann angenommen werden, daß Marketinggesichtspunkten im Vordergrund der Bemühungen stehen, Beschwerdebearbeitung also in allen Fällen als Instrument der Marketingpolitik verstanden werden muß.

G. Spezifische Problembereiche bei der Durchführung einer verbraucherorientierten Beschwerdebearbeitung

Wie die Befragung zeigt, verfügt ein Großteil der Unternehmen bereits über ein Instrumentarium, das dem Verbraucher die Kommunikation mit der Unternehmung erleichtern kann. Allerdings ist damit meist keine direkte Aufforderung an den Verbraucher verbunden, seine Unzufriedenheit gegenüber dem Unternehmen zu artikulieren. Dies mag damit zusammenhängen, daß von Unternehmen höhere Beschwerdezahlen zum Teil als problematisch angesehen werden [1]: "Die Öffnung der Beschwerdekanäle und das Reaktionsangebot der Unternehmen wird durchaus zu Konsequenzen führen können, deren Risiken es vorher abzuschätzen gilt. Zu diesen Risiken zählen in der Praxis vor allem die zu erwartende Zunahme von Beschwerden bei der Einführung des Beschwerdemanagementes, aber auch die Gefahr der Zunahme von nicht berechtigten Beschwerden (Querulanten). Beides sind letztendlich Effekte, die die Kostenseite unerwartet belasten können" (Riemer, 1986, S. 277).

Während die befragten Unternehmen angeben, eine wachsende Anzahl von Querulanten nicht zu befürchten, ist die Kostenbelastung aufgrund einer Zunahme der Beschwerden sicherlich eine Frage, die in eine Entscheidung über die Öffnung der Beschwerdekanäle einbezogen wird.

Auch kam in den persönlichen Gesprächen mit Unternehmensvertretern zum Ausdruck, daß eine höhere Beschwerdezahl zum Teil deshalb als problematisch angesehen wird, weil bei einer steigenden Beschwerdezahl für die Ursachenanalyse kaum mehr Zeit bliebe (vgl. Beispiel 6, S. 156). Bei diesem Problem handelt es sich allerdings mehr um eine organisatorische Frage. Wie Beispiel 6 zeigt, kann dieses Problem durch eine vorgeschaltete Beratungseinrichtung und mit Hilfe der elektronischen Datenverarbeitung durchaus gelöst werden.

Unzweifelhaft ist die Mehrzahl der Unternehmen bestrebt, den individuellen Verbraucher zufriedenzustellen und eine möglichst schnelle Problemlösung herbeizuführen. Zentrale wie auch dezentrale Einrichtungen zur Bearbeitung von Verbraucherbeschwerden weisen zur zügigen Abwicklung der Beschwerden gleichermaßen Vorteile auf. Aus Verbrauchersicht ist allerdings die zentra-

---

[1] vgl. auch die Ergebnisse von Riemer, 1986, S. 216.

Beispiel 6

● "Absolut stimmt es, daß die Firma einen Kanal anbieten muß, auf dem der Kunde los wird, was ihm nicht paßt. Das ist also unsere (Service 130) Nummer, die einfach Erleichterungen zu uns, der großen Firma, schafft. Was sicherlich nicht gut wäre, wenn die Zahl der schriftlichen Beschwerden an die Geschäftsführung derart zunehmen würde, daß zum Schluß die mit der Beantwortung oder Bearbeitung beauftragten Funktionen sagen: Also bei der Menge können wir den einzelnen Fall nicht mehr mit der Priorität anpacken, wie wir das bisher getan haben.

Ein Kunde – wobei ich das nicht als Vorwurf verstanden haben will – aber ein Kunde, der an die Geschäftsführung schreibt, der sollte sich natürlich schon im Klaren sein, daß er damit einiges in Gang setzt. Wenn das dem Gewicht seines Problems nicht entspricht – also z.B. wenn der Schalter im Prinzip geht, aber ein wenig schwer – und er schreibt deswegen an die Geschäftsführung, geht natürlich auch der ganze Apparat los. Aber der nächste Kunde, der sich auf dem gleichen Wege beschwert, aber bei dem wirklich das ganze Ding kaputt ist oder der wirklich Ärger hat, der wird erst danach behandelt, sollte aber in Wirklichkeit der erste sein. So ein bißchen Verantwortung im Umgang mit diesem Instrument, das die Firma bietet, würde der gesamten Kundschaft zugute kommen. Deswegen: Die Aufforderung loszuschicken, nun beschwert euch so heftig wie möglich, kann in die falsche Richtung gehen, wenn sie die Leute mit Kleinigkeiten zu sehr in ihrer Arbeit behindert.

Und das hat noch einen negativen Effekt: Sie können sich dann nicht mehr der echten Verbesserung von Problemen und der Ausarbeitung von Vorschlägen in dem Maße widmen. Deswegen die Service-Nummer 130 für alles, was einem so begegnet im Zusammenhang mit dem Unternehmen. Dort sind die Leute darauf eingerichtet, sich mit jedem Problem auseinanderzusetzen, zumindest, indem sie es weitergeben. Wobei ich sagen muß, daß am Telefon bereits über 90% aller Probleme direkt abgearbeitet werden. Wenn alle, die dort anrufen, sich im klassischen Sinne – nämlich schriftlich – beschwerten, dann wäre es furchtbar. Dann hätte die Sache nicht mehr das Gewicht. Und das wäre zum Schaden der wirklichen Probleme. Also ein gewisser Filter ist schon wichtig. Nicht der Filter, daß vieles nicht bearbeitet wird, sondern der Filter, daß vieles am Telefon und sofort abgearbeitet wird" *(Branche: Elektro)*.

lisierte Bearbeitung zu befürworten: Eine zentrale Beschwerdestelle erleichtert dem Verbraucher das Auf- und Wiederfinden des zuständigen Ansprechpartners. Bei einer Stelle, die explizit mit der Suche, Interpretation und Bearbeitung von Beschwerden betraut ist, werden Verbraucherbeschwerden nicht nur nebenbei bearbeitet, sondern sind im Gegenteil relevanter Arbeitsbestandteil dieser Abteilung. Damit steigt die Wahrscheinlichkeit, daß die hier Beschäftigten eine höhere Sensibilität für Verbraucherprobleme entwickeln, sie eindeutig identifizieren, und damit – zumindest in Ansätzen – die Interessen der Verbraucher besser wahrnehmen können (vgl. auch Kapitel E.I./ Annahme 3, S. 69).

Allerdings ist die Wahrscheinlichkeit einer Interessenvertretung durch eine mit zusätzlichen Aufgaben und Kompetenzen erweiterte Beschwerdestelle davon abhängig, inwieweit diese Stelle über einen weitgehend autonomen Status im Unternehmen verfügt und in ihren inhaltlichen Belangen keiner anderen Fachabteilung im Sinne eines Anweisungsverhältnisses unterstellt ist [1]. Von den insgesamt 26 Beschwerdestellen, die durch ihre Bezeichnung auf eine spezifische Anlaufstelle für den Verbraucher hindeuten, sind 30% der Geschäftsleitung direkt zugeordnet. Am zweithäufigsten wird der Kundendienst als übergeordnete Abteilung angegeben. Auch bei den übrigen Beschwerdestellen ist der Kundendienst, neben der Geschäftsleitung, die am weitaus häufigsten genannte Hauptabteilung (vgl. Tab. H 18 und Tab. H 19, Anhang). Es ist daher nicht davon auszugehen, daß sich der Gedanke einer "neutralen" Ansprechstelle für den Verbraucher in den Unternehmen bereits durchgesetzt hat.

Die ursachenorientierte Auswertung der Beschwerden deutet zumindest in Teilbereichen darauf hin, daß die Probleme, die von Konsumenten an Unternehmen herangetragen werden, Gehör finden und als Informationsgrundlage in Entscheidungen einbezogen werden. Die Verwertung der Daten beschränkt sich meist auf die Analyse und Reduzierung von Produktfehlern und unbefriedigenden Serviceleistungen. Problembereiche, wie etwa die Unzufriedenheit mit bestimmten Marketingaktivitäten (z.B. Werbung) haben dagegen kaum Bedeutung (vgl. S. 110 u. Tab. 2, S. 111). Und in einigen der persönlichen Gespräche mit Unternehmensvertretern wurde deutlich, daß vielfach der (kurzfristige) marktliche Erfolg darüber entscheidet, ob Beschwerden zu Veränderungen führen oder vorhandene Verhaltensweisen beibehalten werden (vgl. auch Beispiel 7, S. 158).

---

[1] vgl. auch Abschnitt D.III.3., S. 65 ff.

Beschwerdebearbeitung wird als Marketinginstrument gewertet, dessen Erfolgsbeitrag gegenüber dem anderer Aktivitäten abgewogen wird. Solange allerdings Bearbeitung und Analyse von Beschwerdedaten nur dann zu Maßnahmen führen, wenn diese im Vergleich zu anderen Marketingaktivitäten mehr Profit versprechen, ist nicht zu erwarten, daß ein Beschwerdemanagement eingeführt wird, das auch dazu beiträgt, die Interessen der Verbraucher umfassend in unternehmerische Entscheidungen einzubringen.

Beispiel 7

- "Einerseits sagen wir, das sagt man auch bewußt und das unterstützen wir auch, daß namentlich Marketing, jetzt in dem Fall der Konzeption der Arbeit zur Mitgliederwerbung, Mitgliedergewinnung, daß die frei von irgendwelchen organisatorischen Beschränkungen ihre Konzeptionen entwerfen sollen. Nachher in der Umsetzung kommen wir sehr wohl und sagen, das war wohl etwas blauäugig, was ihr da veranstaltet. Aber trotz allem hat auch bei uns das Marketing, die Kundenwerbung, im Zweifelsfall den Vorrang" (*Branche*: *Buchgemeinschaft*).
- "Unser Einfluß, würde ich sagen, ist groß. Er ist aber nicht so groß, daß wir unseren Verkaufs- oder Marketing-Strategen vorschreiben können, was sie zu tun haben. Aber wir können im normalen Dialog sagen, das ist so nicht in Ordnung, bemüht euch drum, eine andere Lösung zu finden. So z.B. bei der Ausschreibung von Gewinnspielen. Wir sind natürlich nicht immer ganz glücklich über diese Art von Maßnahmen, weil wir die Reaktionen der Kunden kennen. Da sind natürlich Spannungen zwischen uns und dem Marketing gegeben. Wir geben die Probleme weiter, aber das Verkaufsargument sticht" (*Branche: Verlag*).

Die skizzierten Probleme werfen u.a. folgende Fragen auf, die für die Ein- bzw. Durchführung eines verbraucherorientierten Beschwerdemanagements von Bedeutung sind:

1. Wie läßt sich eine Zunahme der Kosten infolge einer Öffnung der Beschwerdekanäle rechtfertigen und welche Regelungen müssen gefunden werden, damit Beschwerden nicht nur isoliert als Verursacher von Kosten betrachtet werden, sondern ihr "Nutzen" mitberücksichtigt wird?

2. Können bereits bestehende organisatorische Einrichtungen zur Bearbeitung von Konsumentenbeschwerden eine Entwicklung erfahren, die zu einer verbesserten Stellung des Konsumenten im Unternehmen führt?

3. Welche Faktoren tragen dazu bei, daß von Beschwerden nicht allein Informationen herausgefiltert werden, die der besseren Vermarktung der Produkte dienen, sondern daß in Unternehmen ein Bewußtsein für die Notwendigkeit entsteht, Verbraucherproblemen umfassend Gehör zu verschaffen?

Wir werden uns im folgenden diesen Fragen detailliert zuwenden.

I. Die Rechtfertigung der Kosten

"Das Führungssystem der Organisation hat die Aufgabe, so zu agieren, daß die Unternehmung als Ganzes Erfolg hat und sich gegenüber konkurrierenden Unternehmen behaupten kann. Forderungen der Konsumenten können daher nur insoweit berücksichtigt werden, als ihre Berücksichtigung zum Erfolg der Unternehmung beiträgt" (Stinner, 1976, S. 157). In diesem Sinne kann der potentielle Nutzen einer intensivierten Beschwerdebearbeitung nicht isoliert betrachtet werden, sondern muß sich auch gegenüber den Kosten dieser Strategie rechtfertigen lassen.

Strategien der Beschwerdezufriedenheit und Beschwerdemaximierung sind naturgemäß erheblich kostenintensiver als Strategien des Nichtforcierens oder gar Ablockens von Beschwerden unzufriedener Konsumenten (Wimmer, 1985, S. 244 und 245). Die Berücksichtigung von Verbraucheräußerungen im unternehmerischen Planungs- und Entscheidungsprozeß wird daher im wesentlichen von dem Nachweis ihrer ökonomischen Vertretbarkeit abhängen. Übersteigen die Kosten, die mit einer Forcierung von Verbraucherbeschwerden verbunden sind, den Nutzen, der daraus gezogen werden kann, wird sich ein Unternehmen zwangsläufig dagegen entscheiden und die Kommunikation mit dem Verbraucher auf den bereits bestehenden Kontakt beschränken.

Die Ermittlung der Kosten stellt kein spezifisches beschwerdepolitisches Problem dar. In der Untersuchung konnten 29% der Unternehmen Durchschnittskosten einer Beschwerde nennen, 67% gaben an, welche Faktoren den Beschwerdekosten zuzurechnen sind (vgl. Tab. H 25 und H 26, Anhang). Dagegen läßt sich der Nutzen der Beschwerdebearbeitung nur sehr schwer messen. Wie in den Fallbeispielen deutlich wird, werden zumeist die Wirkungen auf das Image des Unternehmens, oder die daraus resultierenden Wettbewerbsvorteile, als Rechtfertigungsgrundlagen herangezogen. Eine direkte Messung des Beitrags der Beschwerdebearbeitung zum Gewinn des Unternehmens wird dagegen nicht durchgeführt. Lediglich eines der besuchten Unternehmen zieht als Grundlage für beschwerdepolitische Maßnahmen eine Untersuchung über die Reaktion der Verbraucher auf Unzufriedenheit heran, durch die der mögliche Umsatzverlust durch nichtzufriedengestellte Beschwerdeführer bzw. durch nicht geäußerte Unzufriedenheit deutlich wird (vgl. Unternehmen K, S. 149 f.). Es wundert daher nicht, wenn Unternehmen im Zuge von Kostensenkungsmaßnahmen die Beschwerdezahl eher reduzieren oder auf das bestehende Maß beschränken wollen, dagegen Maßnahmen zur Förderung von Unzufriedenheitsäußerungen erst gar nicht in Betracht ziehen.

Empirische Vorgehensweisen, die Umsatz, Gewinn oder Renditeerträge auf den Einfluß von Beschwerdebearbeitung hin analysieren, sind kaum geeignet, um den Nachweis der ökonomischen Vertretbarkeit zu erbringen (Riemer, 1986, S. 137). Denn die Einflüsse und Erträge der Beschwerdebearbeitung lassen sich größtenteils nicht von anderen unternehmenspolitischen Aktivitäten trennen, so daß eine eindeutige Zuordnung schwierig wird. Zur Quantifizierung des Nutzens einer Beschwerdebearbeitung werden daher verschiedentlich Berechnungen angestellt, die von dem empirisch ermittelten Konsumentenverhalten bei Unzufriedenheit ausgehen. Auf dieser Basis wird der Nutzen der Beschwerdebearbeitung analysiert und in Form von Umsatz- oder Gewinneinbußen angegeben.

1. Kosten-Nutzen-Berechnungen der Beschwerdebearbeitung

Kendall und *Russ* (1975) ermittelten am Beispiel eines Lebensmittelherstellers die Umsatzeinbußen, die dem Unternehmen entstehen, wenn für unzufriedene Verbraucher keine Beschwerdemöglichkeiten eingeräumt werden. Ihren Berechnungen liegt eine empirische Untersuchung der *Nielsen-Company* (1974) zugrunde, nach der sich lediglich 2% der Konsumenten, die Klagen über Defekte an einem verpackten Produkt hatten, beim Hersteller beschwerten, 34% dagegen die Marke wechselten und 4% die entsprechende Produktart überhaupt nicht mehr kauften (The Nielsen Researcher, 1974, S. 12–13). Erhält dann beispielsweise der Lebensmittelhersteller jährlich 40.000 Beschwerden, so läßt dies auf ca. zwei Millionen unzufriedene Kunden schließen, von denen 38% (= 760.000 Kunden) dem Hersteller verloren gehen. Wenn jeder dieser Kunden durchschnittlich zehn Käufe im Jahr tätigt, bedeutet dies einen Verlust von insgesamt 7,6 Millionen Einheiten im Jahr (Kendall/Russ, 1975, S. 41).

Ebenfalls auf Umsatzeinbußen beruhen die Quantifizierungsversuche von *Fornell* (1978 b). Allerdings bezieht er in seine Überlegungen noch weitere Reaktionsalternativen der Konsumenten auf Unzufriedenheit mitein, wie z.B. die Möglichkeit verminderter Wiederholungskäufe. Auf der Basis der erwähnten *Nielsen*-Studie ermittelt er – unter der Annahme, daß zu den 38% abwandernder Kunden noch 20% Kunden hinzukommen, die ihre jährlichen Käufe von zehn auf acht reduzieren – einen entgangenen Umsatz in Höhe von 8,4 Millionen Einheiten im Jahr [1].

Während *Fornell* wie auch *Kendall & Russ* zur Rechtfertigung der Beschwerdebearbeitung Umsatzeinbußen heranziehen, versucht *TARP* (1979) eine Gewinn- und Verlustrechnung durchzuführen, wobei die Gewinne durch Beschwerdebearbeitung mit den Gewinnen verglichen werden, die auch ohne Beschwerdebearbeitung zu verzeichnen wären [2]. Letztere ergeben sich aus der Beobachtung, daß Konsumenten zum Teil selbst dann nicht abwandern, wenn ihnen Probleme gegenwärtig sind.

Der Gewinn aus der Beschwerdebearbeitung setzt sich aus dem langfristigen Gewinn durch loyale Kunden, positiver Mundpropaganda und abgewendeten Regulierungskosten (beispielsweise Prozeß- und Versicherungskosten, Beschwerdekosten bei Einschaltung von Drittinstitutionen usw.) zusammen, abzüglich der Kosten der Beschwerdebearbeitung. Wenn der Erfolg des Beschwerdemanagements die Gewinne erreicht oder übersteigt, die auch ohne Beschwerdebearbeitung erzielt werden, wird der Nettonutzen dieser Strategie deutlich. Die Rentabilität der Investition für eine intensivierte Beschwerdebearbeitung zeigt sich in der Gegenüberstellung von Nettogewinnen und Kosten der Beschwerdebearbeitung:

$$\text{Rentabilität} = \frac{\text{Nettogewinn durch Beschwerdebearbeitung}}{\text{Kosten der Beschwerdebearbeitung}}$$

---

[1] Berechnung nach Fornell (1978 b):

Ausgangswerte: 2 Millionen unzufriedene Kunden, Umsätze dieser Kunden/Jahr: 20 Millionen.

Berechnung: Von diesen Kunden reagieren 38% mit Produkt- bzw. Markenwechsel = 7,6 Millionen Einheiten Verlust.

20% der unzufriedenen Kunden (= 400.000 Kunden) reduzieren ihre Käufe von zehn auf acht pro Jahr, dies entspricht einem Verlust von 400.000 x 2 Einheiten/Jahr = 800.000 Einheiten/Jahr.

Umsatzeinbuße insgesamt: 8,4 Millionen Einheiten/Jahr

[2] Eine ausführliche Beschreibung gibt TARP, 1979, S. 53 ff.

Nach dem Berechnungsbeispiel von *TARP* kann die beschwerdebearbeitende Stelle als eine Art "Profit-Center" betrachtet werden. Ihr Erfolgsbeitrag spiegelt sich im "Return of Investment" wider (TARP, 1979, S. 54 ff.). Durch die Berechnungen, die von der *TARP*-Gruppe in verschiedenen Unternehmen durchgeführt wurden, ließ sich feststellen, daß bei einem gut funktionierenden Beschwerdemanagement im Durchschnitt eine Rendite von über zehn Prozent erreicht wird (TARP, 1979, S. 66).

2. *Probleme bei der Aufstellung eines Kosten-Nutzen-Vergleichs*

Das Problem aller vorgestellten Berechnungen liegt darin, daß die Ergebnisse auf Schätzgrößen über das Konsumentenverhalten bei Unzufriedenheit beruhen, die allerdings unternehmensindividuell ganz unterschiedlich ausfallen können. Solange jedoch keine branchen- bzw. unternehmensspezifischen Daten zur Konsumentenunzufriedenheit und den daraus resultierenden Reaktionen vorliegen, werden eigene Nutzenberechnungen für ein Unternehmen nicht durchzuführen sein.

Desweiteren muß davon ausgegangen werden, daß durch die vorgestellten Quantifizierungsversuche der Gesamtnutzen der Beschwerdebearbeitung eher unterschätzt wird, denn die übergreifenden Wirkungen einer erweiterten Beschwerdebearbeitung werden vernachlässigt. So wird beispielsweise die Rentabilität der Beschwerdebearbeitung höher einzuschätzen sein, wenn man berücksichtigt, daß durch Beschwerden zusätzliche Informationen gewonnen werden können, die Marktchancen erkennen lassen oder Anregungen für Produktverbesserungen geben. Gerade während der Einführungsphase eines Beschwerdemanagements, in der mit einer Kostenunterdeckung zu rechnen ist, hat die Berücksichtigung dieser qualitativen Erfolge bei der Rechtfertigung der Beschwerdebearbeitung aber wesentliche Bedeutung.

Riemer schlägt daher vor, zusätzlich zum Gewinn, der durch die Bearbeitung des individuellen Einzelfalls erzielt werden kann, auch die Gewinne aufgrund der Informationen und der imageprägenden und werbenden Wirkung einer intensivierten Beschwerdebearbeitung in die Betrachtung einzubeziehen (Riemer, 1986, S. 147 ff.). Die Bewertung der qualitativen Nutzenkategorien, wie Informationsinput, Imagewirkung oder auch Mitarbeitermotivation, hängt allerdings weitgehend von der subjektiven Einschätzung des Managements ab. Auf die Wirkung der subjektiven Beurteilung der Beschwerdebearbeitung soll in Kapitel G.III. (S. 175 ff.) noch näher eingegangen werden.

3. Die Zurechnung von Kosten und Nutzen als Beitrag zur Berücksichtigung von Verbraucherinteressen?

In den Kosten-Nutzen-Überlegungen, die wir im vorangegangen Abschnitt zur Rechtfertigung der Beschwerdebearbeitung vorgestellt haben, bleibt ein wichtiger Aspekt unberücksichtigt: Beschwerden sind keine unabhängige und wie "von selbst" entstandene Erscheinung. Sie resultieren aus Aktivitäten des Unternehmens, die bei den Verbrauchern Unzufriedenheit erzeugen. Zum Teil lassen sich diese Aktivitäten bestimmten Organisationseinheiten zurechnen. Die Kosten, die aufgrund von Beschwerden entstehen, können demnach auch im Sinne von "externen Kosten" verstanden werden, die das Unternehmen, bzw. die betreffende Organisationseinheit, infolge unbefriedigender Leistungen/Aktivitäten zu verantworten hat.

Diesem Gedankengang folgend wäre es denkbar, Beschwerdekosten dem verantwortlichen Leistungsträger zuzurechnen. Dies hätte den Vorteil, daß Beschwerdebearbeitung nicht als isolierter Kostenfaktor ausgewiesen würde. Zudem könnte der Erfolgsbeitrag der einzelnen Leistungsträger genauer gemessen werden, da er um die Kosten der negativen Effekte seiner Aktivitäten (hier: Beschwerdekosten) geschmälert wird.

Beschwerden – so verstanden – erhalten dadurch ein anderes Gewicht. Indem sie gewissermaßen als "Sanktionsmittel" direkt auf den Erfolg bestimmter unternehmerischer Aktivitäten Einfluß nehmen, tragen sie zur Motivierung der beschwerdeverursachenden Abteilung bei. Denn diese wird versuchen, weitere Kosten durch eine Verbesserung ihrer Leistungen zu vermeiden.

Daß dieses Prinzip ansatzweise bereits verwirklicht ist, zeigt die vorliegende Untersuchung. Bei rund einem Drittel der befragten Unternehmen werden Beschwerdekosten nach dem Verursacherprinzip verrechnet (vgl. Kapitel F.I.5., S. 116). Im wesentlichen wird es bei der Verrechnung darauf ankommen, neben den direkt zurechenbaren Kosten (wie z.B. Ersatzleistung, Gutschrift, Geschenk) auch die nicht direkt zurechenbaren Kosten (Personal, Büroausstattung, etc.) verursachergerecht zu erfassen (Wimmer, 1985, S. 245), um so die internen Verrechnungspreise zu kalkulieren. *TARP* schlägt hierzu beispielsweise äquivalente Maßgrößen wie "personyears of labor" oder "hours of computer time" vor (TARP, 1979, S. ES-7). Solange sich eine Beschwerde eindeutig einem Verursacher zuordnen läßt, erscheint diese Methode praktikabel. Probleme bereiten dagegen Beschwerden, die sich nicht klar auf einen Verursacher zurückführen lassen.

4. Schlußfolgerung

Die Vorschläge, die von *TARP* zur Berechnung der Rendite einer intensivierten Beschwerdebearbeitung gemacht wurden, können als Orientierungshilfe bei der Rechtfertigung der Beschwerdekosten herangezogen werden. Indem der Erfolgsbeitrag der Beschwerdebearbeitung explizit ausgewiesen und in bezug auf andere Verhaltensalternativen überprüft wird, kann ein Nachweis der ökonomischen Vetretbarkeit erbracht werden.

Die verursachergerechte Zurechnung der Beschwerdekosten kann einen wichtigen Beitrag leisten, um die verschiedenen Organisationseinheiten zu verbraucherorientierten Verhaltensweisen zu motivieren: Wenn die Kosten der Beschwerdebearbeitung der verursachenden Abteilung zugerechnetet werden, schmälern sie deren Erfolg. Damit verfügt die Beschwerdestelle über ein Sanktionsmittel, das die entsprechende Abteilung zur Leistungsverbesserung anregen kann, um dadurch Kosten zu vermeiden. Zudem bringt das "Verursacherprinzip" einen weiteren Vorteil: Der Erfolgsbeitrag eines Leistungsträgers wird für das Unternehmen genauer ausgewiesen, da er um die Kosten der negativen Effekte seiner Aktivitäten (Beschwerdekosten) reduziert wird. Dies wäre damit auch als (Kontroll-) Information für die Unternehmensleitung zu werten.

Um den Nutzen der Beschwerdebearbeitung darzustellen, kann nicht immer auf monetäre Größen zurückgegriffen werden. Gerade aber die Rechtfertigung der Beschwerdekosten erfordert einen Vergleich mit dem Gesamtnutzen der Beschwerdebearbeitung, einschließlich der qualitativen Nutzenkategorien. Eine Möglichkeit besteht in der Ausweisung des Erfolgsbeitrags in einer "verbraucherorientierten Rechnungslegung" [1] (Rosenberg et al., 1977, S. 494 ff.).

Nach einer Definition von *Rosenberg* et al. stellt die verbraucherorientierte Rechnungslegung "eine formale, umfassende und objektive Methode dar, durch die die Leistung verbraucherorientierter Aktivitäten festgestellt werden kann" (Rosenberg et al., 1977, S. 494). Bei vorgegebenen Unternehmenszielen und -grundsätzen ("Standards") im Hinblick auf Verbraucherfragen werden die verbraucherorientierten Aktivitäten, unter der Berücksichtigung von wirtschaftlichen Aspekten, auf ihren Zielerreichungsgrad überprüft. Die verbraucherorientierte Rechnungslegung konzentriert sich dabei auf Prozesse, die mit der direkten Kommunikation mit dem Konsumenten verbunden sind. Für die Be-

---

[1] Auf die Vorschläge zur Durchführung einer verbraucherorientierten Rechnungslegung kann im Rahmen dieser Untersuchung nicht genauer eingegangen werden. Es sei deshalb verwiesen auf beispielsweise die Beiträge von Rosenberg/Czepiel/Cohen (1977) und Picot (1982).

schwerdebearbeitung bedeutet dies, daß klar definierbare Aufgaben vorgegeben werden müssen (z.B. bezüglich des Beschwerdeinputs, der Informationsgewinnung, der Erarbeitung von Lösungsvorschlägen und Konsumentenprogrammen etc.), um sie hinsichtlich ihrer Effizienz überprüfen zu können.

Der verbraucherorientierten Rechnungslegung lassen sich noch zwei weitere Vorteile zuschreiben. So können mittels der verbraucherorientierten Rechnungslegung externe Wirkungen erzielt werden, da der Öffentlichkeit über die verbraucherpolitischen Aktivitäten des Unternehmens berichtet wird. Indem sie die Verpflichtung des Unternehmens gegenüber Verbraucherangelegenheiten nachweist, kann sie zudem den Bemühungen um den Aufbau eines Images Substanz verleihen und einen wichtigen Wettbewerbsvorteil hervorbringen.

Die verbraucherorientierte Rechnungslegung hat aber auch Wirkungen nach innen, da die Mitarbeiter über die verbraucherpolitischen Grundsätze und Ziele des Unternehmens informiert und die Aktivitäten des Unternehmens im Hinblick auf die Beziehungen zum Konsumenten bewertet werden. Durch das organisationsinterne Belohnungssystem werden kundenfreundliche Verhaltensweisen gefördert und die Motivation der Mitarbeiter in diesem Sinne beeinflußt.

Voraussetzung für die verbraucherorientierte Rechnungslegung ist allerdings eine Geschäftspolitik, die bereit ist, Verbraucheranliegen in ihr Zielsystem aufzunehmen. "Die Einstellungen des Managements sind wichtig bei der Festlegung der verbraucherorientierten Norm in der Organisation" (Rosenberg et al., 1976, S. 496). Auf den Einfluß dieser Einstellungen wird in Kapitel G.III. (S 175 ff.) näher eingegangen werden.

II. Organisatorische Regelungen zur Berücksichtigung von Konsumenteninteressen

Wir hatten angenommen, daß die Wahrnehmung und Berücksichtigung von Verbraucherproblemen dann am besten gewährleistet ist, wenn Bearbeitung und Interpretation von Beschwerden in einer Hand liegen (vgl. Kap. E.I., Annahme 3, S. 69). Der direkte Kontakt mit dem Verbraucher ermöglicht Einsicht in dessen subjektives Problemverständnis und damit eher das Erkennen seiner Interessen.

Das breite Antwortspektrum auf die Frage, wer für die Bearbeitung von Verbraucherbeschwerden zuständig ist, läßt erkennen, daß im wesentlichen Beschwerden von einer bereits bestehenden Hauptabteilung mitbearbeitet werden. In der Gebrauchsgüterindustrie wird diese Aufgabe vorrangig vom Kundendienst wahrgenommen, in der Verbrauchsgüterindustrie kristallisiert sich ganz allgemein der Marketingbereich als Anlaufstelle für den Verbraucher heraus. Der Unterschied läßt sich u.U. darauf zurückführen, daß Kundendienstleistungen ursprünglich mit Reparaturen, Installationen, Wartungsdiensten verbunden waren, die vor allem bei Gebrauchsgütern anfallen. Inzwischen zählen aber auch Leistungen nicht-technischer Art zum Kundendienst (wie z.B. Beratung, Information, etc.), die allerdings bei Verbrauchsgütern mehr vom Servicebereich des Marketing (z.T. auch "Kundendienst" genannt) bereitgestellt werden.

Es wäre daher zu überlegen, ob nicht der traditionelle Servicebereich für die Funktion einer internen Interessenvertretung besonders geeignet wäre. Der Kundendienst ist ohnehin für den Umgang mit dem Konsumenten eingerichtet und wird auch bei bestimmten Problemen vom Verbraucher als Ansprechstelle wahrgenommen. Aufgrund des engen Kontaktes mit dem Verbraucher hat er – im Vergleich zu anderen Organisationseinheiten – das beste Informationsfeedback. Zur Klärung der Frage, ob der Kundendienst eventuell auch die Funktion einer internen Interessenvertretung der Verbraucher wahrnehmen könnte, wollen wir zunächst die Aufgaben und Ziele des Kundendienstes näher betrachten.

1. Der Kundendienst als Vertreter von Verbraucherinteressen?

Die klassische Definition bezeichnet solche Leistungen als Kundendienst, "die nicht Hauptleistung, sondern Nebenleistung sind und deren alleiniger Zweck es ist, die Hauptleistung zu fördern" (Koch, 1950). Im Laufe der Zeit hat der Begriff der "Nebenleistung" jedoch einen erheblichen Bedeutungswandel erfahren [1]. War der Kundendienst in seiner ersten Entwicklungsstufe eher eine unerwünschte technische Nebenleistung mit vorwiegend negativem Image (die Produkte sollten nicht reparaturbedürftig sein), traten mit zunehmender Komplexität der Produkte und steigenden und differenzierteren Kundenansprüchen die Marktleistungen, d.h. die akquisatorischen Aufgaben des Kundendienstes, in den Vordergrund. Durch einen umfassenden und zuverlässigen Service, die Berücksichtigung spezieller Konsumentenwünsche, sowie die Erhöhung des Gebrauchsnutzens der Produkte erhielt der Kundendienst eher den Charakter einer Zusatz- als einer Nebenleistung. Insbesondere die wachsenden Kundendienstbereitschafts- und -ausführungskosten führten in einer dritten Entwick-

[1] vgl. im folgenden: Meffert, 1982 a, S. 2 ff.

lungsphase zum Verständnis des Kundendienstes als aktiven und eigenständigen Leistungsträger, bei dem die klassischen Prinzipien – wie etwa Unentgeltlichkeit oder Zusatzcharakter – zugunsten einer auf Kostendeckung oder Gewinnerwirtschaftung ausgerichteten Kundendienstpolitik aufgegeben wurden.

Der Kundendienst ist heute vielfach nicht mehr nur ein Teil des Marketing-Instrumentariums vom Produktmix über Kontrahierungs- und Distributions- bis zum Kommunikationsmix, sondern er bedient sich dieser vier Komponenten selbst, um seine eigenen Dienstleistungen zu vermarkten (Schönrock, 1982, S. 81). Diese Entwicklung ist insbesondere dann zu beobachten, wenn der Kundendienst als Profit-Center, d.h. als relativ selbständig operierende Abteilung mit eigenem Gewinnziel, organisiert ist.

Zum Kundendienst zählen neben technischen auch immer mehr kaufmännisch-organisatorische Leistungen vor und nach dem Kauf. Der technische Kundendienst erstreckt sich vor allem auf Montage-, Wartungs- und Reparaturleistungen sowie auf die technische Beratung, wogegen zum kaufmännischen bzw. nicht-technischen Kundendienst verschiedene Einkaufserleichterungen, Beratungs- und Informationsleistungen, Kostenvoranschläge und andere Serviceleistungen zählen (vgl. Nieschlag et al., 1974, S. 223; Meffert, 1982 a, S. 5 ff.). Der Umfang der Kundendienstleistungen hängt in starkem Maße von der jeweiligen Marktsituation ab (Wöhe, 1981, S. 639). Je schärfer der Preiswettbewerb ist, um so größer werden die Anstrengungen des Betriebes, "um sich durch eine Vielzahl von Kundendienstleistungen zu profilieren" (Meffert, 1982 a, S. 3).

Durch die unmittelbaren Beziehungen zum Konsumenten werden dem Kundendienst drei grundsätzliche Funktionen zugesprochen: In seiner *akquisatorischen* Funktion soll der Kundendienst vor allem Präferenzen bei aktuellen und potentiellen Kunden erhalten, erhöhen und schaffen. Unter Ausnutzung positiver Verbundwirkungen kann der Kundendienst in bezug auf andere Marketingaktivitäten *verkaufsunterstützend* wirken. Und schließlich ermöglicht der enge Kontakt des Kundendienstes zum Verbraucher das Erkennen spezifischer Verbraucherprobleme und -wünsche, so daß dem Kundendienst eine *Informationsfunktion* für Verkauf, Forschung und Produktion zugeschrieben werden kann. Im Rahmen dieser Funktion kann der Kundendienst Grundlagen für Produktverbesserungen und -variationen liefern, um so einer Gewinnminderung durch immer wiederkehrende Reklamationen vorzubeugen (Wöhe, 1981, S. 638).

Die Funktionen des Kundendienstes weisen in mancher Hinsicht Ähnlichkeiten mit den Aufgaben der Verbraucherabteilungen auf (vgl. Abschnitt D.III.2., S. 60 ff.): *Meffert* (1982 a) zählt beispielsweise die "Vermittlung von Know-How an den Kunden" (externe Informationsfunktion) oder die "Ausübung einer Schiedsrichterrolle zur Beilegung von Unstimmigkeiten bei Reklamationen in der Garantiezeit zwischen Kunden und Produktionsabteilung" (Abhilfe- und Selbstregulierungsfunktion) zu den Aufgabenbereichen des Kundendienstes. Intern kann der Kundendienst eine Informationsfunktion übernehmen, indem er durch den Kontakt mit dem Verbraucher von dessen Wünschen bezüglich der Entwicklung von Neuprodukten und deren Problemen mit Qualität, Design, Material und Anwendung des Produktes erfährt, und die Erkenntnisse an die zuständigen Abteilungen weiterleitet (Meffert, 1982 a, S. 10 ff.).

Die hier beschriebenen Funktionen der Kundendienstabteilung entsprechen weitgehend den von *Fornell* (1976) angeführten Aufgaben der "ancillary consumer affairs departments". Kennzeichnend für diese Abteilungen ist, daß sie zwar Abhilfe- und interne sowie externe Informationsfunktionen wahrnehmen, eine weitergehende Analyse allgemeiner Verbraucherprobleme und eine darauf beruhende Entwicklung präventiver und korrigierender Maßnahmen jedoch nicht vornehmen (Fornell, 1976, S. 116 ff.).

Um die Interessen der Verbraucher aber auch tatsächlich in das Unternehmen einzubringen, fehlen dem Kundendienst damit wichtige Einflußmöglichkeiten. So kann der Kundendienst als eigenständiger Leistungsträger zwar über die abteilungsbezogenen Ziele und Maßnahmen bestimmen, auf die übrigen Marketing-Entscheidungsbereiche hat er allerdings keinen Einfluß. Insofern können Verbrauchervorstellungen nur im Planungsprozeß des Kundendienstes, nicht aber auch in den übrigen Management-Entscheidungen vertreten werden.

Innerhalb des Kundendienstes können die aus der Beschwerdeanalyse gewonnenen Lösungsansätze durchgeführt und auf ihre Wirksamkeit überprüft werden. Gegenüber den übrigen Marketingeinheiten fehlt es ihm jedoch an formalen Kontrollrechten. Gerade aber bei Konflikten zwischen Marketingmaßnahmen und Verbraucherinteressen wäre jedoch ein Veto- oder Mitspracherecht zwingend erforderlich (vgl. Kap. D.III.3., S. 65 f. und Kap. E.I./ Annahme 4, S. 70).

Neben diesen eingeschränkten Handlungs- und Einflußmöglichkeiten des Kundendienstes lassen sich noch andere Bedenken anführen, die an einer Interessenvertretung der Verbraucher durch den traditionellen Kundendienst zweifeln lassen:

Der Kundendienst bietet selbst Leistungen an. Je nach Organisationsprinzip (insbesondere als Profit-Center) versucht er sein eigenes Dienstleistungsangebot zu vermarkten. Durch seine Aktivitäten (z.B. die Qualität der Leistungen, Preise) ist er von der Kritik der Verbraucher nicht ausgenommen. Einen Hinweis darauf geben die Statistiken der Verbraucherzentralen, bei denen Kundendienstreklamationen an vorderster Stelle stehen (vgl. o.V., 1987). Demnach würde aber – zumindestens in Teilbereichen – Beschwerdeverursachung und Beschwerdebearbeitung in einer Hand liegen. Es ist fraglich, ob der Kundendienst gerade auch diese Selbstkritik umfassend bewerkstelligen kann.

Desweiteren stehen beim Kundendienst, insbesondere wenn es sich um einen eigenständigen Leistungsträger handelt, ökonomische, d.h. gewinnorientierte Ziele im Mittelpunkt des Interesses. Zum Teil befindet er sich damit in Konkurrenz mit anderen Organisationseinheiten, so daß er auch von diesen nicht als neutraler Ansprechpartner und Berater bewertet wird. Dies führt möglicherweise zu internen Kooperationsverweigerungen, wobei von der kritisierten Abteilung angeführt werden kann, daß nicht die Verbraucherinteressen, sondern die Abteilungsinteressen im Zentrum der Bemühungen stehen. Auch für den Verbraucher ist in diesem Fall die "Neutralität" des Kundendienstes zweifelhaft.

Drei Beispiele aus der Praxis

Für unsere qualitativen Studien hatten wir drei Unternehmen ausgewählt, nach deren Angaben Beschwerden zentral von einer dem Kundendienst zugeordneten Stelle bearbeitet werden (vgl. Unternehmen D, E und F, S. 129 ff.). Bei den Unternehmen E und F ist die zentrale Stelle zur Bearbeitung von Verbraucherbeschwerden auch nach außen hin als solche für den Konsumenten zu erkennen. Sie tragen den Titel *Zentrale Konsumentenbetreuung*. Der Verbraucher wird in Prospekten, Rechnungsvordrucken etc. auf diese Ansprechstelle hingewiesen. Bei Unternehmen D ist die Stelle nur hausintern als solche bekannt. In allen drei Fällen sind es vorwiegend Produktfehler und Kundendienstleistungen, die vom Konsumenten gerügt werden.

Beschwerden, die nicht in den Aufgabenbereich des Kundendienstes fallen, werden im Unternehmen F von der *Konsumentenbetreuung* bearbeitet, wobei andere Funktionsbereiche beratend hinzugezogen werden. Bei Unternehmen D und E werden Beschwerden, die außerhalb des Kompetenzbereiches des Kundendienstes liegen, an die inhaltlich zuständige Abteilung weitergeleitet.

Die Aufgaben der *Konsumentenbetreuung*.der Unternehmen E und F reichen über die Bearbeitung der individuellen Beschwerde hinaus: Hier werden die Beschwerden auch erfaßt und ausgewertet. In Produktteambesprechungen, an denen der vorgesetzte Kundendienstleiter teilnimmt, werden die Probleme diskutiert und Lösungsvorschläge erarbeitet.

Von der Kundendienststelle des Unternehmens D werden Beschwerden dagegen nicht selbst analysiert. Da im wesentlichen technische Reklamationen aufgenommen werden, ist die Qualitätssicherung für die Auswertung zuständig. Bei den informellen Besprechungen zu bestimmten Beschwerdeschwerpunkten dient der Kundendienst als Lieferant von Informationen für Abteilungen, die nicht im direkten Kontakt mit dem Kunden stehen (wie z.B. Konstruktion, Technik, Produktion, etc.). Eine Einflußmöglichkeit auf die übrigen Marketingbereiche ist nicht vorgesehen.

Obwohl die *Konsumentenbetreuung* des Unternehmens F über weiterreichende Aufgaben und Kompetenzen verfügt, bestehen auch hier Mitspracherechte nur im Kundendienst- und Produktbereich, Kontrollrechte nur für die Organisationseinheit Kundendienst.

Die eingeschränkten Einflußmöglichkeiten, die wir bei den "Beschwerdestellen" im Rahmen des Kundendienstes feststellen konnten, decken sich mit den Ergebnissen anderer Untersuchungen. So ermittelte *Fornell* (1976), daß zu den Aufgaben der mit dem Kundendienst vergleichbaren "ancillary consumer affairs departments" zwar die Untersuchung der individuellen Beschwerde, der Kontakt zu den betroffenen Abteilungen und die Koordination von Mitteln zur Lösung der Beschwerde zählt. Darüber hinaus sind sie mehr oder weniger an der Entwicklung von Konsumentenprogrammen beteiligt, wie z.B. an der Erarbeitung von Beratungsaussagen für Verbraucher oder an der Verbesserung der Warenkennzeichnung. An den von ihm untersuchten Marketingentscheidungsbereichen, wie z.B. Werbung, ist der traditionelle Servicebereich jedoch nicht mitspracheberechtigt.

Entsprechend unserer Befragungsergebnisse und anderer empirischer Untersuchungen erscheint der traditionelle Kundendienst damit zwar geeignet, Sensorfunktionen zu erfüllen, um so Informationen über spezielle Verbraucherprobleme zu liefern. Darüber hinaus können ihm auch innovatorische Funktionen im Hinblick auf die Entwicklung und Verbreitung von Konsumentenprogrammen zugeschrieben werden. Im wesentlichen handelt es sich dabei also um Serviceleistungen, die dem Konsumenten in Ergänzung zum Hauptprodukt angeboten werden. Als "Stimme des Verbrauchers" im Unternehmen ist er jedoch weniger geeignet, da ihm die Möglichkeit fehlt, auch auf die übrigen Entscheidungsbereiche, bei denen ebenfalls die Ursachen von Konflikten zwischen Unternehmen und Konsument liegen können, einzuwirken.

2. Beschwerdebearbeitung als Profit-Center?

In den besuchten Unternehmen sind diejenigen beschwerdebearbeitenden Stellen, die in puncto Verbraucheranliegen über die weitreichendsten Kompetenzen verfügen, der Geschäftsleitung direkt zugeordnet (vgl. Fallbeispiele G und H, S. 137 ff.). Sie verfügen über einen relativ autonomen Status. Die Bedeutung der Kundenorientierung – und damit auch der Beschwerdebearbeitung – wird in den Unternehmensleitsätzen explizit betont (vgl. S. 138 und S. 143). Zum Ausdruck kommt sie aber auch in ihrer Einschätzung als wesentlicher Beitrag zum unternehmerischen Erfolg. Die imageprägenden und werbenden Dienste der beschwerdebearbeitenden Organisationseinheit werden im übrigen von sämtlichen befragten Unternehmensvertretern hervorgehoben. Direkt läßt sich der Erfolgsbeitrag der Beschwerdebearbeitung über Umsatzeffekte oder den "Return of Investment" feststellen, wie in Abschnitt G.I.1. (S. 160 ff.) gezeigt werden konnte.

Geht man also davon aus, daß der ökonomische Erfolgsbeitrag durch eine verstärkte Berücksichtigung von Verbraucherbeschwerden nachweisbar ist, so stellt sich die Frage, ob sich eine "erweiterte Beschwerdestelle" nicht auch als Profit-Center organisieren läßt.

Das Prinzip der Profit-Center beruht auf der Überlegung, Betriebe soweit in verselbständigte Teilbereiche aufzulösen, daß sich ihr Beitrag zum Gesamtergebnis ermitteln läßt. Die Verantwortung für das Ergebnis verlangt, daß der Spartenleiter in seinem Bereich ergebnisbeeinflussende Entscheidungen treffen kann (Wöhe, 1981, S. 168). Der Vorteil der Profit-Center wird v.a. in der Eigenverantwortlichkeit und Flexibilität solcher Abteilungen im Rahmen der durch die Unternehmensleitung festgelegten Oberziele und Budgets gesehen, sowie in der direkten Ausweisung des Erfolgsbeitrags dieser Stelle (Meffert, 1982 b, S. 195 ff.).

Die Übertragbarkeit des Prinzips auf die Beschwerdebearbeitung läßt sich aus einer theoretisch möglichen Entwicklung der beschwerdebearbeitenden Stelle ableiten. Diese Entwicklung läßt sich – vergleichbar mit den Entwicklungsstufen des Kundendienstes (vgl. S. 166 f.) – folgendermaßen darstellen:

In der ersten Stufe werden Beschwerden mehr oder weniger als "unerwünschte" Reaktionen der Kunden auf unternehmerische Leistungen gesehen. Beschwerden haben ein eher negatives Image und sollten möglichst selten auftreten. Im Mittelpunkt steht die *Abwicklung* der individuellen Konsumentenbeschwerde.

In der zweiten Stufe rücken die *Informationen*, die durch Beschwerden gewonnen werden können, in den Vordergrund. Zudem wird erkannt, daß Beschwerden eine Chance bieten, den Kunden zu halten und sich gegenüber den Mitbewerbern zu profilieren. Beschwerdebearbeitung leistet einen *akquisatorischen* Beitrag.

In der dritten Stufe entwickelt sich die beschwerdebearbeitende Stelle zu einem aktiven und *eigenständigen Leistungsträger*. Es werden zusätzliche Maßnahmen zur Informationsgewinnung, -verarbeitung und -verwertung getroffen (z.B. Steigerung des Beschwerdeinputs, strukturierte Erfassung und Analyse von Beschwerden) und anderen Entscheidungsträgern zur Verfügung gestellt, wobei die Aktivitäten in einem ökonomisch vertretbaren Rahmen zu erfolgen haben.

Zur internen Vertretung von Verbraucherinteressen könnte die Beschwerdestelle werden, wenn sie nicht nur Informationen zur Verfügung stellt, sondern *aktiv* an Marketingentscheidungen beteiligt ist, sowie die Interessen der Verbraucher aufgrund von institutionalisierten Rechten einbringen kann.

Die Organisation der beschwerdebearbeitenden Stelle als Profit-Center würde bedeuten, daß ihr von keinen Marketingbereichen Weisungen erteilt werden können, da sie gleichberechtigt neben diesen Abteilungen steht. Die hohe Eigenverantwortlichkeit und Flexibilität dieser Organisationsform kommt damit den Voraussetzungen eines internen Interessenvertretungsorgans entgegen. Die direkte Zuordnung eines (positiven oder negativen) Erfolgsbeitrags könnte zusätzlich für die Rechtfertigung (oder Ablehnung) der Beschwerdebearbeitung einen wichtigen Beitrag leisten.

Profit-Center bedeutet aber auch, daß eine solche Beschwerdeabteilung Gewinne erwirtschaften müßte. Die Forderung nach einem Gewinnbeitrag stellt die Beschwerdeabteilung vor erhebliche Probleme: Der Erfolg läßt sich, wie gezeigt, vielfach nur mit qualitativen Nutzenkategorien messen. Und häufig können die Erträge infolge einer Leistungsverbesserung oder Produktneuentwicklung/-veränderung, die durch Beschwerdeinformationen angeregt wurden, nicht eindeutig nur der Beschwerdeabteilung zugerechnet werden. Doch selbst dort, wo eine Quantifizierung des Nutzens möglich ist, handelt es sich um Opportunitätserträge durch ansonsten entgangene Umsätze. Die Anrechnung von Opportunitätserträgen widerspricht aber dem reinen Profit-Center-Gedanken.

Neben dem Problem, daß die Anrechnung von Opportunitätserträgen nicht mit dem Profit-Center-Prinzip zu vereinbaren ist, lassen sich noch andere Gründe anführen, die gegen eine Organisation der Beschwerdestelle als Profit-Center sprechen:

Die Informationen, die die Beschwerdestelle an andere Abteilungen liefert, werden im wesentlichen Kritikpunkte an der Arbeit dieser Abteilungen darstellen.

Unter Umständen werden diese nicht bereit sein, solche, für sie negative Informationen von der Beschwerdestelle anzunehmen. Der Profit-Center-Gedanke schließt jedoch die Möglichkeit aus, daß ein Leistungsträger gegenüber anderen weisungsbefugt ist. Eine Kontrolle über die Durchführung der Lösungsansätze ist demnach nicht möglich. Die Durchsetzung von Ideen, die sich auf Verbraucherbeschwerden begründen, wird daher weitgehend davon abhängen, ob sie sich im Rahmen abteilungsbezogener Interessen verwerten lassen. Zudem kann sich zwischen Abteilungen, die gewissermaßen organisationsintern konkurrieren (eine weitere Grundlage der Profit-Center), keine vertrauensvolle Beziehung aufbauen. Damit kann aber die Beschwerdestelle auch nicht als "betriebsinterne Unternehmensberatungs-Abteilung" (Goodman et al., 1987, S. 198) akzeptiert werden [1].

Zum zweiten hängt die Aussagefähigkeit von Beschwerdedaten auch davon ab, *wieviele* Beschwerden das Unternehmen erreichen (vgl. Kap. C.IV., S. 51). Unter kurzfristigen Kostengesichtspunkten wird die Beschwerdestelle nicht immer bestrebt sein, den Beschwerdeinput zu erhöhen: "Die Profit-Center-Leitungen neigen in diesem Fall dazu, Maßnahmen zu unterlassen, die zwar die langfristige Marktstellung festigen, auf kurze Sicht jedoch Gewinneinbußen bringen" (Köhler, 1988, 54/84).

Aus den geschilderten Gründen ist die Organisation der beschwerdebearbeitenden Stelle als Profit-Center weder sinnvoll noch durchführbar. Zwar deuten die Berechnungen, die zum Nachweis der ökonomischen Vertretbarkeit der Beschwerdebearbeitung durchgeführt werden, darauf hin, daß die Beschwerdestelle einen Gewinnbeitrag für das Unternehmen leistet und machen so den Gedanken diskutabel. Gewisse Vorteile der Profit-Center-Organisationen, wie etwa Eigenverantwortlichkeit, erhöhte Mitarbeitermotivation, u.a.m. würden auch den Vorstellungen einer internen Interessenvertretung entsprechen. Doch nicht nur die Anrechnung von Opportunitätskosten, sondern vor allem auch das hohe Konfliktpotential einer solchen Konstruktion und die mangelnden Einflußmöglichkeiten auf andere Abteilungen, stehen im Widerspruch zu den Funktionen einer mit der Wahrnehmung von Verbraucherinteressen betrauten Beschwerdestelle.

3. Schlußfolgerung

In der Literatur wird immer wieder darauf hingewiesen, daß aus Verbraucherperspektive die Weisungsbefugnis bzw. Kompetenz, sowie die Erreichbarkeit für

---

[1] Es handelt sich dabei im wesentlichen um ein Problem, das wir bereits bei der Analyse des Kundendienstes als mögliches Interessenvertretungsorgan der Konsumenten erörtert haben.

den Verbraucher im wesentlichen den Erfolg der Beschwerdebearbeitung bestimmen [1]. Eine Angliederung an eine bereits bestehende Hauptabteilung beschränkt dagegen die Kompetenzen der Beschwerdestelle, wie am Beispiel des Kundendienstes – der für eine Beschwerdestelle noch als am ehesten prädestiniert erscheint – gezeigt werden konnte. "Die untergeordnete, nicht integrierte Verbraucherabteilung mag wirksam im Sinne einer fallweisen Behandlung individueller Verbraucherprobleme sein, aber ihr Beitrag für das breite Verbraucherinteresse und auch für die Marktleistung des Unternehmens ist durch ihren Ausschluß vom Entscheidungsprozeß des Managements begrenzt" (Fornell, 1978 a, S. 484).

Beschwerdebearbeitung als Profit-Center zu organisieren erscheint zwar zunächst überlegenswert, denn die Selbständigkeit der Stelle ermöglicht ein unabhängiges Handeln, und der Nachweis eines Gewinnbeitrages könnte die Rechtfertigung einer intensivierten und erweiterten Beschwerdebearbeitung erleichtern. Bei der Realisierung dieses Gedankens ergeben sich jedoch Probleme: Zum einen durch die Anrechnung von Opportunitätserträgen, die der Profit-Center-Gedanken nicht vorsieht. Zum anderen aber auch, wenn der Beschwerdestelle die Aufgabe zukommen soll, die Interessen der Verbraucher in das Unternehmen wirksam einzubringen.

Die Einrichtung einer unabhängigen Stelle für Verbraucherangelegenheiten, die über eine starke Position gegenüber anderen Abteilungen verfügt, erscheint daher unumgänglich, wenn Beschwerden als Ausdruck von Unzufriedenheit und (verletzten) Verbraucherinteressen ernst genommen werden sollen. Voraussetzung ist nicht nur, daß sich eine solche Stelle unter wirtschaftlichen Gesichtspunkten begründen läßt (vgl. Abschnitt G.I., S. 159 ff.). Genauso wichtig ist auch, daß "das Nachfragerinteresse dem Unternehmen hinreichend deutlich vor Augen steht, so daß dieses die vermittelnde Tätigkeit der internen Interessenvertretung, auch wenn es deren Vorschläge als unbequem empfindet, insgesamt doch als vorteilhaft für sich betrachten kann" (Scherhorn, 1983, S. 135). Auf diesen As-pekt der Wahrnehmung und Bewertung der Notwendigkeit einer verstärkten Be-rücksichtigung von Verbraucherinteressen durch die Unternehmen werden wir im folgenden Abschnitt eingehen.

---

[1] vgl. hierzu z.B. Hansen/Stauss (1985), Schreyögg, 1985 und Kapitel D.III.3., S. 64 ff.

III. Die Wahrnehmung und Bewertung des Beziehungsfelds Verbraucher – Unternehmen als Determinante der Strategiewahl

Wir haben unsere bisherigen Darstellungen auf der Annahme begründet, daß der Marktmechanismus eine ausreichende Berücksichtigung der Verbraucherinteressen nicht gewährleistet. Dies führt zu Nachteilen nicht nur für Verbraucher, sondern auch für Unternehmen (vgl. Abschnitt B.II., S. 14 ff.). Die verstärkte Berücksichtigung von Verbraucherbeschwerden stellt für beide Marktseiten eine Chance dar, um diese Nachteile durch eine Verbesserung der Kommunikationsbeziehungen zu überwinden (vgl. Kapitel B.III., S. 22 ff.).

Die Vernachlässigung der Verbraucherinteressen läßt sich allerdings nicht allein auf die Folgen eines inadäquaten Informationsaustausches zwischen den Marktpartnern zurückführen. Denn "wahrscheinlich beruhen Phänomene wie z.B. irreführende Werbung, Obsoleszenzen, oder Mogelpackungen nicht gerade auf Unkenntnis der Unternehmen über die "wahren Konsumenteninteressen" " (Hansen/ Stauss, 1978, S. 490). So wird auch in den Fallbeispielen deutlich, daß Unternehmen z.T. selbst dann solche Marketingkonzeptionen bevorzugen, bei denen von vornherein mit Unzufriedenheit auf seiten der Konsumenten zu rechnen ist – solange diese Aktivitäten mehr Gewinn versprechen als die Berücksichtigung des Unzufriedenheitspotentials (vgl. Beispiel 7, S. 158).

Wenn also im Zusammenhang mit Verbraucherbeschwerden nach Ansätzen gesucht wird, die die Position des Konsumenten stärken sollen, so gilt es auch die Bedingungen zu untersuchen, die dazu beitragen, daß Verbraucherbeschwerden als Chance erkannt werden *und* zu einer Strategie führen, die nicht nur dann eine Berücksichtigung des Widerspruchsverhaltens gewährleisten, wenn dieses profitabler als andere Verhaltensweisen zu sein scheint.

Wie bereits in Kapitel D.I. (S. 54 ff.) anhand der Unternehmensreaktionen auf die Forderungen des Konsumerismus gezeigt wurde, können auf im wesentlichen gleichartige Herausforderungen Reaktionen folgen, die von einer Strategie des Widerstandes bis hin zu innovatorischen Strategien reichen. Da das Reaktionsverhalten als das Ergebnis eines organisatorischen Entscheidungsprozesses anzusehen ist, erscheint es angebracht, auf diesen etwas näher einzugehen.

Der komplexe organisatorische Entscheidungsprozeß soll hier in Anlehnung an *Stauss* auf ein einfaches Phasenmodell reduziert werden, das aus den Stufen Wahrnehmung, Bewertung, Entwicklung von Strategiealternativen, Strategieevaluierung und Entscheidung besteht (Stauss, 1985, S. 71 ff.). Es kann davon ausgegangen werden, daß die einzelnen Phasen durch eine Vielzahl von umwelt-, organisations- und personenspezifische Determinanten beeinflußt werden. Da in diesem Zusammenhang die umweltspezifischen Bedingungen (Marktsituation, Beschwerden usw.) für die Unternehmen als im wesentlichen gleichartig vorausgesetzt werden, müssen die Faktoren, die das unterschiedliche Verhalten hervorrufen, vorwiegend in organisations- und personenspezifischen Determinanten gesucht werden.

Nach einer empirischen Untersuchung von *Webster* (1973) über das Reaktionsverhalten der Unternehmen auf die Forderungen des Konsumerismus kommt dabei den Einstellungen der Entscheidungsträger eine zentrale Rolle zu: "The problem appears to be not one of economics or ability to respond, but of management attitude" (Webster, 1973, S. 89). Einstellungen beeinflussen sowohl die Wahrnehmung und die Bewertung von Verbraucherbeschwerden als auch die Wahl der darauffolgenden Verhaltensstrategie[1]. Wir wollen uns daher im folgenden auf die Einstellung des Managements gegenüber einer intensivierten Berücksichtigung von Verbraucherbeschwerden – und damit auch von Verbraucherinteressen – konzentrieren.

Unsere Untersuchung zeigt ein breites Interesse der Unternehmen an der zugrundeliegenden Themenstellung. Es konnte festgestellt werden, daß die meisten Unternehmen Beschwerden als Informationsquelle für solche Probleme betrachten, die beim Gebrauch der Produkte bzw. der Inanspruchnahme von Dienstleistungen auftreten und möglicherweise bei einer Vielzahl von Verbrauchern Unzufriedenheit hervorrufen. Zudem weisen die Antworten der Befragungsteilnehmer auf die Frage nach der Zielsetzung einer Anlaufstelle für Konsumenten darauf hin, daß potentiell die Bereitschaft vorhanden ist, Verbraucherwünschen und -beschwerden im Rahmen einer internen Interessenvertretung Gehör zu schenken (vgl. Tab. 1, S. 85). Die Wahrscheinlichkeit, daß all die Unternehmen, die Verbraucherbeschwerden "positiv" gegenüber stehen, aber auch die Bearbeitung und Nutzung von Verbraucherbeschwerden über das bereits bestehende Maß weiter ausbauen, wird neben den kostenspezifischen Überlegungen auch von der Notwendigkeit abhängen, die sie einer solchen Maßnahme zumessen.

Eine abschließende Aussage über mögliche Handlungsintentionen kann aufgrund unserer Untersuchungsergebnisse nicht gemacht werden, zumal diese Frage nicht explizit in die Erhebung aufgenommen wurde. In den persönlichen Gesprächen mit Unternehmensvertretern zeichnet sich eine Skala von Meinungen ab, die von der Vorstellung, am Status quo festzuhalten, da eine Veränderung keine Verbesserung bringen würde (z.B. Fallbeispiele C und D, S. 127 ff.) bis hin zur strikten

---

[1] vgl. die Ausführungen zum Einstellungskonzept in Kapitel E.I., Annahme 6, S. 71.

Befürwortung (und Durchführung) einer erweiterten Beschwerdebearbeitung reicht (z.B. Fallbeispiel F, G, H, S. 133 ff). Es scheint daher angebracht, auf Beobachtungen und empirische Untersuchungen allgemeiner Art zurückzugreifen, die sich mit der Beziehung Gesellschaft – Unternehmen beschäftigen, um aus dem Vergleich mit diesen Ergebnissen mehr Aufschluß zu erhalten.

1. Wertewandel und Unternehmensreaktion

In den vergangenen Jahren stehen vermehrt Begriffe wie "Unternehmenskultur", "Unternehmensphilosophie", "Unternehmen und Ethik" zur Diskussion, denen nicht nur von der Wissenschaft Aufmerksamkeit geschenkt wird. Auch die Praxis zeigt ein wachsendes Interesse an dieser Thematik. Nicht zuletzt wurde sie durch Arbeiten wie "In Search of Excellence" von Peters/Waterman (1984) oder "Corporate Cultures" von Deal/Kennedy (1982) einer breiten Öffentlichkeit bekanntgemacht, indem gewissermaßen unterhaltsam vermittelt wird, daß das "Menschliche", und nicht die rationalen Pläne und Strategien, den Erfolg eines Unternehmens ausmachen.

Die Diskussion dieser Lösungsansätze muß vor dem Hintergrund gesättigter Märkte, der Verknappung der Ressourcen, den direkten und indirekten Auswirkungen bestimmter Technologien und ihrer Umweltproblematik, sowie der politischen und wissenschaftlichen Diskussion um gesellschaftliche Interessen- und Machtstrukturen gesehen werden, die die Herausforderungen an die Unternehmen erheblich ansteigen ließen.

Hinzu kommt das Auftreten von sozialen Phänomenen, die das "soziale System Unternehmung generell in Frage stellen" (Holleis/Hinterhuber, 1988, S. 2). In diesem Zusammenhang spielt der Begriff des "Wertewandels" eine erhebliche Rolle: Ende der 60er, Anfang der 70er Jahre traten bei weiten Kreisen der Bevölkerung Selbstentfaltungswerte wie "Gleichheit", "Emanzipation", "Partizipation" (idealistische Werte), aber auch "Genuß", "Abwechslung" (hedonistische Werte) oder "Kreativität" und "Selbstverwirklichung" (individualistische Werte) an die Stelle der herkömmlichen Pflicht- und Akzeptanzwerte, wie z.B. Gehorsam, Disziplin und Anpassungsbereitschaft (vgl. Klages, 1987).

Im Zuge des Wertewandels wurden Arbeitsbereitschaft und Arbeitsfreude zunehmend an das Erlebnis der Selbstentfaltung bzw. Selbstverwirklichung gebunden (Fürstenberg, 1987, S. 17), während Werte wie Gehorsam, Pflicht, Leistung und Unterordnung an Bedeutung verloren. Die in weiten Kreisen der Bevölkerung verbreitete Kritik an einer am materiellen Wachstum orientierten Gesellschaft und die Verbreitung des Umweltschutzgedankens kennzeichnen die Abnahme materieller Werte zugunsten "postmaterieller" Werteorientierungen (vgl. Inglehart, 1985). In der Folge mußten sich die Unternehmen sowohl mit den geänderten Konsumenten- als auch Mitarbeitererwartungen auseinandersetzen.

Im Mittelpunkt heutiger Auseinandersetzungen steht vor allem die Frage, ob und wie durch eine Steigerung des Zusammengehörigkeitsgefühls, der Gewährung von mehr Eigeninitiative oder der Formulierung von attraktiven Unternehmenszielen die *Mitarbeiter* stärker motiviert, "kontraproduktive" Verhaltensweisen verhindert bzw. ihre Unzufriedenheit gemindert werden kann (vgl. Wächter, 1977, S. 215). Dagegen wird die Umwelt des Unternehmens weiterhin "als Objekt des unternehmerischen Handelns betrachtet, nicht als Subjekt mit eigenen Vorstellungen und Ansprüchen" (Scherhorn, 1987, S. 45).

Wie läßt sich erklären, daß die Unternehmen sich zwar verstärkt mit den veränderten Erwartungen der Mitarbeiter auseinandersetzen, nicht aber mit denen der Konsumenten?

Eine Erklärung mag darin liegen, daß den Problemen zwischen Unternehmen und Verbrauchern nicht die Bedeutung zugemessen wird wie anderen gesellschaftlichen oder marktlichen Herausforderungen. Eine Bestätigung findet diese Annahme etwa in den Ergebnissen der von der Stiftung "Gesellschaft und Unternehmen" geförderten Untersuchung "Künftige Beziehungen zwischen Unternehmen und Gesellschaft" aus dem Jahr 1976: "Obwohl die meisten Unternehmen, deren Vorstandsvorsitzende befragt wurden, sich zumeist mit ihren Produkten direkt an den Endverbraucher richteten, scheint das Beziehungsfeld Unterneh-men – Konsument für Topmanager in keiner Weise brisant oder sonderlich nachdenkenswert zu sein. Aus Teil II dieses Berichtes ist zu ersehen, daß alle Probleme, die in dieses Beziehungsfeld fallen, auf die allerletzten Rangplätze bei der Bewertung der Wichtigkeit/Dringlichkeit verwiesen werden" (Dierkes, 1976, S. 52). Zwar hält die Hälfte der Befragungsteilnehmer Aktionen von Konsumenten für wahrscheinlich, um die Unternehmen so zu Anpassungsmaßnahmen an die Bedürfnisse der Verbraucher zu zwingen (Dierkes, 1976, S. 53 f.), doch steht auch dieses Problem an zweitletzter Stelle in der Bewertungsrangfolge gesellschaftlicher Herausforderungen bei den Befragungsteilnehmern [1].

Eine Änderung dieser Sichtweise ist auch heute nicht zu beobachten. So stellt *Garett* (1987) fest, daß zwar die Beobachtung des unternehmerischen Umfeldes von den Marketingstrategen als wichtige Aufgabe bezeichnet wird, um die daraus

---

[1] siehe folgende Seite

resultierenden Chancen zu nutzen. Doch wird z.B. der Bedeutung von Boykottaktionen der Verbraucher, die auf eine Änderung der Marketingpolitik zielen, nur wenig Beachtung geschenkt (Garett, 1987, S. 55).

Auf einen Wahrnehmungsmangel weisen auch die Ergebnisse einer Befragung von 132 österreichischen Unternehmensberatern hin. Auf die Frage "Wenn Sie an verschiedene Bereiche der Unternehmensumwelt denken: welche Aspekte werden von Unternehmen zu wenig wahrgenommen?" werden "Kundenbedürfnisse" als zweithäufigster Beobachtungsmangel genannt (Kraus et al., 1986, S. 120). Und im Hinblick auf die Beurteilung des Frühwarncharakters von Beschwerden konnte festgestellt werden, daß Kundenreklamationen kaum als bedrohliche Gefahrensignale von Unternehmen wahrgenommen werden (Kraus et al., 1986, S.122).

Die Ignoranz der Unternehmen für verbraucherpolitische Forderungen läßt sich u.U. auf die Konfliktsituation zurückführen, die Verbraucherkritik bei den unternehmerischen Entscheidungsträgern hervorrufen kann. Wie wir in unseren einleitenden Hypothesen zur Unternehmensreaktion angenommen hatten, können Beschwerden, wenn sie als Kritik bewertet werden, bei den Betroffenen zu Störungen des kognitiven Gleichgewichts führen (vgl. Abschnitt E.I./Annahme 6, S. 71). Die Nichtwahrnehmung der Probleme ist dann "das Ergebnis einer antizipativen kognitiven Strategie der Manager, ihr kognitives Gleichgewicht zu bewahren" (Stauss, 1985, S. 80). Verstärkend kommt hinzu, daß befürchtet wird, ein Zugeständnis an die Kritik könne weitere Forderungen nach sich ziehen (vgl. Garett, 1987, S. 52). Wenn es sich bei diesen Vorstellungen um relevante und langfristige Einstellungsmuster handelt, haben andere Mechanismen zur Reduzierung des Konflikts – wie z.B. die Anpassung der Einstellungen an die dissonanten Informationen – weniger Bedeutung (Stauss, 1985, S. 80).

---

[1] Ergebnisse der Untersuchung "Künftige Beziehungen zwischen Unternehmen und Gesellschaft" (Dierkes, 1976, S. 84 – 86):

Bedeutungsrangfolge der Beziehungsbereiche nach den in diesen Bereichen enthaltenen Problemen (aus der Sicht der Tagungsteilnehmer):

1. Unternehmen – Umwelt, 2. Unternehmen – Information, 3. Unternehmen – Staat, 4. Unternehmen – Arbeitnehmer, 5. Unternehmen – Konsumenten.

Bewertungsrangfolge der Probleme (aus der Sicht der Tagungsteilnehmer):

1. Verknappung der Rohstoffe und Energie, 2. Grundfragen der freien Marktwirtschaft, 3. Umweltschutz, 4. Infrastruktur und soziale Verantwortlichkeit, 5. Mitbestimmung, 6. Kommunikationsmedien, 7. Aus-, Fort-, Weiterbildung, 8. Einfluß des Staates auf Unternehmen, 9. Leistungsmotivation, 10. Humanisierung der Arbeitswelt, 11. Produkthaftung, Produktsicherheit, Produzentenhaftung, 12. Soziale Sicherung, 13. Freizeit, 14. Einfluß der Verbände auf die einzelnen Unternehmen, 15. Konsumerismus, Verbraucherbeiräte, 16. Konsumenten, Werbung.

Eine andere Begründung für die geringe Bereitschaft zur Auseinandersetzung mit Konsumentenproblemen ist aber auch möglicherweise darin zu suchen, daß in der Vorstellung der meisten mit Konsumgütern befaßten Manager die grundlegende Aufgabenstellung für marketingtreibende Unternehmen vom Wertewandel kaum tangiert wird. Schließlich gehört ja "die konsequente Ausrichtung aller mittelbar und unmittelbar den Markt berührenden Entscheidungen an den Erfordernissen und Bedürfnissen der Verbraucher" und das "Bemühen um Schaffung von Präferenzen ... durch gezielten Einsatz des absatzpolitischen Instrumentariums" (Nieschlag et al., 1976, S. 9) von jeher zum Verständnis des Marketing.

Dieses Konzept läßt prinzipiell zwei Lösungsmöglichkeiten für die durch den Wertewandel bedingten Probleme offen: Entweder versuchen die Unternehmen, Marktleistungen für die "neuen Werte" zu kreieren und damit den Wertewandel zu "kommerzialisieren". Oder "sie bemühen sich, ihre Sensibilität gegenüber gesellschaftlichen und politischen Wandlungsprozessen zu erhöhen, entsprechende Frühwarnsysteme zu installieren, organisatorische Flexibilität zu gewährleisten u.a., beispielsweise durch die Installierung eines permanenten Dialogs mit relevanten unternehmerischen Bezugsgruppen" (Stauss, 1987, S. 72).

Gegenwärtige Entwicklungen legen nahe, daß eher die erste Lösung praktiziert wird. "Wertewandel als Marktchance" zeigt sich beispielsweise in der gelungenen Vermarktung der Freizeit oder von "umweltfreundlichen" Produkten. Unterstützt wird diese Reaktion auch dadurch, daß heute nicht mehr eindeutig von einer "postmateriellen" Wertorientierung der Bevölkerung gesprochen werden kann. Im Gegenteil zeigen sich bei den Konsumenten zum Teil Tendenzen, mit Hilfe von Gütern als symbolische Träger von Aussagen über die Person eine Entwicklung und Stabilisierung des Selbstwertgefühls zu schaffen. Der Wertewandel erhält damit ein neues Profil: Das Streben nach Umweltschutz und Gesundheit, der Wunsch nach Selbstverwirklichung, die Orientierung am Genuß bleibt zwar erhalten, aber er wird "materiell interpretiert, als allein bzw. vornehmlich durch Konsum zu interpretierende Werte" (Stauss, 1987, S. 71).

Die genannten Trends machen deutlich, daß es sicher verfehlt wäre, von *dem* neuen Konsumenten zu sprechen. Doch die verstärkte Kritik an bestimmten Marketingpraktiken, an der Energie- und Ressourcenverschwendung usw., ja die inzwischen institutionalisierte Ökologie- und Verbraucherpolitik allgemein, führen immer mehr zu einem kritischeren Bewußtsein in breiten Kreisen der Bevölkerung, das sich langfristig nicht durch verfeinerte Produkt- und Marketingkonzeptionen auffangen läßt (Hansen/Schoenheit, 1987, S. 15).

Die verbesserte Kommunikation mit dem Konsumenten, insbesondere auch die Nachkaufbetreuung, kann hierbei für den Verbraucher als ein qualitatives Kriterium für die Kaufentscheidung an Bedeutung gewinnen, insbesondere dann, wenn sie das subjektive Kaufrisiko reduziert. Daß Käufe aus der Sicht des Verbrauchers immer mehr mit Risiken verbunden sind, zeigt sich in den zahlreichen Anfragen, die die Verbraucherzentralen etwa zu "asbesthaltigen Haushaltsgeräten", "Formaldehyd in Möbeln", "Entsorgung ökologisch schädlicher Produkte" u.a.m. erhalten. Aber auch Schlagzeilen wie "Östrogen im Kalbfleisch", "Glykolwein" oder "dioxinhaltige Kosmetika" tragen zu einer Verunsicherung der Verbraucher bei und machen ihn kritischer gegenüber den Leistungen der Unternehmen. Angesichts des kommenden EG-Binnenmarktes wird sich diese Unsicherheit bei Kaufentscheidungen für den Verbraucher weiter erhöhen, – man denke nur an die z.T. unterhalb der gesetzlichen Bestimmungen der Bundesrepublik liegenden EG-Normen für Lebensmittel, Textilkennzeichnung, Gerätesicherheit, usw.

Vor diesem Hintergrund sind die neuen Tendenzen im Marketing zu betrachten, die auf "Kundenorientierung" ihren Schwerpunkt setzen. Die dadurch erwartete Imageaufbesserung soll eine dauerhafte Kundenbindung sichern und im Wettbewerb zu Vorteilen führen. Auch in den Ausführungen der befragten Unternehmensvertreter wurden die Bemühungen um Kundenzufriedenheit immer in bezug auf ihren Beitrag zum Unternehmenserfolg betont. Demnach können auch Verbraucherbeschwerden eine Chance erhalten, insbesondere wenn mit ihrer Berücksichtigung Wettbewerbsvorteile einhergehen.

Die Bewältigung einer verschärften Wettbewerbssituation bedeutet aber auch, daß die Unternehmen in der Lage sein müssen, alle erreichbaren Ideen und kreativen Fähigkeiten zu nutzen, um eine hohe Innovationsfähigkeit zu schaffen und zu erhalten (Czerwonka et al., 1976, S. 219). Ideen und Anregungen können vom Konsumenten kommen, der durch den Gebrauch der Produkte andere Erfahrungen macht als es die Testsituation im Unternehmen zeigen kann. Beschwerden können Hinweise auf solche Ideen enthalten. Auf Märkten, in denen ein intensiver Wettbewerb herrscht, sind Unternehmen auf solche Impulse angewiesen. Gerade hier ist mit einer Steigerung der Kooperationsbereitschaft zu rechnen, wenn Unternehmen die Chancen, die Beschwerden bieten, erkennen.

2. Ist Beschwerdebearbeitung nur ein Instrument im Wettbewerb?

Heißt dies aber, daß eine verstärkte Berücksichtigung von Verbraucherbeschwerden nur vor dem Hintergrund künftiger Absatzchancen erwartet werden kann?

Eine abschließende Antwort auf diese Frage ist nicht möglich. Doch scheint zumindest gegenwärtig ein "Dialogkonzept" zwischen Verbrauchern und Unternehmen, das auf Marketing-Überlegungen beruht, eher realisierbar zu sein als die Durchsetzung des Dialoggedankens im Rahmen einer interessenpluralistischen, gesellschaftsbezogenen Unternehmensverfassung [1], die durch ihre einschränkende Wirkung auf unternehmerische Handlungsspielräume wahrscheinlich eher auf Widerstand stoßen wird (Raabe, 1985, S. 89). Dies wird insbesondere auch in der folgenden Feststellung über die Konsequenzen des Konsumerismus/Verbraucherschutzes "für die praktische Absatzgestaltung" deutlich:

"Die Unternehmung wird sich nicht nur mit reaktiven Verhaltensweisen gegenüber den Forderungen des Konsumerismus begnügen, sondern *aktiv* gestaltend diesen im Rahmen ihrer *Absatzpolitik* Rechnung tragen. Forderungen des Konsumerismus können in die Marketingstrategie eingebaut werden. Besonders geeignet sind hierfür die Aktionsbereiche Produktpolitik (Schaffung "verbraucherfreundlicher" Erzeugnisse) und Kommunikationspolitik (Hinweis etwa im Rahmen der Werbung auf Berücksichtigung der Verbraucherwünsche: "Dialog mit dem Kunden"). Hieraus resultiert u.U. eine Erhöhung des akquisatorischen Potentials der Unternehmung (mindestens so lange nicht alle Wettbewerber "auf dieser Masche reiten"). Zur aktiven Betätigung gehört jedoch auch die Entwicklung von Gegenstrategien im Hinblick auf bestimmte Zielsetzungen des Konsumerismus, da häufig ... keine Interessengleichheit der beiden Marktfronten vorliegt. Hierher gehören die Interessenvertretung der Industrie (Lobby) etwa bei den gesetzgebenden Körperschaften wie auch einzelbetriebliche oder kooperative Einrichtungen (Beschwerdestellen), aufgrund der Überlegung: Wenn Verbraucherschutz, dann möglichst viel in eigener Regie und in Einklang mit den eigenen Zielen!" (Knoblich/Arnold, 1974, S. 29).

Bei derartigen Überlegungen ist es sicherlich nicht von der Hand zu weisen, daß "Kundenorientierung" bzw. "Beschwerdebearbeitung" zu einer reinen PR-Veranstaltung degenerieren kann, die auch das Ziel einer "Domestierung des Widerspruchs" verfolgt. Doch ist anzunehmen, daß Unterwanderungsstrategien vom Verbraucher sehr schnell erkannt werden, was zu verstärkten Protesten gegenüber den betreffenden Unternehmen führen sowie negative Imageeffekte hervorrufen kann.

Wenn die Initiative zur Verbesserung der Kommunikation vom Unternehmen ausgeht, so werden die Maßnahmen von Entscheidungen abhängen, die primär auf

---

[1] vgl. beispielsweise die Konzepte von Steinmann/Gerum (1978) und (1982), Ulrich (1983).

die Erreichung der kapitalorientierten Unternehmensziele gerichtet sind. Dies ist sicherlich nicht anders als bei den Konzepten zur Humanisierung der Arbeit, die wohl auch zunächst als komplementäre Strategien zur Gewinnerzielung aufgefaßt werden müssen (Wächter, 1977, S. 215). Es bedarf daher keiner Begründung, daß Unternehmen eher dann Verbraucherbeschwerden berücksichtigen, wenn sie damit rechnen können, daß die Konsumenten durch ihre Verhalten diese Aktivitäten entsprechend honorieren. Ob Unternehmen daraufhin aber wirklich bereit sind, Beschwerdeinformationen umfassend in ihren Planungsprozeß aufzunehmen, wird vielfach bezweifelt (vgl. Kapitel A, S. 3). Die geringe Wirksamkeit des betrieblichen Vorschlagswesens deutet zumindest darauf hin, daß selbst interessenkonforme Hinweise nur dann Aussicht auf Erfolg haben, wenn eine starke organisatorische Instanz sich ihrer annimmt (Scherhorn, 1983, S. 136). Bei der Mehrzahl der befragten Unternehmen ist allerdings eine solche Instanz nicht vorhanden, obwohl sie – betrachtet man die potentiellen Chancen durch eine intensivierte Beschwerdebearbeitung – auch im Interesse des Unternehmens liegen müßte.

Die Aufgeschlossenheit der Unternehmen gegenüber dem Thema "Verbraucherbeschwerden" und "interne Interessenvertretung", die die Untersuchung gezeigt hat, reicht noch nicht so weit, daß auch zusätzliche Einrichtungen geschaffen wurden, die sich speziell dieses Problemkomplexes annehmen. Doch eröffnet die weitgehend positive Einstellung gegenüber diesen Fragen immerhin die Möglichkeit, daß ein solcher Gedanke auch Handlungspotential erhält und nicht sofort abgeblockt bzw. ignoriert wird.

3. Schlußfolgerung

Die Verbreitung von Verbraucherabteilungen in den Vereinigten Staaten von Amerika ist als Zeichen dafür zu werten, daß der Gedanke einer verbesserten Kommunikation Fuß gefaßt hat. Und die Beobachtung, daß auch in der Bundesrepublik einige Unternehmen, die bereits ein verbraucherorientiertes Beschwerdemanagement betreiben, die Erfahrung machen konnten, daß sich dadurch durchaus Erfolge erzielen lassen, kann zu einer Verbreitung verbraucherfreundlicher Problemlösungsmuster führen.

Die Bereitschaft zur verstärkten Berücksichtigung von Verbraucherbeschwerden in Unternehmen muß wohl gegenwärtig vor dem Hintergrund marktstrategischer Überlegungen gesehen werden. Doch selbst dieses Verwertungsinteresse kann zu einer verbesserten Position des Verbrauchers beitragen, denn sie eröffnet ihm zumindest im Ansatz die Möglichkeit, bei den Anbietern mehr Gehör zu finden. Zudem kann selbst ein Konzept, das auf marktstrategischen Überlegungen beruht, langfristig Lerneffekte bei den Unternehmen hervorrufen, sobald sich Erfolge einstellen. Lerneffekte in dem Sinne, daß sie erkennen, daß sich trotz, oder gerade durch die Berücksichtigung von Verbraucheräußerungen Markterfolge erzielen lassen. Aber auch, daß durch ein verändertes Verständnis des Konsumenten – nämlich als "Subjekt" mit eigenen Vorstellungen – die Herausforderungen des Marktes besser bewältigt werden können. Denn den Wertveränderungen bei den Konsumenten gerecht zu werden, wird für die Unternehmen auf Dauer nur möglich sein, wenn sie die Konsumenten als gleichrangigen Partner ernst nehmen.

So meint auch *P. Ulrich* (1989): "Es ist sicherlich die Ökonomie, die die Ethik realistisch macht. Die Manager lassen sich nicht plötzlich alle zu großen Idealisten bekehren, nur weil sie vielleicht etwas gelesen haben. ... Wenn ein aufgeschlossener Unternehmer sieht, daß in weiten Teilen der Bevölkerung ein Bewußtseinswandel stattfindet, dann erkennt er mit der Zeit auch, daß sich dadurch bei Mitarbeitern und Konsumenten neue Chancen ergeben. Neue Marktnischen und neue Märkte kommen ebenso in den Blick wie die Chancen einer neuen Unternehmenskultur" (o.V., 1989, S. 10).

H. Zusammenfassung und Resümee

Das verstärkte Interesse von Unternehmen, Marketingwissenschaft und Konsumforschung an neuen Lösungsansätzen zur Verbesserung der Kommunkationsbeziehungen zwischen Konsumenten und Unternehmen kann auf einen gemeinsamen Ursprung zurückgeführt werden, wenn auch der Motivation für die Beschäftigung mit diesem Thema ein unterschiedliches Ziel bzw. berufliches Selbstverständnis zugrunde liegt:

Auf heutigen Konsumgütermärkten kann nicht davon ausgegangen werden, daß die Steuerungsmechanismen "Wettbewerb" und "Abwanderung" die von ihnen erwarteten Informations- und Interessenausgleichsfunktionen erfüllen: Die Kaufentscheidung der Konsumenten erlaubt nur einen eingeschränkten Rückschluß auf die Befriedigung ihrer Wünsche und Vorstellungen, wenn sie an die Wahl zwischen Optionen gebunden ist, die die Erwartungen der Nachfrager nicht voll erfüllen. Dasselbe gilt auch für die Anbietermarktforschung, die das Ziel hat, die Meinungen, Vorstellungen und Wünsche der Konsumenten zu erfassen, aber doch im wesentlichen dem Prinzip folgt, für ein unternehmensintern vorgegebenes Konzept geeignete Daten zu liefern. Bei dieser Vorgehensweise haben davon abweichende Nachfragerinteressen häufig keine Chance, artikuliert zu werden (Scherhorn, 1983, S. 77, Fornell, 1978, S. 477). Generell muß man aufgrund des Vorherrschens der Unternehmensartikulationen (wie z.B. Werbung, PR-Arbeit, etc.) davon ausgehen, daß die Kommunikationsbeziehungen zwischen Verbrauchern und Unternehmen gegenwärtig weitgehend durch Einseitigkeit und Anonymität gekennzeichnet sind.

Diese Situation wäre für die Unternehmen so lange kein Thema, als sie dabei ihre eigenen Interessen problemlos verfolgen könnten. Doch auch für die Unternehmen wirken sich die einseitigen Austauschbeziehungen in Informationsdefiziten aus, die zu Fehleinschätzungen der Nachfrageentwicklung und in der Folge zu Fehlinvestitionen führen können.

Durch eine Verbesserung der Kommunikation können beide Problembereiche gleichermaßen angegangen werden: Sind die Unternehmen bereit, den Konsumenten auch als aktiven und gleichberechtigten Kommunikator zu akzeptieren, eröffnen sich diesem zusätzliche Möglichkeiten zur Darstellung seiner Interessen. Der Vorteil für die Unternehmen liegt in einem zusätzlichen Informationsfeedback, das dazu beitragen kann, die Risiken der Produktion und des Absatzes zu mindern. In diesem Sinne ist die Kommunikation als Ansatzpunkt zu werten, an dem die Interessen der Anbieter und Nachfrager konvergieren können.

Eine Möglichkeit zur Verbesserung der Kommunikation liegt in der verstärkten Berücksichtigung von Verbraucherbeschwerden durch die Unternehmen. Beschwerden gehen i.d.R. *unaufgefordert* vom Verbraucher aus. Sie sind als Artikulation der Unzufriedenheit aufzufassen, die die Konsumenten in bezug auf bestimmte Unternehmensleistungen empfinden. Durch die Kenntnis dieser Unzufriedenheitsbereiche wird es dem Unternehmen möglich, Hinweise auf Verbesserungsmöglichkeiten zu erhalten und Marktchancen zu erkennen. Darüberhinaus bieten Beschwerden Gelegenheit, unzufriedene Kunden wieder zufriedenzustellen und den Multiplikatoreffekten einer negativen Mundwerbung vorzubeugen. Gerade auf Märkten mit Sättigungstendenzen und intensivem Wettbewerb erhält die Zufriedenheit des Verbrauchers – als Schlüsselfaktor für die Erklärung des Wiederkaufsverhaltens, der Marken- und Geschäftstreue – zunehmend Bedeutung.

Um festzustellen, wie weit sich die Unternehmen an den Vorteilen der Beschwerdebearbeitung orientieren und ob sich auch bereits eine Verbesserung für den Konsumenten erkennen läßt, wurde eine empirische Untersuchung durchgeführt. Von insgesamt 207 Unternehmen, die zunächst angesprochen wurden, konnten rund zwei Drittel (125 Unternehmen) für die schriftliche Befragung gewonnen werden. Im Anschluß an diese Umfrage wurden zehn ausgewählte Unternehmen persönlich aufgesucht, um einen vertiefenden Einblick in die Gestaltungsprinzipien und Hintergründe der Beschwerdebearbeitung zu erhalten.

Allein schon die hohe Rücklaufquote der Untersuchung deutet darauf hin, daß das Thema "Verbraucherbeschwerden" bei Unternehmen durchaus auf Interesse stößt. Die Untersuchung zeigt, daß dem Faktor "Konsumentenzufriedenheit" besonderes Gewicht beigemessen wird. Da es sich Unternehmen immer weniger leisten können, unzufriedene Kunden abwandern zu lassen, wird versucht, durch eine schnelle und kulante Bearbeitung den Beschwerdeführer wenigstens nachträglich zufriedenzustellen. Im Vordergrund der Bemühungen stehen damit im wesentlichen Abhilfe- und Wiedergutmachungsfunktionen.

Aber auch der Informationswert von Beschwerden wird von den Unternehmen durchaus erkannt. Dies zeigt sich u.a. darin, daß 85 % der befragten Unternehmen eine Beschwerdeanalyse vornehmen, deren Ergebnisse sich vor allem in der Produktion, Entwicklung und Qualitätssicherung, aber auch in der Schulung der Mitarbeiter, auswirken. Es spiegelt sich aber auch in der breiten Zustimmung wider, die dem Statement, Beschwerden seien Frühwarnsignale, entgegengebracht wird.

Die Ergebnisse erwecken damit den Eindruck, als ob die Unternehmen durchaus die Chancen einer Berücksichtigung von Verbraucherbeschwerden erkennen. Allerdings wird dieses Potential von den Unternehmen nicht in vollem Umfang ausgeschöpft: Die Instrumente eines effizienten Beschwerdemanagements liegen einmal im Bereich des Beschwerdeinputs, wo durch das Mittel der Beschwerdemaximierung Reaktionen, wie z.B. Abwanderung, vermieden werden können, die für das Unternehmen schädlicher wären. Desweiteren liegen sie in der Beschwerdebearbeitung als Instrument zur Erzielung von Zufriedenheit, sowie in der Beschwerdeanalyse, mittels der wichtige Informationen für Verbesserungen erhalten und Marktchancen aufgespürt werden können (vgl. Wimmer, 1985, S. 244). Doch nur bei wenigen Unternehmen sind bisher Bestrebungen zu erkennen, den Konsumenten die Beschwerdeführung zu erleichtern und damit den Beschwerdeinput zu erhöhen. Die Bearbeitung, Analyse und Interpretation der Beschwerden wird häufig auf bereits bestehende Abteilungen aufgeteilt. Ohne daß sich jedoch eine spezielle Instanz dieser Aufgaben annimmt, ist eine umfassende Einsicht in die Probleme der Konsumenten nicht möglich. Sie bleibt auf die Betrachtung der aggregierten Daten beschränkt. Zudem ist anzunehmen, daß Beschwerdeinformationen, die "nebenbei" anfallen, nicht mit der notwendigen Sensibilität beachtet und in die unternehmerischen Planungsprozesse eingebracht werden, wie dies durch eine für Verbraucherfragen explizit zuständige Stelle getan werden könnte.

Bei der Mehrzahl der Unternehmen werden Beschwerden demnach immer noch vorwiegend im traditionellen Sinne behandelt: Die artikulierte Unzufriedenheit soll reduziert werden und der Beschwerdeinhalt wird als Informationsgrundlage genutzt, allerdings ohne dabei die aktiven Strategien einer Beschwerdepolitik zu verfolgen.

Zur Erklärung können verschiedene Gründe herangezogen werden, unter denen die Kostengesichtspunkte einer erweiterten Beschwerdebearbeitung und die Einstellung des Managements zur Notwendigkeit bzw. zum Nutzen beschwerdepolitischer Maßnahmen im Vordergrund stehen.

Das Argument des Kostenanstiegs durch eine Forcierung von Beschwerden kann entkräftet werden, wenn es gelingt, die ökonomische Vertretbarkeit einer erweiterten Beschwerdebearbeitung nachzuweisen. Empirische Untersuchungen und die darauf basierenden Berechnungen zur Feststellung des Nutzens der Beschwerdebearbeitung weisen darauf hin, daß ein Beschwerdemanagement durchaus rentabel sein kann. Dabei beziehen die vorliegenden Kalkulationen den Nutzen der Informationsgewinnungsfunktion noch gar nicht mit ein. Sie liefern bislang lediglich die Grundlage dafür, daß sich durch ein entgegenkommendes Verhalten gegenüber dem individuellen Beschwerdeführer ein (finanzieller) Erfolg erzielen läßt. Darüberhinaus können aber auch die durch Beschwerdebearbeitung gewonnenen Informationen für die unternehmerischen Entscheidungen von großem Vorteil sein. Der Nachweis dieses Erfolgsbeitrags gewinnt an Bedeutung, wenn von Verbraucherseite die Einbeziehung von Verbraucherinteressen in den unternehmerischen Planungsprozeß gefordert wird. Er wird wichtig, wenn es darum geht, eine "interne Interessenvertretung" einzurichten, die die Hinweise der Verbraucher aufnimmt und die auf dieser Basis erarbeiteten Vorschläge gegenüber anderen Strategien durchzusetzen versucht.

In der Untersuchung konnte kein Unternehmen festgestellt werden, das den ökonomischen Erfolgsbeitrag der Beschwerdebearbeitung ermittelt. Trotzdem haben einige der befragten Unternehmen damit begonnen, gesonderte Abteilungen für Verbraucheranfragen und -beschwerden einzurichten. Sie folgen dabei dem Beispiel zahlreicher US-amerikanischer Unternehmen, in denen Verbraucherabteilungen schon seit Jahren in der Organisationsstruktur fest verankert sind. Diese Unternehmen haben für sich die Notwendigkeit erkannt, dem Konsumenten einen Ansprechpartner zu geben und die Anonymität der Beziehungen abzubauen. Die Entscheidung für eine solche Einrichtung scheint hier nicht allein von *formalen* Kosten-Nutzen-Überlegungen abzuhängen, sondern mehr von der Wahrnehmung und Bewertung solcher Maßnahmen als wichtiges Marketinginstrument.

Die Wahrnehmung und die Bewertung der beschwerdepolitischen Strategien hängt in starkem Maße von den Einstellungen der Entscheidungsträger ab. Wie die Untersuchung zeigt, ist die Aufgeschlossenheit gegenüber den Möglichkeiten der Beschwerdebearbeitung groß. Von den befragten Unternehmen wird sie – unabhängig von den jeweils verfolgten Beschwerdestrategien – immer als Beitrag zur Kundenzufriedenheit und als wichtiges Instrument im Wettbewerb betont. Doch es lassen sich auch Widerstände gegen eine Veränderung der traditionellen Reaktionsmuster erkennen. So wird beispielsweise vermutet, daß sich durch die Einrichtung einer spezifischen Abteilung, die sich der Verbraucherprobleme annimmt, weder für die Unternehmen noch für die Verbraucher wesentliche Verbesserungen erreichen lassen. Und daß die traditionellen Formen der Beschwerdebearbeitung und -analyse durchaus ausreichen, um zufriedenstellende Lösungen zu entwickeln.

Demnach ist Beschwerdepolitik immer noch eine Innovation, für die vielen Unternehmen das Bewußtsein fehlt. Die durch eine erweiterte Beschwerdebearbeitung erzielten Erfolge sind auch nicht unbedingt spektakulär, so daß eine Umorientierung sicherlich nicht "umwälzend" stattfinden wird. Aber sie sind beharrlich und stabilisierend – insbesondere auch als Instrument im Wettbewerb.

Aufgrund diffusionstheoretischer Überlegungen kann angenommen werden, daß je langfristiger sich der Erfolg einer solchen Strategie abzeichnet, auch andere Unternehmen nachfolgen werden. Die Einführung eines Beschwerdemanagements dürfte in nächster Zukunft von Marketingzielen geleitet sein. Inwiefern der Erfolgsbeitrag dieses "neuen" Instruments auch dazu führen wird, daß die Unternehmen nach Wegen suchen, um die organisationsinternen Ursachen der Verbraucherunzufriedenheit dauerhaft zu beseitigen, kann nicht abschließend beurteilt werden. Doch selbst wenn ein solches Konzept zunächst auf Marketingzielen beruht, eröffnet es dem Verbraucher doch zumindest im Ansatz die Möglichkeit, bei den Anbietern verstärkt Gehör zu finden, – möglicherweise mit der Folge, daß damit auch die Einsicht einhergeht, daß die Einbeziehung der Konsumenten in unternehmerische Entscheidungsprozesse (z.B. durch eine interne Interessenvertretung) auch den Interessen der Unternehmen zuträglich ist.

Das Anliegen dieser Arbeit war es, die gegenwärtige Situation und die Hintergründe der Beschwerdebearbeitung in Unternehmen darzustellen und zu einem besseren Verständnis der Forderung nach einer Berücksichtigung von Verbraucherinteressen beizutragen. Auch wenn Beschwerden nur zum Teil diese Interessen repräsentieren, ist die Gestaltung und das Ziel der Beschwerdebehandlung in Unternehmen doch ein wichtiger Bestandteil im Beziehungsfeld Verbraucher und Unternehmen. Die Auseinandersetzung über dieses Thema dürfte leichter fallen, wenn sowohl auf Anbieter- als auch auf Nachfragerseite die Chancen, aber auch die Grenzen der Beschwerdebearbeitung mehr ins Bewußtsein rücken.

Anhang

Fragebogen

Universität Hohenheim

Lehrstuhl für Konsumtheorie
und Verbraucherpolitik
Prof. Dr. Gerhard Scherhorn

Institut für Haushalts- und
Konsumökonomik
Telefon 0711/~~4591-2867~~
459-2867

Projekt: Beschwerdemanagement

Teilbereich: KONSUMGÜTERINDUSTRIE

Befragung: SS/WS 87

Bearbeitung: Dipl.ök.dom. Karin Graf

Erläuterung zum Fragebogen:

Schwerpunktmäßig befaßt sich der folgende Fragenkatalog mit der Beschwerdebearbeitung in Unternehmen.

Bitte wählen Sie unter den vorgegebenen Antworten die Alternative, die Ihr Unternehmen am ehesten kennzeichnet. Mehrfachnennungen und Ergänzungen sind möglich. Wir versichern Ihnen, die Daten vertraulich zu behandeln.

Herzlichen Dank für die Mühe der Bearbeitung!

Karin Graf

Karin Graf
(Dipl.ök.dom.)

Postanschrift: Universität Hohenheim Institut 530 Postfach 106 D-7000 Stuttgart 70

1. Verbraucherbeschwerden sind vielfältig. Die Spanne reicht von der Reklamation bis hin zur allgemeinen Unzufriedenheit.

   Bitte kreuzen Sie an, welche Beschwerdeformen in Ihrem Unternehmen eine Rolle spielen.

   O Mängelrüge/ Reklamation
   O Beschwerden über Serviceleistungen
   O Beschwerden über Werbeaussagen
   O Beschwerden über Mitarbeiter
   O Beschwerden aufgrund subjektiver Beurteilungen (z.B. über Gestaltung, Handhabung, Haltbarkeit usw.)
   O Sonstiges (bitte angeben)
   ....
   ....

2. In welcher Form werden diese Beschwerden an Ihr Unternehmen vorwiegend weitergegeben?

   O Durch persönliche Vorsprache
   O Telefonisch
   O Schriftlich

3. Weisen Sie den Konsumenten darauf hin, an wen er sich mit einer Beschwerde wenden kann?

   O Nein
   Ja, und zwar
   O in der Garantie/ in den Vertragsbedingungen
   O in Prospekten
   O auf Rechnungsvordrucken
   O in der Werbung
   O Sonstiges (bitte angeben)
   ....
   ....

4. Haben Sie zur Erleichterung der Kontaktaufnahme mit dem Konsumenten spezielle Einrichtungen geschaffen, wie z.B. eine Kontaktadresse, ein dezentrales Telefonnetz bzw. Service 130 der Post, "Kummerkasten" usw.?

   O Nein
   O Ja

   Wenn ja, welche?

   ....
   ....

5. Wie oft kommt es vor, daß sich Verbraucher bei Ihrem Unternehmen beschweren?

O Täglich
O Mehrmals in der Woche
O Mehrmals im Monat
O Seltener

6. Wie lange dauert es durchschnittlich, bis der Beschwerdeführer eine erste Antwort erhält?

....

7. Ist die Beschwerderate in Ihrem Unternehmen in den letzten Jahren eher gestiegen, eher gefallen oder gleichgeblieben? (Bitte legen Sie, wenn möglich, Zahlenangaben bei)

O Eher gestiegen
O Eher gefallen
O Gleichgeblieben

8. Viele Beschwerden gehen nicht direkt an das herstellende Unternehmen, sondern werden vom Verbraucher an den Handel gerichtet.

a. Wählen die Käufer Ihrer Produkte diesen Beschwerdeweg häufiger oder seltener als den direkten?

O Sehr viel häufiger
O Etwas häufiger
O Ungefähr gleich häufig
O Etwas seltener
O Sehr viel seltener

b. Wenn der Verbraucher seine Beschwerde an den Handel richtet, wie verläuft dann die Beschwerdebearbeitung?

O Beschwerden werden vom Handel bearbeitet und gelöst
O Beschwerden werden immer an Ihr Unternehmen weitergeleitet
O Der Handel informiert Ihr Unternehmen in Form von Beschwerdestatistiken
O Ihr Unternehmen erhält keinerlei Informationen über die Beschwerden
O Sonstiges (bitte angeben)

....
....

9. Exisitert in Ihrem Unternehmen eine Stelle, die für die Bearbeitung sämtlicher Beschwerden, Anfragen und Vorschläge von Verbrauchern zuständig ist?

O Nein
O Ja

a. Wenn nein,

von wem werden die Verbraucherbeschwerden vorwiegend bearbeitet?

O Von der Geschäftsleitung
O Von der Allgemeinen Verwaltung
O Vom Kundendienst/ Service
O Von der Marketingabteilung
O Von der Abteilung für PR/ Öffentlichkeitsarbeit
O Sonstiges (bitte angeben)
....
....

b. Wenn ja,

wie ist die Bezeichnung für diese Stelle?

....

welcher Abteilung ist sie unterstellt?

O Der Marketingabteilung
O Der Abteilung für PR/ Öffentlichkeitsarbeit
O Dem Kundendienst/ Service
O Der Geschäftsleitung direkt
O Sonstige (bitte angeben)
....
....

wieviele Mitarbeiter sind in dieser Stelle beschäftigt?

....

wird in dieser Stelle selbständig entschieden, wie eine Verbraucherbeschwerde behandelt werden soll? (z.B. durch Garantieleistung, Kulanz, zusätzliches Geschenk)

O Nein
O Ja

Wenn nein, wo dann?

....

10. Welche Abteilung wird mit den Kosten der Beschwerdebearbeitung belastet?

O Nach dem profit-center-Prinzip die Abteilung, die die Ursache für die Beschwerde zu verantworten hat
O Die Anlaufstelle für Verbraucheranfragen und -beschwerden (Frage 9b)
O Die Allgemeine Verwaltung
O Sonstige (bitte angeben)
....
....

11. Haben Sie einen Erfahrungswert über die durchschnittlichen Kosten der Behandlung einer einzelnen Beschwerde?

O Nein
O Ja, und zwar ca. .... DM

12. Was wird als Kosten der Beschwerdebehandlung berücksichtigt?

O Ersatzteilkosten
O Bearbeitungskosten
O Gemeinkostenanteil
O Kosten für Porto, Verpackung, Versand
O Verschiedene Kosten, z.B. für Mieten, Büromaterial, Werbe- und Reisekosten
O Sonstiges (bitte angeben)
....
....

13. Verbraucherbeschwerden können ein Signal für allgemeine Kundenunzufriedenheit sein.
Werden in Ihrem Unternehmen Beschwerden daraufhin ausgewertet?

O Nein (bitte weiter mit Frage 19)
O Ja

Wenn ja, wie?

O Quantitativ, nur Gesamtzahlen
Qualitativ, und zwar Aufschlüsselung nach
O regionalem Anfall
O saisonalem Anfall
O Beschwerdeursachen
O Vorkauf-/ Kauf-/ Verwendungsphase
O Sonstiges (bitte angeben)
....
....

14. Wer ist für die Auswertung der Verbraucherbeschwerden zuständig?

....

15. Wozu werden die Ergebnisse der Auswertung vorwiegend verwendet?

O Zur Qualitätssicherung
O Zur Produktverbesserung
O Zur Verbesserung des Kundendienstes
O Zur Gestaltung der Konditionen
O Als Anlaß und zur Kontrolle von Werbemaßnahmen
O Als Hinweis für Änderungen des Produktionsprogramms
O Zur Kontrolle der Mitarbeiter
O Zur Kontrolle des Handels
O Als Grundlage für Mitarbeiter-Schulungen
O Als Grundlage für Beratungsaktivitäten
O Sonstiges (bitte angeben)
....
....

16. Wie wird die Geschäftsleitung über die Beschwerden informiert?

O Durch Weitergabe von Beschwerdestatistiken
O Durch schriftliche Berichterstattung in Einzelfällen
O Durch persönliche Informationsgespräche
O Sonstiges (bitte angeben)
....
....

17. Wird die Beschwerdeauswertung an alle Abteilungen Ihres Unternehmens weitergeleitet?

O Ja
O Nur an einzelne
O Überhaupt nicht

Wenn nur an einzelne Abteilungen weitergeleitet wird, an welche?

....
....

18. Wie häufig werden die Informationen weitergegeben?

O Nach Anforderung
In regelmäßigen Zeitabständen, nämlich
O 1 x pro Monat
O vierteljährlich
O seltener

19. Im folgenden nennen wir Ihnen einige Meinungen und Einstellungen, von denen Sie jeweils die Aussage ankreuzen sollten, der Sie am ehesten zustimmen.

Bitte entscheiden Sie nicht nach Ihrer persönlichen Meinung, sondern wählen Sie die Alternative, die den Standpunkt Ihres Unternehmens wiedergibt.

	Alternative 1	Alternative 2
1.	Beschwerden spiegeln nur die Meinung **einzelner** Verbraucher wider und sind insofern keine geeignete Grundlage für unternehmerische Entscheidungen. O	Bei Verbraucherbeschwerden handelt es sich nur um die "Spitze des Eisbergs". Aus diesem Grund ist es wichtig, auch wenigen Beschwerden nachzugehen, um hinter die Ursachen zu kommen. O
2.	Zur Behandlung von Beschwerden ist der Handel wegen seiner Kundennähe besser geeignet als das herstellende Unternehmen. O	Die meisten Beschwerden gehen zwar an den Handel; er kann jedoch nur die Symptome einer Beschwerde kurieren, die Ursache muß vom Hersteller gefunden werden. O
3.	Gutes Beschwerdemanagement hat positive Effekte, insofern es dazu beiträgt, Fehlleistungen früh zu erkennen und das Angebot zu verbessern. O	Zuvorkommende Beschwerdebehandlung fördert vorwiegend Nörgelei und Querulanz. Die Zahl der gerechtfertigten Beschwerden ist gering. O
4.	Bei der Stelle für Verbraucheranfragen und -beschwerden handelt es sich zwar um eine Anlaufstelle für den Konsumenten; sie hat aber die Interessen des Unternehmens zu vertreten, nicht etwa die des Kunden. O	Eine Anlaufstelle für Verbraucheranfragen und -beschwerden ist für das Unternehmen am nützlichsten, wenn sie die Funktion einer internen Interessenvertretung der Konsumenten hat. O

Abschließend möchten wir Sie bitten, uns noch einige Fragen zu Ihrer Unternehmung und Ihrer Stellung im Unternehmen zu beantworten.

20. Wieviele Beschäftigte hat Ihr Unternehmen?

....

21. Wieviele verschiedene Produkte umfaßt Ihr Sortiment?

....

22. Bei welchen Marktpreisen liegen Ihre größten Stückumsätze? (Bitte nennen Sie nur dann mehr als einen Preisbereich, wenn es sich um etwa gleiche Stückumsätze handelt)

.... DM
.... DM

23. Wie hoch waren die Umsätze Ihres Unternehmens in den Jahren 1985 und 1986?

1985: .... DM
1986: .... DM

24. Was sind Ihre wichtigsten Vertriebswege?

O Facheinzelhandel
O Supermarkt/ Kaufhäuser
O Selbständige Handelsvertreter
O Unternehmenseigene Vertriebssysteme
O Handwerk
O Dienstleistungsunternehmen
O Sonstige (bitte angeben)
....
....

25. Geben Sie für Ihre Produkte eine Garantie über den gesetzlichen Rahmen hinaus?

O Nein
O Ja

Wenn ja, bitte angeben oder Prospekt beilegen:

....
....

26. Seit wann sind Sie in Ihrem Unternehmen beschäftigt?

....

27. Welche Position nehmen Sie in Ihrem Unternehmen ein?

....

28. Seit wann sind Sie in dieser Position tätig?

....

Herzlichen Dank für Ihre Auskünfte!

Ergebnisse der postalischen Umfrage (Tabellen)

Die Tabellen dokumentieren die Auswertungsergebnisse der postalischen Umfrage, an der sich 125 Unternehmen der Konsumgüterindustrie, des Handels und der Dienstleistungsbranche beteiligt hatten.

Zusätzlich zur branchenübergreifenden Auswertung der Antworten wird z.T. zwischen den Antworten der Konsumgüterindustrie (und hier z.T. noch zwischen Herstellern von Gebrauchs- und Verbrauchsgütern), des Handels (Stationärer Handel und Versandhandel) und der Dienstleistungsunternehmen differenziert. Eine dementsprechende Darstellung erfolgt bei den Antwortkategorien, die wesentliche Unterschiede zwischen den Branchen aufweisen.

Auf die Auswertung der Fragen 21 ("Wieviele Produkte umfaßt Ihr Sortiment?") und 22 ("Bei welchen Marktpreisen liegen Ihre größten Stückumsätze?") mußte verzichtet werden, da diese Fragen zum großen Teil nicht beantwortet bzw. von den Unternehmen falsch interpretiert wurden.

Aus denselben Gründen erfolgte auch keine Auswertung der Fragen 26 und 28 (Beschäftigungsdauer des Fragebogenbearbeiters im Unternehmen und in der jeweiligen Position).

Die Nummerierung der Tabellen und Grafiken in Kombination mit den Kennbuchstaben "H" oder "K" weist auf Häufigkeitsauszählungen (H) oder Kreuztabellierungen (K) hin.

Tabelle H 1: Rücklauf

	angeschriebene Unternehmen		teilnehmende Unternehmen		Rücklaufquote
Branche	abs.	%	abs.	%	%
Konsumgüterindustrie	152	*77*	101	*81*	*66*
Gebrauchsgüter	115	*58*	74	*59*	*64*
Verbrauchsgüter	37	*19*	27	*22*	*73*
Handel	24	*12*	11	*9*	*46*
Stationärer Handel	19	*10*	8	*6*	*42*
Versandhandel	5	*3*	3	*2*	*60*
Dienstl.Unternehmen	22	*11*	13	*10*	*59*
Insgesamt	198	*100*	125	*100*	*63*

Tabelle H 2: Branchen

Unternehmen / Branche	Insgesamt		davon:													
			Konsumgüterindustrie						Handel						DL	
			Insgesamt		Gebrauchsgüter		Verbrauchsgüter		Insgesamt		Stationär. Handel		Versandhandel		Insgesamt	
	abs.	%	abs.	%	abs.	%	abs.	%	abs.	%	abs.	%	abs.	%	abs.	%
Haushaltsgeräte	24	*19*	23	*23*	23	*31*	–	–	–	–	–	–	–	–	1	*8*
Heimwerker	4	*3*	4	*4*	4	*5*	–	–	–	–	–	–	–	–	–	–
Unterhaltungs-elektronik/Computer	17	*14*	17	*17*	17	*23*	–	–	–	–	–	–	–	–	–	–
Foto/Optik	9	*7*	8	*8*	8	*11*	–	–	1	*9*	1	*13*	–	–	–	–
Kfz und Zubehör	7	*6*	7	*7*	7	*9*	–	–	–	–	–	–	–	–	–	–
Sport/Textilien	5	*4*	5	*5*	5	*7*	–	–	–	–	–	–	–	–	–	–
Kosmetik	13	*10*	13	*13*	–	–	13	*48*	–	–	–	–	–	–	–	–
Warenpflege	2	*2*	2	*2*	–	–	2	*7*	–	–	–	–	–	–	–	–
Papier/Verpackung	4	*3*	4	*4*	–	–	4	*15*	–	–	–	–	–	–	–	–
Möbel	12	*10*	9	*9*	9	*12*	–	–	2	*18*	2	*25*	–	–	1	*8*
Nahrungs- und Genußmittel	7	*6*	5	*5*	–	–	5	*19*	2	*18*	2	*25*	–	–	–	–
Kauf-/Warenhäuser	3	*2*	–	–	–	–	–	–	3	*27*	3	*38*	–	–	–	–
Versandhandel	2	*2*	–	–	–	–	–	–	2	*18*	–	–	2	*67*	–	–
Verlage/Buchclubs*	4	*3*	1	*1*	1	*1*	–	–	1	*9*	–	–	1	*33*	2	*15*
Versicherungen	5	*4*	–	–	–	–	–	–	–	–	–	–	–	–	5	*38*
Mineralölkonzerne/ Tankstellenbetriebe	4	*3*	3	*3*	–	–	3	*3*	–	–	–	–	–	–	1	*8*
Sonstige Dienstleist.	3	*2*	–	–	–	–	–	–	–	–	–	–	–	–	3	*23*
Insgesamt	12	*100*	101	*100*	74	*100*	27	*100*	11	*100*	8	*100*	3	*100*	13	*100*

*) Zuordnung entsprechend der Angaben des Unternehmens

1.

Verbraucherbeschwerden sind vielfältig. Die Spanne reicht von der Reklamation bis hin zur allgemeinen Unzufriedenheit.

Bitte kreuzen Sie an, welche Beschwerdeformen in Ihrem Unternehmen eine Rolle spielen.

Tabelle H 3: Beschwerdeinhalte *(Mehrfachantworten)*

Unternehmen / Beschwerde-inhalt	Insgesamt		davon:													
			Konsumgüterindustrie						Handel						DL	
			Insgesamt		Gebrauchsgüter		Verbrauchsgüter		Insgesamt		Stationär. Handel		Versandhandel		Insgesamt	
	abs.	%	abs.	%	abs.	%	abs.	%	abs.	%	abs.	%	abs.	%	abs.	%
Anzahl verw. Fälle	125		101		74		27		11		8		3		13	
Mängelrüge	111	*89*	94	*93*	68	*92*	26	*96*	10	*91*	7	*88*	3	*100*	7	*54*
Serviceleitstung	63	*50*	45	*45*	38	*51*	7	*26*	9	*82*	6	*75*	3	*100*	9	*69*
subj.Erwartung	59	*47*	51	*51*	38	*51*	13	*48*	3	*27*	2	*25*	1	*33*	5	*38*
Mitarbeiter	29	*23*	14	*14*	13	*18*	1	*4*	7	*64*	6	*75*	1	*33*	8	*62*
Werbeaussagen	25	*20*	15	*15*	9	*12*	6	*22*	6	*55*	4	*50*	2	*67*	4	*31*
Vertragsinhalt	2	*2*	–	–	–	–	–	–	–	–	–	–	–	–	2	*15*
Schadensregelung	3	*2*	–	–	–	–	–	–	–	–	–	–	–	–	3	*23*
Sonstiges	6	*5*	3	*3*	3	*4*	–	–	1	*9*	–	–	1	*33*	2	*15*
Keine Angaben	2	*2*	2	*2*	2	*3*	–	–	–	–	–	–	–	–	–	–
Σ	300	*240*	224	*222*	171	*231*	53	*196*	36	*327*	25	*313*	11	*367*	40	*308*

2.
In welcher Form werden diese Beschwerden an Ihr Unternehmen vorwiegend weitergegeben?

Tabelle H 4: Kommunikationsform Verbraucher – Unternehmen
(Mehrfachantworten)

Unternehmen / Kommunikationsweg	Insgesamt		davon:					
			Konsumgüterindustrie		Handel		DL	
	abs.	%	abs.	%	abs.	%	abs.	%
Anz.d.verw.Fälle	125	*100*	101	*100*	11	*100*	13	*100*
persönlich	24	*19*	14	*14*	8	*73*	2	*15*
telefonisch	86	*69*	69	*68*	9	*82*	8	*62*
schriftlich	122	*98*	98	*97*	11	*100*	13	*100*
Insgesamt	232	*186*	181	*179*	28	*255*	23	*177*

3.
Weisen Sie den Konsumenten darauf hin, an wen er sich mit einer Beschwerde wenden kann?

Tabelle H 5: Unternehmen mit/ohne Hinweise auf Beschwerdestellen

Unternehmen / Hinweis	Insgesamt		davon:													
			Konsumgüterindustrie						Handel						DL	
			Insgesamt		Gebrauchsgüter		Verbrauchsgüter		Insgesamt		Stationär. Handel		Versandhandel		Insgesamt	
	abs.	%	abs.	%	abs.	%	abs.	%	abs.	%	abs.	%	abs.	%	abs.	%
Ja	76	61	60	59	44	59	16	59	8	73	5	63	3	100	8	62
Nein	49	39	41	41	30	41	11	41	3	27	3	38	–	–	5	38
Insgesamt	125	100	101	100	74	100	27	100	11	100	8	100	3	100	13	100

Wenn ja, wie?

Tabelle H 6: Hinweis"träger" *(Mehrfachantworten)*

Unternehmen / Hinweis-träger	Insgesamt		davon:													
			Konsumgüterindustrie						Handel						DL	
			Insgesamt		Gebrauchsgüter		Verbrauchsgüter		Insgesamt		Stationär. Handel		Versandhandel		Insgesamt	
	abs.	%	abs.	%	abs.	%	abs.	%	abs.	%	abs.	%	abs.	%	abs.	%
Anz.d.verw.Fälle	76		60		44		16		8		5		3		8	
Garantie	49	64	39	65	33	75	6	38	6	75	5	100	1	33	4	50
Prospekt	26	34	19	32	11	25	8	50	5	63	3	60	2	67	2	25
Rechnungsvordruck	8	11	5	7	3	7	2	13	2	25	1	20	1	33	2	25
Werbung allgemein	14	18	9	17	7	16	2	13	2	25	1	20	1	33	2	25
Verpackung	9	12	9	15	1	2	8	50	–	–	–	–	–	–	–	–
Schriftwechsel/ Telefon	2	3	–	–	–	–	–	–	–	–	–	–	–	–	2	25
KD-Verzeichnis	3	4	3	5	3	7	–	–	–	–	–	–	–	–	–	–
Gebrauchsanweis.	2	3	2	3	2	5	–	–	–	–	–	–	–	–	–	–
Σ	113	149	86	143	60	136	26	163	15	188	10	200	5	167	12	150

4.
Haben Sie zur Erleichterung der Kontaktaufnahme mit dem Konsumenten spezielle Einrichtungen geschaffen, wie z.B. ein dezentrales Telefonnetz, den Service 130 der Post, "Kummerkasten" usw.?

Tabelle H 7: Unternehmen mit/ohne Kommunikationserleichterungen

Unternehmen / Kommunikationserleichterung	Insgesamt		davon: Konsumgüterindustrie						Handel						DL	
			Insgesamt		Gebrauchsgüter		Verbrauchsgüter		Insgesamt		Stationär. Handel		Versandhandel		Insgesamt	
	abs.	%	abs.	%	abs.	%	abs.	%	abs.	%	abs.	%	abs.	%	abs.	%
Ja	50	*40*	35	*35*	26	*35*	9	*33*	6	*55*	3	*38*	3	*100*	9	*69*
Nein	75	*60*	66	*65*	48	*65*	18	*67*	5	*45*	5	*63*	–	–	4	*31*
Insgesamt	125	*100*	101	*100*	74	*100*	27	*100*	11	*100*	8	*100*	3	*100*	13	*100*

Wenn ja, welche?

Tabelle H 8: Form der Kommunikationserleichterung

Unternehmen / Form der Komm.-erleichterung	Insgesamt		davon: Konsumgüterindustrie						Handel						DL	
			Insgesamt		Gebrauchsgüter		Verbrauchsgüter		Insgesamt		Stationär. Handel		Versandhandel		Insgesamt	
	abs.	%	abs.	%	abs.	%	abs.	%	abs.	%	abs.	%	abs.	%	abs.	%
Anzahl der Fälle	50		35		26		9		6		3		3		9	
Zentr.Kontaktadr.	27	*54*	21	*60*	15	*58*	6	*67*	4	*67*	1	*33*	3	*100*	2	*22*
Dez. Servicestellen	11	*22*	8	*23*	8	*31*	–	–	2	*33*	–	–	2	*67*	1	*11*
Zentr. Telefonnetz	16	*32*	10	*29*	8	*31*	2	*22*	2	*33*	–	–	2	*67*	4	*44*
Dez. Telefonnetz	3	*6*	2	*6*	1	*4*	1	*11*	1	*17*	–	–	1	*33*	–	–
Berater	3	*6*	1	*3*	–	–	1	*11*	–	–	–	–	–	–	2	*22*
Service 130	6	*12*	6	*17*	4	*15*	2	*22*	–	–	–	–	–	–	–	–
Btx	1	*2*	–	–	–	–	–	–	1	*17*	1	*33*	–	–	–	–
Σ	67	*134*	48	*137*	36	*138*	12	*133*	10	*167*	2	*68*	8	*266*	9	*100*

5.
Wie oft kommt es vor, daß sich Verbraucher bei Ihrem Unternehmen beschweren?

Tabelle H 9: Beschwerdefrequenz

Unternehmen / Beschw. frequenz	Insgesamt		davon:													
			Konsumgüterindustrie						Handel						DL	
			Insgesamt		Gebrauchsgüter		Verbrauchsgüter		Insgesamt		Stationär. Handel		Versandhandel		Insgesamt	
	abs.	%	abs.	%	abs.	%	abs.	%	abs.	%	abs.	%	abs.	%	abs.	%
täglich	47	*38*	35	*35*	24	*32*	11	*41*	4	*36*	2	*25*	2	*67*	8	*62*
mehrmals i.d.Woche	22	*18*	18	*18*	16	*22*	2	*7*	3	*27*	3	*38*	–	–	1	*8*
mehrmals im Monat	32	*26*	26	*26*	16	*22*	10	*37*	2	*18*	2	*25*	–	–	4	*31*
seltener	23	*18*	21	*21*	17	*23*	4	*15*	2	*18*	1	*13*	1	*33*	–	–
Keine Angaben	1	*1*	1	*1*	1	*1*	–	–	–	–	–	–	–	–	–	–
Insgesamt	125	*100*	101	*100*	74	*100*	27	*100*	11	*100*	8	*100*	3	*100*	13	*100*

6.
Wie lange dauert es durchschnittlich, bis der Beschwerdeführer eine erste Antwort erhält?

Tabelle H 10: Durchschnittliche Bearbeitungsdauer einer Beschwerde

Unternehmen / Bearbeitungszeit in Tagen	Insgesamt		davon: Konsumgüterindustrie		Handel		DL	
	abs.	rel.	abs.	rel.	abs.	rel.	abs.	rel.
1	14	*11*	9	*9*	4	*36*	1	*8*
2	8	*6*	7	*7*	1	*9*	–	–
3	17	*14*	14	*14*	2	*18*	1	*8*
4	6	*5*	6	*6*	–	–	–	–
5	38	*30*	35	*35*	2	*18*	1	*8*
6	1	*1*	1	*1*	–	–	–	–
7	3	*2*	2	*2*	–	–	1	*8*
8	7	*6*	6	*6*	–	–	1	*8*
9	–	–	–	–	–	–	–	–
10	8	*6*	4	*4*	–	–	4	*31*
11 und mehr Tage	4	*3*	4	*4*	–	–	–	–
Keine Angaben	19	*15*	13	*13*	2	*18*	4	*31*
Insgesamt	125	*100*	101	*100*	11	*100*	13	*100*

7.
Ist die Beschwerderate in Ihrem Unternehmen in den letzten Jahren eher gestiegen, eher gefallen oder gleichgeblieben?

Tabelle H 11: Entwicklung der Beschwerderate in den vergangenen Jahren

Unternehmen / Beschwerderate	Insgesamt		davon:													
			Konsumgüterindustrie						Handel						DL	
			Insgesamt		Gebrauchsgüter		Verbrauchsgüter		Insgesamt		Stationär. Handel		Versandhandel		Insgesamt	
	abs.	%	abs.	%	abs.	%	abs.	%	abs.	%	abs.	%	abs.	%	abs.	%
eher gestiegen	21	*17*	19	*19*	13	*18*	6	*22*	2	*18*	2	*25*	–	–	–	–
gleichgeblieben	53	*42*	39	*39*	25	*34*	14	*52*	6	*55*	5	*63*	1	*33*	8	*62*
gefallen	50	*40*	42	*42*	35	*47*	7	*26*	3	*27*	1	*13*	2	*67*	5	*38*
Keine Angaben	1	*1*	1	*1*	1	*1*	–	–	–	–	–	–	–	–	–	–
Insgesamt	125	*100*	101	*100*	74	*100*	27	*100*	11	*100*	8	*100*	3	*100*	13	*100*

8*).
Viele Beschwerden gehen nicht direkt an das herstellende Unternehmen, sondern werden vom Verbraucher an den Handel gerichtet.

a. Wählen die Käufer Ihrer Produkte diesen Beschwerdeweg häufiger oder seltener als den direkten?

Tabelle H 12: Beschwerdeadressat: Handel oder Hersteller?

Unternehmen / Beschwerdeadressat	Insgesamt		davon: Konsumgüterindustrie						Handel					
			Insgesamt		Gebrauchsgüter		Verbrauchsgüter		Insgesamt		Stationär. Handel		Versandhandel	
	abs.	%	abs.	%	abs.	%	abs.	%	abs.	%	abs.	%	abs.	%
sehr viel häufiger der Handel	40	*32*	32	*32*	29	*39*	3	*11*	8	*73*	5	*63*	–	–
etwas häufiger der Handel	11	*9*	11	*11*	10	*14*	1	*4*	–	–	–	–	3	*100*
Handel u.Hersteller etwa gleich häufig	19	*15*	18	*18*	14	*19*	4	*15*	1	*9*	1	*13*	–	–
etwas seltener der Handel	10	*8*	10	*10*	8	*11*	2	*7*	–	–	–	–	–	–
sehr viel seltener der Handel	20	*16*	19	*19*	7	*9*	12	*44*	1	*9*	1	*13*	–	–
Antwort nicht auswertbar	24	*19*	10	*10*	5	*7*	5	*19*	1	*9*	1	*13*	–	–
Keine Angaben	1	*1*	1	*1*	1	*1*	–	–	–	–	–	–	–	–
Insgesamt	125	*100*	101	*100*	74	*100*	27	*100*	11	*100*	8	*100*	3	*100*

*) Die Fragen 8 a und 8 b wurden nur an die Konsumgüterindustrie und den Handel gerichtet.

8 b.
Wenn der Verbraucher seine Beschwerde an den Handel richtet, wie verläuft dann die Beschwerdebearbeitung?

Tabelle H 13: Arbeitsteilung und Kommunikation zwischen Hersteller und Handel bei der Bearbeitung von Verbraucherbeschwerden

Unternehmen / Arbeitsteilung zw. Handel und Hersteller	Insgesamt		davon:												
			Konsumgüterindustrie						Handel					
			Insgesamt		Gebrauchsgüter		Verbrauchsgüter		Insgesamt		Stationär. Handel		Versandhandel	
	abs.	%	abs.	%	abs.	%	abs.	%	abs.	%	abs.	%	abs.	%
Handel bearb. u. löst die Beschw. selbst	30	*27*	21	*21*	19	*26*	2	*7*	8	*73*	6	*75*	2	*67*
Handel u. Hersteller teilen sich d. Bearbeit.	38	*34*	37	*37*	33	*45*	4	*15*	1	*9*	–	–	1	*3*
Herst. bearb. u. löst die Beschw. allein	39	*35*	39	*39*	22	*30*	17	*63*	1	*9*	1	*13*	–	–
Keine Angaben	5	*4*	4	*4*	–	–	4	*15*	1	*9*	1	*13*	–	–
Insgesamt	112	*100*	101	*100*	74	*100*	27	*100*	11	*100*	8	*100*	3	*100*

9.
Exisitiert in Ihrem Unternehmen eine Stelle, die für die Bearbeitung sämtlicher Beschwerden, Anfragen und Vorschläge von Verbrauchern zuständig ist?

Tabelle H 14: Organisatorische Regelung der Beschwerdebearbeitung

Unternehmen / Beschwerdebearbeitung	Insgesamt		davon:															
			Konsumgüterindustrie						Handel						DL	
			Insgesamt		Gebrauchsgüter		Verbrauchsgüter		Insgesamt		Stationär. Handel		Versandhandel		Insgesamt	
	abs.	%	abs.	%	abs.	%	abs.	%	abs.	%	abs.	%	abs.	%	abs.	%
Zentral	74	*59*	57	*57*	36	*49*	21	*78*	9	*82*	7	*88*	2	*66*	8	*62*
Dezentral	51	*41*	44	*44*	38	*51*	6	*22*	2	*18*	1	*13*	1	*33*	5	*38*
Insgesamt	125	*100*	101	*100*	74	*100*	27	*100*	13	*100*	8	*100*	3	*100*	13	*100*

9 a.
Wenn nein,
von wem werden die Verbraucherbeschwerden vorwiegend bearbeitet?

Tabelle H 15: Dezentrale Beschwerdebearbeitung:
Vorwiegend zuständige Abteilungen *(Mehrfachantworten)*

Unternehmen / Bearbeitung	Insgesamt		davon:													
			Konsumgüterindustrie						Handel						DL	
			Insgesamt		Gebrauchsgüter		Verbrauchsgüter		Insgesamt		Stationär. Handel		Versandhandel		Insgesamt	
	abs.	%	abs.	%	abs.	%	abs.	%	abs.	%	abs.	%	abs.	%	abs.	%
Anz.d.verw.Fälle	51		44		38		6		2		1		1		5	
Kundendienst	35	*69*	33	*75*	30	*79*	3	*27*	2	*100*	1	*100*	1	*100*	–	–
Marketing	15	*29*	15	*34*	12	*32*	3	*27*	–	–	–	–	–	–	–	–
Geschäftsleitung	13	*25*	10	*23*	7	*18*	3	*27*	1	*50*	1	*100*	–	–	2	*29*
Verkauf	5	*10*	5	*11*	5	*13*	–	–	–	–	–	–	–	–	–	–
Allg. Verwaltung	3	*6*	3	*7*	3	*8*	–	–	–	–	–	–	–	–	–	–
Public Relations	3	*6*	3	*7*	2	*5*	1	*9*	–	–	–	–	–	–	–	–
Vertrieb	3	*6*	3	*7*	3	*8*	–	–	–	–	–	–	–	–	–	–
Bezirksleitung	3	*6*	1	*2*	–	–	1	*9*	–	–	–	–	–	–	2	*29*
Qualitätssicherung	2	*4*	2	*5*	2	*5*	–	–	–	–	–	–	–	–	–	–
Vetreter/ Verkäufer	2	*4*	–	–	–	–	–	–	–	–	–	–	–	–	2	*29*
Abteilungsleiter	1	*2*	–	–	–	–	–	–	1	*50*	1	*100*	–	–	–	–
betr. Fachabteilung	5	*10*	3	*7*	3	*8*	–	–	–	–	–	–	–	–	2	*29*
Sonstige	3	*6*	1	*2*	1	*3*	–	–	2	*100*	1	*100*	1	*100*	–	
Insgesamt	93	*182*	79	*180*	68	*179*	11	*283*	6	*300*	4	*400*	2	*200*	8	

9 b.
Wenn ja, wie ist die Bezeichnung für diese Stelle?

Tabelle H 16: Zentrale Beschwerdebearbeitung: Zuständige Abteilung

Unternehmen / Bearbeitung	Insgesamt		davon:													
			Konsumgüterindustrie						Handel						DL	
			Insgesamt		Gebrauchsgüter		Verbrauchsgüter		Insgesamt		Stationär. Handel		Versandhandel		Insgesamt	
	abs.	%	abs.	%	abs.	%	abs.	%	abs.	%	abs.	%	abs.	%	abs.	%
Anz.d.verw.Fälle	51		44		38		6		2		1		1		5	
Kundendienst	35	*69*	33	*75*	30	*79*	3	*27*	2	*100*	1	*100*	1	*100*	–	–
Marketing	15	*29*	15	*34*	12	*32*	3	*27*	–	–	–	–	–	–	–	–
Geschäftsleitung	13	*25*	10	*23*	7	*18*	3	*27*	1	*50*	1	*100*	–	–	2	*29*
Verkauf	5	*10*	5	*11*	5	*13*	–	–	–	–	–	–	–	–	–	–
Allg. Verwaltung	3	*6*	3	*7*	3	*8*	–	–	–	–	–	–	–	–	–	–
Public Relations	3	*6*	3	*7*	2	*5*	1	*9*	–	–	–	–	–	–	–	–
Vertrieb	3	*6*	3	*7*	3	*8*	–	–	–	–	–	–	–	–	–	–
Bezirksleitung	3	*6*	1	*2*	–	–	1	*9*	–	–	–	–	–	–	2	*29*
Qualitätssicherung	2	*4*	2	*5*	2	*5*	–	–	–	–	–	–	–	–	–	–
Vetreter/ Verkäufer	2	*4*	–	–	–	–	–	–	–	–	–	–	–	–	2	*29*
Abteilungsleiter	1	*2*	–	–	–	–	–	–	1	*50*	1	*100*	–	–	–	–
betr. Fachabteilung	5	*10*	3	*7*	3	*8*	–	–	–	–	–	–	–	–	2	*29*
Sonstige	3	*6*	1	*2*	1	*3*	–	–	2	*100*	1	*100*	1	*100*	–	
Insgesamt	93	*182*	79	*180*	68	*179*	11	*283*	6	*300*	4	*400*	2	*200*	8	

Tabelle H 17: Zentrale Beschwerdebearbeitung: Bezeichnung der spezifischen Servicestellen für Konsumenten

Bezeichnung \ Unternehmen		Insgesamt		davon: Konsumgüterindustrie						Handel						DL	
				Insgesamt		Gebrauchsgüter		Verbrauchsgüter		Insgesamt		Stationär. Handel		Versandhandel		Insgesamt	
		abs.	%	abs.	%	abs.	%	abs.	%	abs.	%	abs.	%	abs.	%	abs.	%
Konsumenten-	Beratung	1	*4*	1	*5*	1	*7*	–	–	–	–	–	–	–	–	–	–
Verbraucher-	Beratung	2	*8*	2	*11*	–	–	2	*40*	–	–	–	–	–	–	–	–
Kunden-	Beratung	2	*8*	1	*5*	1	*7*	–	–	–	–	–	–	–	–	1	*25*
Hausw.schaftl.	Beratung	1	*4*	1	*5*	–	–	1	*20*	–	–	–	–	–	–	–	–
Konsumenten-	Betreuung	2	*8*	2	*11*	2	*14*	–	–	–	–	–	–	–	–	–	–
Kunden-	Betreuung	5	*19*	2	*11*	1	*7*	1	*20*	1	*33*	1	*50*	–	–	2	*50*
Mitglieder-	Betreuung	1	*4*	–	–	–	–	–	–	–	–	–	–	–	–	1	*25*
Customer Care		3	*12*	3	*16*	3	*21*	–	–	–	–	–	–	–	–	–	–
Kunden-	Service	4	*15*	3	*16*	2	*11*	1	*20*	1	*33*	1	*50*	–	–	–	–
Mitglieder-	Service	1	*4*	–	–	–	–	–	–	1	*33*	–	–	1	*100*	–	–
Abteilung	Service	4	*15*	4	*21*	4	*29*	–	–	–	–	–	–	–	–	–	–
Insgesamt		26	*100*	19	*100*	14	*100*	5	*100*	3	*100*	2	*100*	1	*100*	4	*100*

welcher Abteilung ist sie unterstellt?

Tabelle H 18: Zentrale Beschwerdebearbeitung:
Übergeordnete Abteilung der Beschwerdestelle

Unternehmen / Beschw.stelle zugeordnet zu:	Insgesamt		davon:													
			Konsumgüterindustrie						Handel						DL	
			Insgesamt		Gebrauchsgüter		Verbrauchsgüter		Insgesamt		Stationär. Handel		Versandhandel		Insgesamt	
	abs.	%	abs.	%	abs.	%	abs.	%	abs.	%	abs.	%	abs.	%	abs.	%
Geschäftsführung	24	*32*	15	*26*	9	*25*	6	*29*	5	*56*	4	*57*	1	*50*	4	*50*
Marketing	15	*20*	15	*26*	6	*17*	9	*43*	–	–	–	–	–	–	–	–
Kundendienst	19	*26*	17	*30*	16	*44*	1	*5*	2	*22*	2	*29*	–	–	–	–
PR-Abteilung	1	*1*	1	*2*	–	–	1	*5*	–	–	–	–	–	–	–	–
Vertrieb	6	*8*	4	*7*	2	*6*	2	*10*	2	*22*	1	*14*	1	*50*	–	–
Verkauf	3	*4*	2	*4*	1	*3*	1	*5*	–	–	–	–	–	–	1	*13*
Fulfilment	1	*1*	1	*2*	–	–	1	*5*	–	–	–	–	–	–	–	–
Sonstige	5	*7*	2	*4*	2	*6*	–	–	–	–	–	–	–	–	3	*38*
Insgesamt	74	*100*	57	*100*	36	*100*	21	*100*	9	*100*	7	*100*	2	*100*	8	*100*

Tabelle H 19: Zentrale Beschwerdebearbeitung:
Übergeordnete Abteilung der spezifischen Servicestellen

Bezeichnung \ Übergeordnete Abteilungen		Geschäftsleitung	Marketing	Kundendienst	Public Relations	Vertrieb	Verkauf	Fulfilment	Sonstige
Konsumenten-	Beratung	1	–	–	–	–	–	–	–
Verbraucher-	Beratung	–	1	–	1	–	–	–	–
Kunden-	Beratung	2	–	–	–	–	–	–	–
Hausw.schaftl.	Beratung	–	1	–	–	–	–	–	–
Konsumenten-	Betreuung	–	–	2	–	–	–	–	–
Kunden-	Betreuung	2	–	1	–	–	1	1	–
Mitglieder-	Betreuung	–	–	–	–	–	–	–	1
Customer Care	Betreuung	1	–	2	–	–	–	–	–
Kunden-	Service	–	–	–	–	1	1	–	2
Mitglieder-	Service	–	–	–	–	1	–	–	–
Abteilung	Service	2	–	1	–	–	1	–	–
Insgesamt		8	2	6	1	2	3	1	3

wieviele Mitarbeiter sind in dieser Stelle beschäftigt?

Tabelle H 20: Zentrale Beschwerdebearbeitung: Mitarbeiterzahl

Beschwerde-stelle / Mitarbeiter-zahl	"Bezeichnung"	Kundendienst	Marketing	Vertrieb	Produktmanagem.	Technik	Korrespondenz.abt.	Forsch./Entwickl.	Qualitätssicherung	Qualit./Forsch-Entw.	Public Relations	Verkaufsförderung	ZentralKoordination	Ohne Bezeichnung	Insgesamt	
	abs.	abs.	abs.	abs.	abs.	abs.	abs.	abs.	abs.	abs.	abs.	abs.	abs.	abs.	abs.	%
Anzahl der Fälle	26	16	4	3	2	2	2	2	2	2	2	2	2	12	74	*100*
bis zu 3	10	4	4	–	–	–	–	1	1	1	1	1	–	11	34	*46*
4 bis 6	3	6	–	–	2	1	–	1	–	–	–	–	1	–	15	*20*
7 bis 9	5	–	–	1	–	–	1	–	–	–	–	–	–	–	7	*9*
10 bis 20	3	1	–	1	–	1	–	–	–	–	–	–	–	–	6	*8*
21 und mehr	3	3	–	1	–	–	–	–	–	–	–	–	–	–	7	*9*
nicht zuordenbar	1	1	–	–	–	–	–	–	–	–	–	–	–	–	2	*3*
Keine Angaben	1	1	–	–	–	–	1	–	–	–	–	–	–	–	3	*4*

Tabelle H 21: Zentrale Beschwerdebearbeitung: Mitarbeiterzahl in den spezifischen Servicestellen

Bezeichnung / Mitarbeiterzahl	Beratung				Betreuung				Service			Insgesamt	
	Konsumenten	Verbraucher	Kunden	Hauswirtschaft	Konsumenten	Kunden	Mitglieder	Customer care	Kunden	Mitglieder	Abteilung		
	abs.	abs.	abs.	abs.	abs.	abs.	abs.	abs.	abs.	abs.	abs.	abs.	%
bis zu 3	1	1	1	1	2	2	–	1	1	–	–	10	*38*
4 bis 6	–	1	–	–	–	–	–	–	1	–	1	3	*12*
7 bis 9	–	–	1	–	–	1	–	2	–	–	–	4	*15*
10 bis 20	–	–	–	–	–	1	–	–	1	–	1	3	*12*
21 und mehr	–	–	–	–	–	1	1	–	–	1	1	4	*15*
Keine spez. MA	–	–	–	–	–	–	–	–	1	–	1	2	*8*
Insgesamt	1	2	2	1	2	5	1	3	4	1	4	26	*100*

wird in dieser Stelle selbständig entschieden, wie eine Verbraucher-beschwerde behandelt werden soll?
(z.B. durch Kulanz, zusätzliches Geschenk, Garantie)

Tabelle H 22: Entscheidungskompetenz der zentralen Beschwerdestelle

Unternehmen / Entsch.-kompetenz	Insgesamt		davon: Konsumgüterindustrie		Handel		DL	
	abs.	%	abs.	%	abs.	%	abs.	%
Selbständig	58	*78*	47	*82*	5	*56*	6	*75*
abhängig von derBeschwerde	6	*8*	4	*7*	2	*22*	–	–
abhängig von den Kosten	3	*4*	2	*4*	–	–	1	*8*
Keine Entsch.komp	7	*9*	2	*4*	2	*22*	1	*8*
Insgesamt	74	*100*	57	*100*	9	*100*	8	*100*

10.
Welche Abteilung wird mit den Kosten der Beschwerdebearbeitung belastet?

Tabelle H 23: Dezentrale Beschwerdebearbeitung: Zurechnung der Beschwerdekosten *(Mehrfachantworten)*

Unternehmen / Kostenzurechnung	Insgesamt		davon: Konsumgüterindustrie		Handel		DL	
	abs.	%	abs.	%	abs.	%	abs.	%
Anzahl der Fälle	51		44		2		5	
Beschwerde-bearb. Stelle	5	*10*	4	*9*	1	*50*	–	–
Keine gesonderte Kostenerfassung	4	*8*	4	*9*	–	–	–	–
Beschwerde-verurs. Stelle	18	*35*	15	*34*	–	–	3	*60*
Allgem. Verwaltung	13	*25*	10	*23*	1	*50*	2	*40*
Kundendienst	3	*6*	3	*7*	–	–	–	–
Vertrieb	3	*6*	3	*7*	–	–	–	–
Eigene Kostenstelle/ Kto "Garant./Kulanz"	2	*4*	2	*5*	–	–	–	–
Sonstige	1	*2*	1	*2*	–	–	–	–
Keine Angaben	4	*8*	4	*9*	–	–	–	–
Σ	53	*104*	46	*105*	2	*100*	5	*100*

Tabelle H 24: Zentrale Beschwerdebearbeitung: Zurechnung der Kosten

Unternehmen / Kostenzurechnung	Insgesamt		davon: Konsumgüterindustrie		Handel		DL	
	abs.	%	abs.	%	abs.	%	abs.	%
Anzahl der Fälle	74		57		9		8	
Beschwerdebearb. Stelle	33	*45*	27	*47*	3	*33*	3	*38*
Keine gesonderte Kostenerfassung	1	*1*	1	*2*	–	–	–	–
Beschwerdeverurs. Stelle	24	*32*	15	*26*	4	*44*	4	*50*
Allgem. Verwaltung	14	*19*	12	*21*	1	*11*	1	*13*
Verkauf	1	*1*	1	*2*	–	–	–	–
Eigene Kostenstelle/ Kto "Garant./Kulanz"	4	*5*	3	*5*	1	*11*	–	–
Sonstige	2	*3*	2	*4*	–	–	–	–
Keine Angaben	4	*5*	3	*5*	–	–	1	*13*
Σ	83	*112*	64	*112*	9	*100*	9	*113*

11.
Haben Sie einen Erfahrungswert über die durchschnittlichen Kosten der Behandlung einer einzelnen Beschwerde?

Tabelle H 25: Unternehmen mit/ohne Erfahrungswert über die durchschnittlichen Kosten einer Beschwerde

Unternehmen / Erfahrungswert B.kosten	Insgesamt		Konsumgüterindustrie		Handel		DL	
	abs.	%	abs.	%	abs.	%	abs.	%
Ja	36	*29*	27	*27*	5	*46*	4	*31*
Nein	81	*65*	67	*66*	6	*56*	8	*61*
Antwort nicht möglich	5	*4*	4	*4*	–	–	1	*8*
Keine Angaben	3	*2*	3	*3*	–	–	–	–
Insgesamt	125	*100*	101	*100*	11	*100*	13	*100*

12.
Was wird als Kosten der Beschwerdebehandlung berücksichtigt?

Tabelle H 26: Kostenfaktoren *(Mehrfachantworten)*

Unternehmen / Kostenfaktoren	Insgesamt		davon: Konsumgüterindustrie		Handel		DL	
	abs.	rel.	abs.	rel.	abs.	rel.	abs.	rel.
Anzahl der Fälle	125		101		11		13	
Ersatzteile	64	*51*	58	*57*	3	*27*	3	*23*
Bearbeitungskost.	56	*45*	45	*45*	6	*55*	5	*38*
Porto, Verpackung	50	*40*	42	*42*	6	*55*	2	*15*
Geimeinkosten	37	*30*	31	*31*	3	*27*	3	*23*
verschied. Kosten *)	14	*11*	10	*10*	2	*18*	2	*15*
Gehälter/ Monteur	5	*4*	5	*5*	–	–	–	–
Gutschrift	4	*3*	3	*3*	1	*9*	–	–
Alle Kosten durch Bearbeitung	4	*3*	3	*3*	–	–	1	*8*
Keine Kostenerfass.	5	*4*	3	*3*	–	–	2	*15*
Sonstiges	2	*2*	2	*2*	–	–	–	–
Keine Angaben	36	*33*	28	*28*	3	*27*	5	*38*
Σ	277	*222*	230	*228*	24	*218*	23	*177*

*) vgl. Definition im Fragebogen

Tabelle H 27/1: Übersicht über die Zusammensetzung der durchschnittlichen Beschwerdekosten und die Zurechnung dieser Kosten *(Mehrfachantworten)*

Branche		Kosten-Durchschnittswert je Branche in DM	Kosten der Beschwerde in DM	Einbezogene Kostenfaktoren								Zurechnung der Kosten					
				Ersatzleistung	Bearbeitungskosten	Porto/Verpackung	Gemeinkosten	Gutschrift/Geschenk	Verschied. Kosten	Monteuraufwand	Keine Angaben	Beschw.bearb. Stelle	Beschw.verurs. Stelle	Allgem. Verwaltung	Eigene Kostenstelle	Sonstige	Keine Angaben
Konsumgüterindustrie	Haushaltsgeräte	90,–	2-50	●		●									●	●	●
			26	●	●	●	●					●					
			50	●	●	●	●					●					
			70	●	●	●	●					●	●				
			80	●	●	●	●			●						●	
			100-120	●	●	●	●						●				
			100-150		●		●			●						●	
			150	●	●	●	●			●						●	
			150-200	●	●	●	●					●					
	Heimwerker		60	●	●							●					
	Unterhaltungs-elektronik/Computer		40		●		●							●			
			100-200	●	●	●	●	●					●				
	Foto/Optik		25	●	●							●					
			50			●	●					●					
	Kfz-Zubehör		35	●	●	●	●						●				
	Sport/Textilien		50	●	●	●	●							●			

Tabelle H 27/2: Übersicht über die Zusammensetzung der durchschnittlichen Beschwerdekosten und die Zurechnung dieser Kosten *(Mehrfachantworten)*

	Branche	Kosten-Durchschnittswert je Branche in DM	Kosten der Beschwerde in DM	Einbezogene Kostenfaktoren								Zurechnung der Kosten					
				Ersatzleistung	Bearbeitungskosten	Porto/Verpackung	Gemeinkosten	Gutschrift/Geschenk	Verschied. Kosten	Monteuraufwand	Keine Angaben	Beschw.bearb. Stelle	Beschw.verurs. Stelle	Allgem. Verwaltung	Eigene Kostenstelle	Sonstige	Keine Angaben
Konsumgüterindustrie	Kosmetika		20	●	●							●					
			25	●	●							●					
		38,–	25	●	●	●						●					
			30								●						●
			30		●	●						●					
			100	●	●	●								●			
	Wasch- und Reinigungsmittel		20	●	●	●						●					
	Nahrungs- und Genußmittel		7,50	●		●						●					
		37,–	20	●	●	●										●	
			20		●	●	●					●					
			100	●	●	●						●					
Handel	Lebensmittel EH		200		●	●		●	●				●				
	Warenhaus		25	●	●	●	●		●				●				
	Möbelhaus		250		●	●	●							●			
	Versandhandel (schriftl.Beschw.)		2			●			●			●					
			2,50		●								●				
DL	Buchclub/ Verlag		3–20	●	●	●	●										
			max. 15		●	●	●										
	Touristik		30		●	●											
	Sonstige DL		50-100	●	●	●	●		●				●	●			
	Insgesamt 36 Unternehmen			24	31	28	19	2	4	3	1	18	8	5	1	4	1

13.
Verbraucherbeschwerden können ein Signal für allgemeine Kundenunzufriedenheit sein.

Werden in Ihrem Unternehmen Beschwerden daraufhin ausgewertet?

Tabelle H 28: Unternehmen mit/ohne statistischer Beschwerdeauswertung

Unternehmen / Auswertung	Insgesamt		davon:													
			Konsumgüterindustrie						Handel						DL	
			Insgesamt		Gebrauchsgüter		Verbrauchsgüter		Insgesamt		Stationär. Handel		Versandhandel		Insgesamt	
	abs.	%	abs.	%	abs.	%	abs.	%	abs.	%	abs.	%	abs.	%	abs.	%
Ja	106	*85*	84	*83*	61	*82*	23	*85*	11	*100*	8	*100*	3	*100*	11	*85*
Nein	19	*15*	17	*17*	13	*18*	4	*15*	–	–	–	–	–	–	2	*15*
Insgesamt	125	*100*	101	*100*	74	*100*	27	*100*	11	*100*	8	*100*	3	*100*	13	*100*

Wenn ja, wie?

Tabelle H 29 a: Form der Auswertung

Unternehmen / Form der Auswertung	Insgesamt		davon:													
			Konsumgüterindustrie						Handel						DL	
			Insgesamt		Gebrauchsgüter		Verbrauchsgüter		Insgesamt		Stationär. Handel		Versandhandel		Insgesamt	
	abs.	%	abs.	%	abs.	%	abs.	%	abs.	%	abs.	%	abs.	%	abs.	%
Anz.d.verw.Fälle	106	*100*	84	*100*	61	*100*	23	*100*	11	*100*	8	*100*	3	*100*	11	*100*
rein quantitativ/ numerisch	5	*5*	3	*4*	3	*5*	–	–	2	*18*	2	*25*	–	–	–	–
problemorientierte Auswertung	98	*92*	78	*92*	55	*90*	23	*100*	9	*82*	6	*75*	3	*100*	11	*100*
Keine Angaben	3	*3*	3	*4*	3	*5*	–	–	–	–	–	–	–	–	–	–

Tabelle H 29 b: Inhalte der problemorientierten Auswertung
(Mehrfachantworten)

Unternehmen / Inhalt der problemor. Auswertung	Insgesamt		davon:													
			Konsumgüterindustrie						Handel						DL	
			Insgesamt		Gebrauchsgüter		Verbrauchsgüter		Insgesamt		Stationär. Handel		Versandhandel		Insgesamt	
	abs.	%	abs.	%	abs.	%	abs.	%	abs.	%	abs.	%	abs.	%	abs.	%
Anz.d.verw.Fälle	98		78		55		23		9		6		3		11	
Rein quantitativ/ numerisch	42	*43*	36	*46*	23	*42*	13	*56*	4	*44*	1	*17*	3	*100*	2	*18*
Saisonal	12	*12*	8	*10*	5	*9*	3	*13*	3	*33*	1	*17*	2	*67*	1	*9*
Regional	15	*15*	12	*15*	10	*18*	2	*9*	1	*11*	1	*17*	–	–	2	*18*
Kaufphase	11	*11*	8	*10*	6	*9*	2	*9*	1	*11*	1	*17*	–	–	2	*18*
Beschwerdegründe	90	*92*	73	*94*	50	*91*	23	*100*	8	*88*	5	*83*	3	*100*	9	*82*
Zulieferer	5	*5*	–	–	–	–	–	–	5	*55*	4	*67*	1	*33*	–	–
Leistungs-/ Produktbezogen	8	*8*	7	*9*	5	*9*	2	*9*	–	–	–	–	–	–	1	*9*
Sonstiges	8	*8*	4	*5*	4	*7*	–	–	1	*11*	–	–	1	*33*	3	*27*
Σ	191	*195*	148	*190*	103	*187*	45	*196*	23	*256*	13	*217*	10	*333*	20	*182*

14.
Wer ist für die Auswertung der Verbraucherbeschwerden zuständig?

Tabelle H 30: Zuständigkeiten für die Beschwerdeauswertung
(Mehrfachantworten)

Unternehmen / Durchführung Beschw.-auswertung	Insgesamt		davon:													
			Konsumgüterindustrie						Handel						DL	
			Insgesamt		Gebrauchsgüter		Verbrauchsgüter		Insgesamt		Stationär. Handel		Versandhandel		Insgesamt	
	abs.	%	abs.	%	abs.	%	abs.	%	abs.	%	abs.	%	abs.	%	abs.	%
Anz. d. verw. Fälle	106		84		61		23		11		8		3		11	
Kundendienst	27	*25*	26	*31*	26	*43*	–	–	1	*9*	1	*13*	–	–	–	–
Qualitätssicherung	23	*22*	21	*25*	17	*28*	4	*17*	1	*9*	1	*13*	–	–	1	*9*
"Bezeichnung"	14	*13*	8	*10*	4	*7*	4	*17*	3	*27*	1	*13*	2	*67*	3	*27*
Marketing	12	*11*	11	*13*	6	*10*	5	*21*	1	*9*	–	–	1	*33*	–	–
Geschäftsführung	11	*10*	5	*6*	2	*3*	3	*14*	3	*27*	3	*38*	–	–	3	*27*
Fo + Entwicklung	6	*6*	6	*7*	2	*3*	4	*17*	–	–	–	–	–	–	–	–
Qual.sich./ Fo+Ent.	1	*1*	1	*1*	–	–	1	*4*	–	–	–	–	–	–	–	–
Produktmanagem.	5	*5*	5	*6*	1	*2*	4	*17*	–	–	–	–	–	–	–	–
Vertrieb	4	*4*	4	*5*	3	*5*	1	*4*	–	–	–	–	–	–	–	–
Technik	3	*3*	3	*4*	2	*3*	1	*4*	–	–	–	–	–	–	–	–
Einkauf	3	*3*	1	*1*	–	–	1	*4*	2	*18*	2	*25*	–	–	–	–
Verkauf	2	*2*	2	*2*	1	*2*	1	*4*	–	–	–	–	–	–	–	–
Stabstelle GF	2	*2*	1	*1*	1	*2*	–	–	–	–	–	–	–	–	1	*9*
Produktion	2	*2*	2	*2*	2	*3*	–	–	–	–	–	–	–	–	–	–
betroff. Fachabteil.	8	*8*	3	*4*	3	*5*	–	–	1	*9*	–	–	1	*33*	4	*36*
Sonstige	6	*6*	5	*6*	4	*7*	1	*4*	–	–	–	–	–	–	1	*9*
keine Angaben	5	*5*	4	*5*	3	*5*	1	*4*	1	*9*	–	–	1	*33*	–	–
Σ	134	*126*	108	*129*	77	*126*	31	*135*	13	*118*	8	*100*	5	*167*	13	*118*

15.
Wozu werden die Ergebnisse der Auswertung vorwiegend verwendet?

Tabelle H 31: Verwertung der Auswertungsergebnisse
(Mehrfachantworten)

Verwertung der Auswertung	Unternehmen	Insgesamt		davon: Konsumgüterindustrie						Handel						DL	
				Insgesamt		Gebrauchsgüter		Verbrauchsgüter		Insgesamt		Stationär. Handel		Versandhandel		Insgesamt	
		abs.	%	abs.	%	abs.	%	abs.	%	abs.	%	abs.	%	abs.	%	abs.	%
	Anz. der verw. Fälle	106		84		61		23		11		8		3		11	
Kontrolle	Qualitätssicherung	93	88	75	89	53	87	22	96	10	91	8	100	2	67	8	73
	Kontrolle der Mitarbeiter	24	23	15	18	14	23	1	4	2	27	1	13	2	67	6	55
	Kontrolle des Handels	13	12	13	15	13	21	–	–	–	–	–	–	–	–	–	–
	Kontrolle der Zulieferer	6	6	1	1	–	–	1	4	5	45	4	50	1	33	–	–
	Schwachst.analyse in Fachbereichen	1	1	1	1	1	2	–	–	–	–	–	–	–	–	–	–
Impulse	Verbesserung des Produkts/Leistung	83	78	76	90	53	87	23	100	–	–	–	–	–	–	7	64
	Verbesserung des Kundendienstes	62	58	53	63	47	77	6	26	9	82	6	75	3	100	–	–
	Verb. d. Prod.progr./ Sortimentsplanung	45	42	37	44	29	48	8	35	5	45	4	50	1	33	3	27
	Gestaltung von Werbemaßnahmen	8	8	4	5	2	3	2	9	2	18	1	13	1	33	2	18
	Gestaltung der Konditionen	7	7	3	4	3	5	–	–	2	28	2	25	–	–	2	18
Bildung	Verbesserung von Org.abläufen	1	1	1	1	1	2	–	–	–	–	–	–	–	–	–	–
	Grundlage für Mitarbeiterschulung	39	37	23	27	21	34	2	9	7	64	5	63	2	67	9	82
	Schulg. d. Handels, d. Vertragspartner	2	2	2	2	1	2	1	4	–	–	–	–	–	–	–	–
Ext. Info	Beratungsleist. für Kunden	34	32	30	36	26	43	4	17	2	18	2	25	–	–	2	18
	Verbesserung der Bedienungsanleit.	1	1	1	1	1	1	–	–	–	–	–	–	–	–	–	–
	Σ	419	395	335	399	265	434	70	304	45	409	33	413	12	400	39	355

16.
Wie wird die Geschäftsleitung über die Beschwerden informiert?

Tabelle H 32: Information der Geschäftsleitung über Verbraucherbeschwerden *(Mehrfachantworten)*

Unternehmen / Information d. Geschäftsleitung durch:	Insgesamt		davon:													
			Konsumgüterindustrie						Handel						DL	
			Insgesamt		Gebrauchsgüter		Verbrauchsgüter		Insgesamt		Stationär. Handel		Versandhandel		Insgesamt	
	abs.	%	abs.	%	abs.	%	abs.	%	abs.	%	abs.	%	abs.	%	abs.	%
Anz.d.verw.Fälle	106		84		61		23		11		8		3		11	
persönlich	67	*63*	55	*65*	42	*69*	13	*57*	8	*73*	6	*75*	2	*67*	4	*36*
Beschw.-Statistik	63	*59*	49	*58*	31	*51*	18	*78*	6	*55*	3	*38*	3	*100*	8	*73*
schriftlich	51	*48*	39	*46*	30	*49*	9	*39*	6	*55*	5	*63*	1	*33*	6	*55*
Vorgangsvorlage	6	*6*	2	*2*	1	*2*	1	*4*	1	*9*	–	–	1	*33*	3	*27*
Vorlage in Gremien	2	*2*	1	*1*	1	*2*	–	–	–	–	–	–	–	–	1	*9*
Keine Angaben	7	*16*	15	*18*	13	*21*	2	*9*	–	–	–	–	–	–	2	*18*

17.
Wird die Beschwerdeauswertung an alle Abteilungen Ihres Unternehmens weitergeleitet?

Tabelle H 33: Interne Kommunikation

Beschw.-auswertung weitergeleitet an:	Insgesamt		davon:													
			Konsumgüterindustrie						Handel						DL	
			Insgesamt		Gebrauchsgüter		Verbrauchsgüter		Insgesamt		Stationär. Handel		Versandhandel		Insgesamt	
	abs.	%	abs.	%	abs.	%	abs.	%	abs.	%	abs.	%	abs.	%	abs.	%
Anzahl der Fälle	106	*100*	84	*100*	61	*100*	23	*100*	11	*100*	8	*100*	3	*100*	11	*100*
Alle Abteilungen	18	*17*	14	*17*	9	*15*	5	*2*	2	*18*	1	*13*	1	*33*	2	*18*
Einzelne Abteilungen	82	*77*	64	*76*	46	*75*	18	*78*	9	*82*	7	*88*	2	*67*	9	*82*
Keine Weiterleitung	6	*6*	6	*7*	6	*10*	–	–	–	–	–	–	–	–	–	–

Wenn nur an einzelne weitergeleitet wird, an welche?

Tabelle H 34: Information spezifischer Fachabteilungen
(Mehrfachantworten)

Unternehmen / Beschw.-auswertung weitergeleitet an:	Insgesamt		davon:														
			Konsumgüterindustrie						Handel						DL	
			Insgesamt		Gebrauchsgüter		Verbrauchsgüter		Insgesamt		Stationär. Handel		Versandhandel		Insgesamt	
	abs.	%	abs.	%	abs.	%	abs.	%	abs.	%	abs.	%	abs.	%	abs.	%
Anz. d. Fälle	82		64		46		18		9		7		2		9	
Vertrieb	25	*30*	22	*34*	16	*35*	6	*33*	3	*33*	2	*29*	1	*50*	–	–
Forsch.+ Entwickl.	24	*29*	24	*38*	16	*35*	8	*44*	–	–	–	–	–	–	–	–
Qualitätssicherung	20	*24*	19	*30*	14	*30*	5	*28*	1	*11*	1	*14*	–	–	–	–
Betroff. Fachabt.	20	*24*	10	*16*	10	*22*	–	–	3	*33*	2	*29*	1	*50*	7	*78*
Produktion	19	*23*	19	*30*	11	*24*	8	*44*	–	–	–	–	–	–	–	–
Marketing	18	*22*	16	*25*	10	*22*	6	*33*	1	*11*	–	–	1	*50*	1	*11*
Einkauf	8	*10*	6	*9*	4	*9*	2	*11*	2	*22*	2	*29*	–	–	–	–
Verkauf	7	*9*	6	*9*	3	*7*	3	*17*	1	*11*	1	*14*	–	–	–	–
Kundendienst	7	*9*	5	*8*	5	*11*	–	–	1	*11*	1	*14*	–	–	1	*11*
Produktmanagment	6	*7*	5	*8*	3	*7*	2	*11*	1	*11*	–	–	1	*50*	–	–
Finanzen	4	*5*	2	*3*	1	*2*	1	*6*	1	*11*	1	*14*	–	–	1	*11*
Sonstige	6	*7*	4	*6*	2	*4*	2	*11*	2	*22*	2	*29*	–	–	–	–
Keine Angaben	8	*10*	7	*11*	5	*11*	2	*11*	–	–	–	–	–	–	1	*11*

18.
Wie häufig werden die Informationen weitergegeben?

Tabelle H 35: Häufigkeit der internen Kommunikation über Verbraucherbeschwerden *(Mehrfachantworten)*

Unternehmen / Häufigkeit d. Info.-weitergabe	Insgesamt		davon:													
			Konsumgüterindustrie						Handel						DL	
			Insgesamt		Gebrauchsgüter		Verbrauchsgüter		Insgesamt		Stationär. Handel		Versandhandel		Insgesamt	
	abs.	%	abs.	%	abs.	%	abs.	%	abs.	%	abs.	%	abs.	%	abs.	%
Anz. der Fälle	100		78		55		23		11		8		3		11	
Nur nach Bedarf	21	*21*	18	*24*	15	*28*	3	*13*	2	*18*	2	*25*	–	–	1	*9*
Regelmäßig, und zwar:																
täglich	4	*4*	3	*4*	3	*6*	–	–	–	–	–	–	–	–	1	*9*
1 x pro Woche	4	*4*	4	*5*	2	*4*	2	*9*	–	–	–	–	–	–	–	–
1 x pro Monat	46	*46*	40	*51*	26	*47*	14	*61*	4	*36*	3	*38*	1	*33*	2	*18*
1 x pro Vierteljahr	20	*20*	14	*18*	10	*18*	4	*17*	3	*27*	2	*25*	2	*67*	3	*27*
Seltener	12	*12*	6	*8*	3	*6*	3	*13*	2	*18*	1	*13*	1	*33*	4	*36*
Keine Angaben	2	*2*	2	*3*	2	*4*	–	–	–	–	–	–	–	–	–	–
Σ	109	*109*	87	*112*	61	*111*	26	*113*	11	*100*	8	*100*	3	*100*	11	*100*

19.
Im folgenden nennen wir Ihnen einige Meinungen und Einstellungen, von denen Sie jeweils die Aussage ankreuzen sollten, der Sie am ehesten zustimmen.

Tabelle H 36: Einstellung der Befragungsteilnehmer

	Antwortalternativen	Unternehmen insgesamt		davon: Konsumgüterindustrie		Handel		DL	
		abs.	%	abs.	%	abs.	%	abs.	%
Bedeut. der Beschwerde (1)	Beschwerden spiegeln nur die Meinung einzelner Verbraucher wider und sind insofern keine geeignete Grundlage für unternehmerische Entscheidungen.	6	5	6	6	–	–	–	–
	Bei Verbraucherbeschwerden handelt es sich um die "Spitze des Eisbergs". Aus diesem Grund ist es wichtig, auch wenigen Beschwerden nachzugehen.	106	85	84	83	10	91	12	92
	Keine Angaben/ Antwort nicht auswertbar	13	10	11	11	1	9	1	8
Funktion des Handels (2)	Zur Behandlung von Beschwerden ist der Handel wegen seiner Kundennähe besser geeignet als das herstellende Unternehmen.	23	18	15	15	8	73	–	–
	Die meisten Beschwerden gehen zwar an den Handel; er kann jedoch nur die Symptome einer Beschwerde kurieren, die Ursache muß vom Hersteller gefunden werden.	74	59	68	67	2	18	4	31
	Keine Angaben/ Antwort nicht auswertbar	28	22	18	18	1	9	9	69
Beschwerdemanagement (3)	Gutes Beschwerdemanagement hat positive Effekte, insofern es dazu beiträgt, Fehlleistungen früh zu erkennen und das Angebot zu verbessern.	115	92	92	91	11	100	12	92
	Zuvorkommende Beschwerdebehandlung fördert vorwiegend Nörgelei und Querulanz. Die Zahl der gerechtfertigten Beschwerden ist gering.	1	1	1	1	–	–	–	–
	Keine Angaben/ Antwort nicht auswertbar	9	7	8	8	–	–	1	8
Interessenvertretung (4)	Bei der Stelle für Verbraucheranfragen und -beschwerden handelt es sich um eine Anlaufstelle für den Konsumenten; sie hat aber die Interessen des Unternehmens zu vertreten, nicht etwa die des Kunden.	13	10	12	12	1	9	–	–
	Eine Anlaufstelle für Verbraucheranfragen und -beschwerden ist für das Unternehmen am nützlichsten, wenn sie die Funktion einer internen Interessenvertretung der Konsumenten hat.	80	64	64	63	9	82	7	54
	Keine Angaben/ Antwort nicht auswertbar	32	26	25	25	1	9	6	46

20.
Wieviel Beschäftigte hat Ihr Unternehmen?

Tabelle H 37: Mitarbeiterzahl

Unternehmen / Mitarbeiterzahl	Insgesamt		davon:													
			Konsumgüterindustrie						Handel						DL	
			Insgesamt		Gebrauchsgüter		Verbrauchsgüter		Insgesamt		Stationär. Handel		Versandhandel		Insgesamt	
	abs.	%	abs.	%	abs.	%	abs.	%	abs.	%	abs.	%	abs.	%	abs.	%
keine Angaben	1	–	1	–	1	–	–	–	–	–	–	–	–	–	–	–
Anz.d.verw.Fälle	124	*100*	100	*100*	73	*100*	27	*100*	11	*100*	8	*100*	3	*100*	13	*100*
bis 50	8	*6*	7	*7*	5	*7*	2	*7*	1	*9*	1	*13*	–	–	–	–
51 - 100	10	*8*	7	*7*	7	*10*	–	–	1	*9*	1	*13*	–	–	2	*15*
101 - 250	11	*9*	7	*7*	7	*10*	–	–	1	*9*	1	*13*	–	–	3	*23*
251 - 500	15	*12*	13	*13*	6	*8*	7	*26*	–	–	–	–	–	–	2	*15*
500 - 1000	18	*15*	17	*17*	15	*21*	2	*7*	1	*9*	–	–	1	*33*	–	–
1001 - 2500	31	*25*	24	*24*	14	*19*	10	*37*	2	*18*	1	*13*	1	*33*	5	*39*
2501 - 5000	10	*8*	9	*9*	5	*7*	4	*15*	1	*9*	1	*13*	–	–	–	–
5001 - 10000	10	*8*	8	*8*	6	*8*	2	*7*	2	*18*	1	*13*	1	*33*	–	–
> 10000	11	*9*	8	*8*	8	*11*	–	–	2	*18*	2	*25*	–	–	1	*8*

23.
Wie hoch waren die Umsätze Ihres Unternehmens in den Jahren 1985 und 1986?

Tabelle H 38: Umsatz (1986)

Unternehmen / Umsatz (in Mio DM)	Insgesamt		davon: Konsumgüterindustrie Insgesamt		Gebrauchsgüter		Verbrauchsgüter		Handel Insgesamt		Stationär. Handel		Versandhandel		DL Insgesamt	
	abs.	%	abs.	%	abs.	%	abs.	%	abs.	%	abs.	%	abs.	%	abs.	%
keine Angaben	12		11		10		1		1		1		–		–	
Anz.d.verw.Fälle	108 (5)*	*100*	90	*100*	64	*100*	26	*100*	10	*100*	7	*100*	3	*100*	8 (5)*	*100*
bis 5	2	*2*	2	*2*	1	*2*	1	*4*	–	–	–	–	–	–	–	–
10 bis unter 25	5	*5*	5	*6*	5	*8*	–	–	–	–	–	–	–	–	–	–
25 bis unter 50	4	*4*	3	*3*	2	*3*	1	*4*	1	*10*	1	*14*	–	–	–	–
50 bis unter 100	14	*13*	13	*14*	10	*16*	3	*12*	–	–	–	–	–	–	1	*13*
100 bis unter 250	23 (2)*	*21*	18	*20*	13	*20*	5	*19*	2	*20*	1	*14*	1	*33*	3 (2)*	*37*
250 bis unter 500	16	*15*	16	*18*	10	*16*	6	*23*	–	–	–	–	–	–	–	–
500 bis unter 1000	16	*15*	11	*12*	8	*13*	3	*12*	3	*30*	2	*29*	1	*33*	2	*25*
1000 bis unter 5000	22 (2)*	*20*	17	*19*	12	*19*	5	*19*	3	*30*	2	*29*	1	*33*	2 (2)*	*25*
mehr als 5000	6 (1)*	*6*	5	*6*	3	*5*	2	*8*	1	*10*	1	*14*	–	–	– (1)*	–

*) Zahlen in Klammern: Keine Umsatzzahlen, sondern Bilanzsummen (Versicherungen); nicht in die Gesamtzahlen einbezogen.

24*).
Was sind Ihre wichtigsten Vertriebswege?

Tabelle H 39: Vertriebswege der Konsumgüterindustrie
(Mehrfachantworten)

Unternehmen / Vertriebswege	davon: Konsumgüterindustrie					
	Insgesamt		Gebrauchsgüter		Verbrauchsgüter	
	abs.	%	abs.	%	abs.	%
Anzahl der verwertb. Fälle	101		74		27	
Facheinzelhandel	88	*87*	70	*95*	18	*67*
Kauf-/Versandhaus	43	*43*	26	*35*	17	*63*
selbständ. Handelsvertreter	12	*12*	9	*12*	3	*11*
eigenes Vertriebssystem	17	*17*	11	*15*	6	*22*
Handwerk / DL	7	*7*	7	*9*	–	–
Lebensmittel-EH	15	*15*	–	–	15	*56*
Industriekunden	10	*10*	5	*7*	5	*19*
Franchise/Agenturen	6	*6*	2	*3*	4	*15*
Σ	198	*196*	130	*176*	68	*252*

*) Die Frage wurde nur an die Konsumgüterindustrie gerichtet

25.
Geben Sie für Ihre Produkte eime Garantie über den gesetzlichen Rahmen hinaus?

Tabelle H 40: Unternehmen mit/ohne Garantie

Unternehmen / Garantie	Insgesamt		davon: Konsumgüterindustrie Insgesamt		Gebrauchsgüter		Verbrauchsgüter		Handel Insgesamt		Stationär. Handel		Versandhandel		DL Insgesamt	
	abs.	%	abs.	%	abs.	%	abs.	%	abs.	%	abs.	%	abs.	%	abs.	%
Garantie	45	*36*	39	*39*	34	*46*	5	*19*	3	*27*	2	*25*	1	*33*	3	*23*
Garantie produktabhängig	17	*14*	13	*13*	9	*12*	4	*15*	2	*18*	1	*13*	1	*33*	2	*15*
Keine Garantie	56	*45*	46	*46*	29	*39*	17	*63*	5	*46*	4	*50*	1	*33*	5	*38*
Kulanz	4	*3*	3	*3*	2	*3*	1	*4*	1	*9*	1	*13*	–	–	–	–
Keine Angaben	3	*2*	–	–	–	–	–	–	–	–	–	–	–	–	3	*23*
Insgesamt	125	*100*	101	*100*	74	*100*	27	*100*	11	*100*	8	*100*	3	*100*	13	*100*

Wenn ja, bitte angeben oder Prospekt beilegen.

Tabelle H 41: Inhalte der Garantieleistungen *(Mehrfachantworten)*

Unternehmen / Garantie-Inhalt	Insgesamt		davon: Konsumgüterindustrie Insgesamt		Gebrauchsgüter		Verbrauchsgüter		Handel Insgesamt		Stationär. Handel		Versandhandel		DL Insgesamt	
	abs.	%	abs.	%	abs.	%	abs.	%	abs.	%	abs.	%	abs.	%	abs.	%
Anzahl verw. Fälle	62		52		43		9		5		3		2		5	
Haftung	42	*68*	38	*73*	36	*84*	2	*22*	3	*60*	2	*67*	1	*50*	1	*20*
Qualitätsgarantie	8	*13*	8	*15*	3	*7*	5	*56*	–	–	–	–	–	–	–	–
Rückgabegarantie	2	*3*	1	*2*	–	–	1	*11*	1	*20*	–	–	1	*50*	–	–
Sonstiges	1	*2*	–	–	–	–	–	–	–	–	–	–	–	–	1	*20*
Keine Angaben	9	*15*	5	*10*	4	*9*	1	*11*	1	*20*	1	*33*	–	–	3	*60*

27.
Welche Postition nehmen Sie in Ihrem Unternehmen ein?

Tabelle H 42: Organisatorische Zuordnung des Befragungsteilnehmers

Unternehmen / Bearbeitung des Fragebogens	Insgesamt		davon:														
			Konsumgüterindustrie						Handel						DL	
			Insgesamt		Gebrauchsgüter		Verbrauchsgüter		Insgesamt		Stationär. Handel		Versandhandel		Insgesamt	
	abs.	%	abs.	%	abs.	%	abs.	%.	abs.	%	abs.	%	abs.	%	abs.	%
Kundendienst	18	*22*	28	*28*	27	*36*	1	*4*	–	–	–	–	–	–	–	–
GF/Vorstand	15	*12*	10	*10*	7	*9*	3	*11*	2	*18*	2	*25*	–	–	3	*23*
Verkauf	14	*11*	12	*12*	7	*9*	5	*19*	1	*9*	1	*13*	–	–	1	*8*
Marketing	12	*10*	12	*12*	7	*9*	5	*19*	–	–	–	–	–	–	–	–
Marketingforschung	4	*3*	2	*2*	1	*1*	1	*4*	–	–	–	–	–	–	2	*15*
"Bezeichnung"	12	*10*	7	*7*	4	*5*	3	*11*	3	*27*	1	*13*	2	*67*	2	*15*
Vertrieb	9	*7*	7	*7*	3	*4*	4	*15*	2	*18*	1	*13*	1	*33*	–	–
Kaufm. Abteilung	3	*2*	3	*3*	3	*4*	–	–	–	–	–	–	–	–	–	–
Technik	3	*2*	3	*2*	3	*4*	–	–	–	–	–	–	–	–	–	–
Presseabt./PR	3	*2*	3	*3*	2	*3*	1	*4*	–	–	–	–	–	–	–	–
Qualitätswesen	3	*2*	1	*1*	1	*1*	–	–	1	*9*	1	*13*	–	–	1	*8*
Produktmanagment	2	*2*	2	*2*	1	*1*	1	*4*	–	–	–	–	–	–	–	–
Sonstige	6	*5*	4	*4*	2	*3*	2	*7*	1	*9*	1	*13*	–	–	1	*8*
Keine Angaben	11	*9*	7	*7*	6	*8*	1	4	1	*27*	1	*13*	–	–	3	*23*
Insgesamt	125	*100*	101	*100*	74	*100*	27	*100*	11	*100*	8	*100*	3	*100*	13	*100*

Tabelle K 1: Zusammenhang zwischen Beschwerdefrequenz und Auswertung *(Tab. H 9 x H 28)*

Beschwerdefrequenz / Auswertung	Täglich		Mehrmals in der Woche		Mehrmals im Monat		Seltener		Keine Angaben		Insgesamt	
	abs.	%	abs.	%	abs.	%	abs.	%	abs.	%	abs.	%
Ja	44	*94*	19	*86*	27	*84*	16	*70*	–	–	106	*85*
Nein	3	*6*	3	*14*	5	*16*	7	*30*	1	*100*	19	*15*
Insgesamt	47	*100*	22	*100*	32	*100*	23	*100*	1	*100*	125	*100*

Tabelle K 2: Zusammenhang zwischen Organisation der Beschwerdebearbeitung und Beschwerdeauswertung *(Tab. H 14 x H 28)*

Auswertung	Unternehmen insgesamt				Konsumgüterindustrie				Handel				DL			
	zentral		dezentral		zentral		dezentral		zentral		dezentral		zentral		dezentral	
	abs.	%	abs.	%	abs.	%	abs.	%	abs.	%	abs.	%	abs.	%	abs.	%
Ja	71	*96*	35	*69*	55	*96*	29	*66*	9	*100*	2	*100*	7	*88*	4	*80*
Nein	3	*4*	16	*31*	2	*4*	15	*34*	–	–	–	–	1	*13*	1	*20*
Insgesamt	74	*100*	51	*100*	57	*100*	44	*100*	9	*100*	2	*100*	8	*100*	5	*100*

Tabelle K 3: Zusammenhang zwischen Beschwerdefrequenz und Organisation der Beschwerdebearbeitung *(Tab. H 9 x H 14)*

Organisation der Beschw.bearbeitung / Beschwerdefrequenz		Täglich		Mehrmals in der Woche		Mehrmals im Monat		Seltener		Keine Angaben		Insgesamt	
		abs.	%	abs.	%	abs.	%	abs.	%	abs.	%	abs.	%
Unt. insgesamt	Zentral	32	*68*	14	*64*	16	*50*	12	*52*	–	–	74	*59*
	Dezentral	15	*32*	8	*36*	16	*50*	11	*48*	1	*100*	51	*41*
	Insgesamt	47	*100*	22	*100*	32	*100*	23	*100*	1	*100*	125	*100*
Konsumgüter Ind.	Zentral	23	*66*	11	*61*	13	*50*	10	*48*	–	–	57	*56*
	Dezentral	12	*34*	7	*39*	13	*50*	11	*52*	1	*100*	44	*44*
	Insgesamt	35	*100*	18	*100*	26	*100*	21	*100*	1	*100*	101	*100*
Handel	Zentral	3	*75*	2	*67*	2	*100*	2	*100*	–	–	9	*82*
	Dezentral	1	*25*	1	*33*	–	–	–	–	–	–	2	*18*
	Insgesamt	4	*100*	3	*100*	2	*100*	2	*100*	–	–	11	*100*
DL	Zentral	6	*75*	1	*100*	1	*25*	–	–	–	–	8	*62*
	Dezentral	2	*25*	–	–	3	*75*	–	–	–	–	5	*38*
	Insgesamt	8	*100*	1	*100*	4	*100*	–	–	–	–	13	*100*

Tabelle K 4: Zusammenhang zwischen Beschwerderate und Organisation der Beschwerdebearbeitung *(Tab. H 11 x H 14)*

Organisation der Beschw.bearbeitung \ Beschwerderate		eher gestiegen		gleich-geblieben		eher gefallen		keine Angaben		Insgesamt	
		abs.	%	abs.	%	abs.	%	abs.	%	abs.	%
Unt. insgesamt	Zentral	15	*71*	30	*57*	28	*56*	1	*100*	74	*59*
	Dezentral	6	*29*	23	*43*	22	*44*	–	–	51	*41*
	Insgesamt	21	*100*	53	*100*	50	*100*	1	*100*	125	*100*
Konsumgüter Ind	Zentral	13	*68*	19	*49*	24	*57*	1	*100*	57	*56*
	Dezentral	6	*32*	20	*57*	18	*43*	–	–	44	*44*
	Insgesamt	19	*100*	39	*100*	42	*100*	1	*100*	101	*100*
Handel	Zentral	2	*100*	5	*83*	2	*67*	–	–	9	*82*
	Dezentral	–	–	1	*17*	1	*33*	–	–	2	*18*
	Insgesamt	2	*100*	6	*100*	3	*100*	–	–	11	*100*
DL	Zentral	–	–	2	*40*	6	*75*	–	–	8	*62*
	Dezentral	–	–	3	*60*	2	*25*	–	–	5	*38*
	Insgesamt	–	–	5	*100*	8	*100*	–	–	13	*100*

Tabelle K 5: Zentrale Beschwerdebearbeitung: Zusammenhang zwischen beschwerdebearbeitender und auswertender Stelle
(Tab. H 16 x H 30)

Beschwerdestelle / Auswertung erfolgt durch:	"Bezeichnung"	Kundendienst	Marketing	Vertrieb	Produktmanagem.	Technik	Korrespondenz.abt.	Forsch./Entwickl.	Qualitätssicherung	Qualit./Forsch-Entw.	Public Relations	Verkaufsförderung	ZentralKoordination	Ohne Bezeichnung	Insgesamt
	abs. %	abs. %	abs. %	abs. %	abs. %	abs. %	abs. %	abs. %	abs. %	abs. %	abs. %	abs. %	abs. %	abs. %	abs. %
Anz. d. verw. Fälle	26	16	4	3	2	2	2	2	1	1	1	1	1	12	74
Beschwerdestelle	14 54	9 56	4 100	1 33	1 50	2 100	- -	1 50	- -	1 100	- -	- -	- -	2 17	35 47
Andere	14 54	15 93	1 25	5 167	1 50	- -	3 150	- -	- -	- -	2 200	- -	1 100	13 108	55 74
Keine Auswertung	- -	- -	- -	- -	- -	- -	- -	1 50	1 100	- -	- -	1 100	- -	- -	3 4
Keine Angaben	2 8	- -	- -	- -	- -	- -	- -	- -	- -	- -	- -	- -	- -	- -	2 3

Tabelle K 6: Zusammenhang zwischen den Einstellungen der Befragungsteilnehmer und der Durchführung einer Beschwerdeauswertung *(Tab. H 36 x H 28)*

Antwortalternativen \ Beschwerdeauswertung			Ja	Nein	Insgesamt
	Anzahl der Fälle	abs. %	106 *85*	19 *15*	125 *100*
Bedeut. der Beschwerde	Beschwerden spiegeln nur die Meinung einzelner Verbraucher wider und sind insofern keine geeignete Grundlage für unternehmerische Entscheidungen.	abs. %	3 *50*	3 *50*	6 *100*
	Bei Verbraucherbeschwerden handelt es sich um die "Spitze des Eisbergs". Aus diesem Grund ist es wichtig, auch wenigen Beschwerden nachzugehen.	abs. %	92 *87*	14 *13*	106 *100*
	Keine Angaben/Antwort nicht auswertbar	abs. %	11 *85*	2 *15*	13 *100*
Beschwerdemanagement	Gutes Beschwerdemanagement hat positive Effekte, insofern es dazu beiträgt, Fehlleistungen früh zu erkennen und das Angebot zu verbessern.	abs. %	98 *85*	17 *15*	115 *100*
	Zuvorkommende Beschwerdebehandlung fördert vorwiegend Nörgelei und Querulanz. Die Zahl der gerechtfertigten Beschwerden ist gering.	abs. %	1 *100*	– –	1 *100*
	Keine Angaben/Antwort nicht auswertbar	abs. %	7 *78*	2 *22*	9 *100*

Literatur

AAKER, D. A.; *DAY*, G. S. (1970): A Guide to Consumerism. In: *AAKER*, D. A.; *DAY*, G. S. (Hg. 1978): Consumerism: Search for the Consumer Interest. 3. Aufl.; New York: The Free Press.

AAKER, D. A.; *DAY*, G. S. (1972): Unternehmerische Reaktion auf den Druck des Konsumerismus. In: *HANSEN*, U.; *STAUSS*, B.; *RIEMER*, M. (Hg.1982): Marketing und Verbraucherpolitik. Stuttgart: Poeschel, S. 71 – 86.

ALBERT, H. (1964): Der Marktmechanismus im sozialen Kräftefeld.In: *KLOTEN*, N.; *KRELLE*, W.; *MÜLLER*, H.; *NEUMARK*, F. (Hg. 1964): Systeme und Methoden in den Wirtschafts- und Sozialwissenschaften. Tübingen: Mohr, S. 83 – 105.

ALBRECHT, B. (1971): Die Konzeption für jede marktorientierte Unternehmensführung. Düsseldorf; Wien: Econ.

ANDERSON, R. E. (1973): Consumer Dissatisfaction: The Effect of Disconformed Expectancy on Perceived Product Performance. In: Journal of Marketing Research, Vol. 10; S. 38 – 44.

ANDREASEN, A. R. (1977): Consumer Dissatisfaction as a Measure of Market Performance. In: Journal of Consumer Policy, 1. Jg., H. 4, S. 311 – 322. Deutsch in: *HANSEN*, U.; *STAUSS*, B.; *RIEMER*, M. (Hg. 1982): Marketing und Verbraucherpolitik. Stuttgart: Poeschel, S. 182 – 195.

ANDREASEN, A. R.; *BEST*, A. (1977): Consumer complain – does business respond? In: Havard Business Review, July - August, S. 93 – 101.

ANSOFF, H. J. (1976): Managing Surprise and Discontinuity – Strategic Response to Weak Signals. In: Zeitschrift für betriebswirtschaftliche Forschung, 28. Jg., H. 2, S. 129 – 152.

BEARDEN, W. O.; *OLIVER*, R. (1985): The Role of Public and Private Complaining with Problem Resolution. In: Journal of Consumer Affairs, Winter 1985, Vol. 19, No. 2, S. 222 – 240.

BEST, A. (1981): When Consumers Complain. New York: Columbia University Press.

BEST, A.; *ANDREASEN*, A. R. (1976): Talking Back to Business: Voiced and Unvoiced Consumer Problems. Washington D.C.: Center for Study of Reponsive Law.

BODENSTEIN, G.; *LEUER*, H. (1982): Obsoleszenz und Warenproduktion. In: *HANSEN*, U.; *STAUSS*, B.; *RIEMER*, M. (Hg. 1982): Marketing und Verbraucherpolitik. Stuttgart: Poeschel, S. 216 – 228.

BRAUN, W.; *WIMMER*, F. (1977): Kann die Mitbestimmung Konsumenteninteressen berücksichtigen? – Überlegungen zur Kritik und Reform des Interessenkonflikts zwischen Arbeit und Konsum. In: *FISCHER-WINKELMANN*, W. R.; *ROCK*, R. (Hg. 1977): Marketing und Gesellschaft. Wiesbaden: Gabler, S. 195 – 214.

BRUHN, M. (1982): Konsumentenunzufriedenheit und Beschwerden. Frankfurt/M.; Bern: Lang.

BRUHN, M. (1985): Marketing und Konsumentenunzufriedenheit. In: Das Wirtschaftsstudium (WISU), 11. Jg., H. 6, S. 300 – 307.

CARLSON, L., *KANGUN*, N. (1988): Demographic Discontinuity: Another Explanation for Consumerism? In: Journal of Consumer Affairs, Vol. 22, No.1, S. 55 – 73.

CASANOVA, R. (1983): Verkaufsanalyse betrieblicher Veränderungsprojekte aus der Sicht der beteiligten Kadermitglieder. Unveröffentliche Lizentiatsarbeit, Universität Zürich.

CLEMENS, W. (1984): Unternehmungsinteresse: Betriebswirtschaftliche Begründung einer juristischen Norm. Frankfurt; Bern; New York: Lang.

CZERWONKA, C. (1977): Die Berücksichtigung sozialer Aspekte im Entscheidungsprozeß über die Produktion von Konsumgütern. In: *FISCHER-WINKELMANN*, W. R.; *ROCK*, R. (Hg. 1977): Marketing und Gesellschaft. Wiesbaden: Gabler, S. 143 – 152.

CZERWONKA, C.; *SCHÖPPE*, G.; *WECKBACH*, S. (1976): Der aktive Konsument: Kommunikation und Kooperation. Göttingen: Schwartz.

DAY, R. L. (1977): Toward a process model of consumer satisfaction. In: *HUNT*, K. H. (Hg.1977): Conceptualization and measurement of consumer satisfaction and dissatisfaction. Cambridge, Mass.: Marketing Science Institute, S. 153 – 183.

DAY, R. L.; *ASH*, S. B. (1979): Consumer Response to Dissatisfaction with Durable Products. In: Advances in Consumer Research, Vol. VI, S. 443 – 444.

DAY, R. L.; *GRABICKE*, K.; *SCHAETZLE*, T.; *STAUBACH*, F. (1981): The Hidden Agenda of Consumer Complaining. In: Journal of Retailing 57, Fall 1981, No. 3, S. 86 – 106.

DAY, R. L.; *LANDON*, E. L. (1977): Toward a Theory of Consumer Complaining Behavior. In: *WOODSIDE*, A. G.; *SHET*, J. N.; *BENETT*, P. D. (Hg. 1977): Consumer and Industrial Buying Behavior. New York: North Holland, S. 425 – 437.

DEAL, T. E.; *KENNEDY*, A. (1982): Cororate Cultures. The rise and rituals of corporate life. Reading, Mass.: Addison-Wesley.

DICHTL, E. (1987): Der Weg zum Käufer: Das strategische Labyrinth. München: Vahlen.

DIERKES, M. (Hg. 1976): Künftige Beziehungen zwischen Unternehmen und Gesellschaft. Köln: Hanstein.

DRUCKER, P. F. (1972): Consumerism, the Opportunity of Marketing. In: *GAEDEKE*, R.M. / *ETCHESON*, W.W. (eds. 1972): Consumerism: Viewpoints from Business, Government and the Public Interest. San Francisco: Canfield Press, S. 252 – 258.

EHRENSPERGER, H. (1985): Organisationsgestaltung als politischer Prozeß. Spardorf: Wilfer.

EINEM, G., *DEINHOFER*, G.; *SCHÖNBAUER*, U.; *SCHUSTER*, G.; *SPITALSKY*, H.; *WOLF*, W. (1987): Das Konsumentenschutzgesetz in der Praxis. Wien: Institut für Gesellschaftspolitik.

FELDMAN, L.P. (1971): Social Adaption: A New Challenge for Marketing. In: Journal of Marketing, 35. Jg., Nr. 3, S. 54 – 60.

FESTINGER, L. (1957): A theory of cognitive dissonance. Stanford. Deutsch (1978): Theorie der kognitiven Dissonanz. Bern: Huber.

FISCHER-WINKELMANN, W. F.; *ROCK*, R. (1977): Konsumerismus, Verbraucherinteresse und Marketinglehre - Zum Stand der deutschen absatzwissenschaftlichen Konsumerismusdiskussion. In: *FISCHER-WINKELMANN*, W. R.; *ROCK*, R. (Hg. 1977): Marketing und Gesellschaft. Wiesbaden: Gabler, S. 59 – 86.

FLEISCHMANN, G. (1975): Wettbewerb und Mitbestimmung. In: *ARNDT*, E; *MICHALSKI*, W.; *MOLITOR*, B. (Hg. 1975): Wirschaft und Gesellschaft, Ordnung ohne Dogma. Tübingen: Mohr (Paul Siebeck), S. 189 – 208.

FORNELL, C. (1976): Consumer input for marketing decisions. New York: Praeger Publishers.

FORNELL, C. (1978 a): Corporate Consumer Affairs Departments – A Communications Perspective. In: Zeitschrift für Verbraucherpolitik/Journal of Consumer Policy, Jg. 2, Vol. 4, S. 289 – 302. Deutsch in: *HANSEN*, U.; *STAUSS*, B.; *RIEMER*, M. (Hg. 1982): Marketing und Verbraucherpolitik. Stuttgart: Poeschel, S. 473 – 487.

FORNELL, C. (1978 b): Complaint management and marketing performance. Northwestern University Graduate School of Management, Working Paper, Evanston, Illinois.

FORNELL, C. (1978 a): Corporate Consumer Affairs Departments – In Whose Interest? A Reply to Hansen and Stauss, Wimmer, Bergström, and Renoux. In: Zeitschrift für Verbraucherpolitik/ Journal of Consumer Policy, 3, S. 341-345.

FORNELL, C.; *DIDOW*, N. M. (1980): Economic Constraints on Consumer Complaining Behavior. In: Olson, J. C. (Ed. 1980): Advances in Consumer Research, Vol. 7. San Francisco, S. 318 – 323.

FRASCH, G. (1987): Der Rücklaufprozeß bei schriftlichen Befragungen: Formale Modelle zur Analyse kollektiver Regelmäßigkeiten. Frankfurt/M.: Lang.

FREEMAN, Ch. (1974): The Economics of Industrial Innovation. Harmondsworth: Penguin Books.

FÜRSTENBERG, F. (1987): Wandel in der Einstellung zur Arbeit – Haben sich die Menschen oder hat sich die Arbeit verändert? In: *von ROSENSTIEL*, L.; *EINSIEDLER*, H.; *STREICH*, R. (Hg. 1987): Wertewandel als Herausforderung für die Unternehmenspolitik. Stuttgart: Schäffer, S. 17 – 34.

GAEDEKE, R.M. (1972): Filing and Disposition of Consumer Complaints: Some Empirical Evidence. In: Journal of Consumer Affairs, Vol. 6, Summer 1972, S. 45 – 56.

GAHLEN, B., *HARDES*, H.-D.; *RAHMEYER*, F.; *SCHMID*, A. (1978): Volkwirtschaftslehre. Tübingen: Mohr (Paul Siebeck).

GALBRAITH, J. K. (1958): Gesellschaft im Überfluß. München; Zürich: Knaur.

GARETT, D.E. (1987):The Effectiveness of Marketing Policy Boycotts: Environmental Opposition to Marketing. In: Journal of Marketing, Vol. 51 (April 1987), S. 46 – 57.

GOODE, W. J.; *HATT*, P. (1976): Die schriftliche Befragung. In: *KÖNIG*, R. (Hg. 1976): Das Interview. Köln: Kiepenheuer & Witsch, 10. Aufl., S.161 – 177.

GOODMAN, J. A.; *MALECH*, A. R.; *MARRA*, T. R. (1987): Beschwerdepolitik unter Kosten-/Nutzen-Gesichtspunkten – Lernmöglichkeiten aus den USA. In: *HANSEN*, U.; *SCHOENHEIT*, I. (Hg. 1987): Verbraucherzufriedenheit und Beschwerdeverhalten. Frankfurt/M.; New York: Campus, S. 165 – 202.

GRABICKE, K. (1980): Consumer Satisfaction, Dissatisfaction and Complaining Behavior. Paper Presented at the Fifth Annual Colloquium of the European Association of Economic Psycholists, Leuven and Brussels.

GRABICKE, K.; *SCHAETZLE*, T.; *STAUBACH*, F. (1983): Persönlichkeitseigenschaften als Indikatoren für die Prognose von Konsumentenverhalten – Empirische Untersuchung zum Reklamationsverhalten. In: *HANSEN*, U.; *SCHOENHEIT*, I. (Hg. 1987): Verbraucherzufriedenheit und Beschwerdeverhalten. Frankfurt/M.; New York: Campus, S. 141 – 161.

GREYSER, S. A.; *DIAMOND*, R. A. (1974): Business is Adapting to Consumeris. In: Harvard Business Review, Sept./Oct. 1974, S. 38 – 58.

GRUNERT, K. G.; *STUPENING*, E. (1981): Werbung – ihre gesellschaftliche und ökonomische Problematik. Frankfurt/M., New York: Campus.

HAHN, D.; *KRYSTEK*, U. (1978): Betriebliche und überbetriebliche Frühwarnsysteme für die Industrie. In: Zeitschrift für betriebswirtschaftliche Forschung, H. 2, S. 76 – 88.

HANSEN, U. (1979): Verbraucherabteilungen als Frühwarnsysteme. In: Zeitschrift für Betriebswirtschaft, 49. Jg., Ergänzungsheft 2, S. 120 – 134.

HANSEN, U. (1982): Die Stellung der Konsumenten im Prozeß der unternehmerischen Produktentwicklung. In: Marketing, 4. Jg., H. 1, S. 27 – 36.

HANSEN, U.; *SCHOENHEIT*, I. (1985): Die Verbraucherabteilung – Eine Form des Dialogs zwischen Unternehmen mit Verbrauchern. In: *HANSEN*, U.; *SCHOENHEIT*, I. (Hg. 1985): Verbraucherabteilungen in privaten und öffentlichen Unternehmen. Frankfurt/M.: Campus, S. 13 – 23.

HANSEN, U.; *SCHOENHEIT*, I. (1986): Consumer Affairs Departements. A Report on Their Developement in the United States and Their Transferability to the Federal Republic of Germany. In: Journal of Consumer Policy, 9 (1986), S. 445 – 468.

HANSEN, U.; *SCHOENHEIT*, I. (Hg. 1987): Verbraucherzufriedenheit und Beschwerdeverhalten. Frankfurt/M.; New York: Campus.

HANSEN, U.; *SCHOENHEIT*, I. (1987): Verbraucherzufriedenheit und Beschwerden – Strategische Herausforderungen für Unternehmen und Verbraucherorganisationen In: HANSEN, U.; SCHOENHEIT, I. (Hg. 1987): Verbraucherzufriedenheit und Beschwerdeverhalten. Frankfurt/M.; New York: Campus, S. 11 – 27.

HANSEN, U.; *SCHOENHEIT*, I. (Hg. 1985): Verbraucherabteilungen in privaten und öffentlichen Unternehmen. Frankfurt/M.; New York: Campus.

HANSEN, U.; *STAUSS*, B. (1979): Verbraucherabteilungen in Unternehmen – eine Chance für Unternehmen und Verbraucher? In: *HANSEN*, U.; *STAUSS*, B.; *RIEMER*, M. (Hg. 1982): Marke ting und Verbraucherpolitik. Stuttgart: Poeschel, S. 488 – 493.

HANSEN, U.; *STAUSS*, B. (1982): Marketing und Verbraucherpolitik – Ein Überblick. In: *HANSEN*, U.; *STAUSS*, B.; *RIEMER*, M. (Hg. 1982): Marketing und Verbraucherpolitik. Stuttgart: Poeschel, S. 2 – 20.

HANSEN, U.; *STAUSS*, B. (1985): Funktionen einer Verbraucherabteilung und Kriterien ihrer Einrichtung. In: *HANSEN*, U.; *SCHOENHEIT*, I. (Hg. 1985): Verbraucherabteilungen in privaten und öffentlichen Unternehmen. Frankfurt/M.: Campus, S. 149 – 172.

HANSEN, U.; *STAUSS*, B.; *RIEMER*, M. (Hg. 1982): Marketing und Verbraucherpolitik. Stuttgart: Poeschel.

HARDINGHAUS, H.; *MILDNER*, R. (1983): Verbraucherbeteiligung: Konsumfreiheit und Konsumentenmacht. Hamburg: Rohrberg.

HAUFF, V.; *SCHARPF*, F. W. (1975): Modernisierung der Volkswirtschaft. Technologiepolitik als Strukturpolitik. Frankfurt/M.; Köln: Europäische Verlagsanstalt (EVA).

HEINEN, E. (1973): Determinanten des Konsumentenverhaltens – Zur Problematik der Konsumentensouveränität. In: *KOCH*, H. (Hg.): Zur Theorie des Absatzes. Wiesbaden: Gabler, S. 81 – 130.

von der HEYDEN, E.(1982): Marketing unter ökonomischen und gesellschaftlichen Gesichtspunkten. Inaugural-Dissertation, Freie Universität Berlin.

HILDEBRANDT, L.; *TROMMSDORFF*, V. (1987): Die Messung der Versorgungsqualität und Zufriedenheit der Konsumenten. In: *HANSEN*, U.; *SCHOENHEIT*, I. (Hg. 1987): Verbraucherzufriedenheit und Beschwerdeverhalten. Frankfurt/M.; New York: Campus, S. 99 – 119.

HILLMANN, K.-H. (1976): Consumerism und Marketingreform. In: *SPECHT*, K.G.; *WISWEDE*, G. (Hg. 1976): Marketing-Soziologie. Berlin: Dunker & Humblot, S. 413 – 437.

HILLMANN, K.-H. (1982): Wörterbuch der Soziologie. 3. Aufl.; Stuttgart: Kröner.

HIMMELMANN, G. (1976): Bedürfnisse – Interessen – Politik. Ansätze einer verteilungsorientier ten Analyse der Gesellschaft. In: Gegenwartskunde. Zeitschrift für Gesellschaft, Wirtschaft, Politik und Bildung, 1, S. 105 – 134.

HINTERHUBER, H.; *HOLLEIS*, W. (1988): Gewinner im Verdrängungswettbewerb – Wie man durch Verbindung von Unternehmensstrategie und Unternehmenskultur zu einem führenden Wettbewerber werden kann. In: Journal für Betriebswirtschaft, 38. Jg.,H. 1 – 2 , S. 2 – 8.

VON HIPPEL, E.A. (1978): Users as Innovators. In: Technology Review, Jan. 1978, S. 31 – 39.

HIRSCHMAN, A. O. (1974): Abwanderung und Widerspruch. Tübingen: Mohr (Paul Siebeck).

HOFFMANN; A. L. (1982): Verbraucherinteresse als Informationsproblem. Frankfurt/M.: Lang.

HOWARD, J. H.; *SHETH*, J. N. (1969): The Theory of Buyer Behavior. New York: John Wiley & Sons, Inc.

HUNT, H.K. (1977): Conceptualization and Measurement of Consumer Satisfaction and Dissatisfaction. Cambridge, Mass.: Marketing Science Institute.

INGLEHART, R. (1985): New Perspectives on Value Change. In: Comperative Political Studies, Vol. 17, No. 4 (Jan. 1985).

JAHODA, M.; *DEUTSCH*, M.; *COOK*, S. W. (1976): Die Technik der Auwertung, Analyse und Interpretation. In: *KÖNIG*, R. (Hg. 1976): Das Interview. Köln: Kiepenheuer & Witsch, 10. Aufl., S. 271 – 289.

KAAS, K. P.; *RUNOW*, H. (1984): Wie befriedigend sind die Ergebnisse der Forschung zur Verbraucherzufriedenheit? In: *HANSEN*, U.; *SCHOENHEIT*, I. (Hg. 1987): Verbraucherzufriedenheit und Beschwerdeverhalten. Frankfurt/M.; New York: Campus, S. 79 – 98.

KENDALL, C. L.; *RUSS*, F. (1975): Warranty and Complaint Policies: An Opportunity for Marketing Management. In: Journal of Marketing 39 (April 1975), S. 36 - 43. Deutsch in: *HANSEN*, U.; *STAUSS*, B.; *RIEMER*, M. (Hg.1982): Marketing und Verbraucherpolitik. Stuttgart: Poeschel, S. 240 – 252.

KIESER, A.; *KUBICEK*, H. (1983): Organisation. 2. Aufl.; Berlin, New York: de Gruyter.

KLAGES, H. (1987): Indikatoren des Wertewandels. In: *von ROSENSTIEL*, L.; *EINSIEDLER*, H.; *STREICH*, R. (Hg. 1987): Wertewandel als Herausforderung für die Unternehmenspolitik. Stuttgart: Schäffer, S. 1 – 16.

KLEINING, G. (1982): Umriß zu einer Methodologie qualitativer Sozialforschung. In: Kölner Zeitschrift für Sozialforschung, Jg. 34, S. 224 – 248.

KNOBLICH, H.; *ARNOLD*, U. (1974): Marketing und Verbraucherschutz. In: Zeitschrift für Betriebswirtschaft, Nr. 1, S. 19 – 30.

KOCH, W. (1950): Grundlagen und Techniken des Vertriebes. Bd. 1; Berlin.

KOSCHNIK; W. J. (1986): Ratlos in die Zukunft: Marktforschung in der Sackgasse. In: Markenartikel, Jg. 48; S. 505 – 508.

KOTLER, P. (1972): What Consumerism means for Marketers. In: Harvard Business Review (May – June) S. 48 – 57. Deutsch in: *HANSEN*, U.; *STAUSS*, B.; *RIEMER*, M. (Hg. 1982): Marketing und Verbraucherpolitik. Stuttgart: Poeschel, S. 56 – 70.

KÖHLER, R. (1986): Profit Center im Marketing. In: *POTH*, L. G. (1986): Marketing. Neuwied: Luchterhand.

KRAFT, F. B. (1977): Characteristics of Consumer Complainers and Complaint Behavior. In: *DAY*, R. L. (Hg. 1977): Consumer Satisfaction, Dissatisfaction and Complaining Behavior. Bloomington: Indiana University.

KRAUS, H.; *PIBER*, H.; *von SASSEN*, H. ; *TICHY*, G. (1986): Schrumpfende Märkte. Eine neue Herausforderung für den Unternehmer. Wien: Signum.

KRAUSHAAR, P. M. (1969): New Products and Diversification. London.

KRIZ, J. (1973): Statistik in den Sozialwissenschaften. Reinbek bei Hamburg: Rowohlt.

KROEBER-RIEL, W. (1980): Konsumentenverhalten. 2. Aufl., München: Vahlen.

KRUPPA, A. (1986): Verbraucherpolitik in der Sozialen Marktwirtschaft. In: *MIELENHAUSEN*, E. (Hg. 1986): Verbraucherpolitik – Politik für Verbraucher? Osnabrücker Studien; Bd. 8/9; Osnabrück: Fachhochschule Osnabrück, S. 11 – 37.

KURZ, H.D. (1989): Privates Laster, Öffentliche Wohltat. In: DIE ZEIT, Nr. 21, 19.05.1989, S. 42 – 43.

LANDON, E. L. (1977): Consumer complaints: A marketing opportunity. In: *LA PLACA*, P. J. (Hg. 1977): Business Proceedings. The new role of the marketing professionals. Chicago, S. 245 – 250.

LEATHER, C. G. (1972): New Dimensions of Contervailing Power: Consumerism and Environmentalism. In: MSU Business Topics, Bd. 20, Nr. 1, S. 64 ff.

LIEFiELD, J. P.; *EDGECOMBE*, H. C.; *WOLFE*, L. (1975): Demographic Characteristics of Canadian Consumer Complainers. In: Journal of Consumer Affairs, Vol. 9; Summer; S. 73 – 80.

LINDHOFF, H.; *ÖLANDER*, F. (1971): Der Einfluß der Konsumenten auf die Entwicklung neuer Produkte. In: *HANSEN*, U.; *STAUSS*, B.; *RIEMER*, M. (Hg. 1982): Marketing und Verbraucherpolitik. Stuttgart: Poeschel, S. 161 – 180.

LINNERT, P. (1970): Die neuen Techniken des Marketing. Eine Untersuchung über System und Aufgaben der Marketingpolitik. 2. Aufl.; München: Moderne Industrie.

MC GUIRE, P.E. (1973): The Consumer Affairs Departement: Organisation and Functions. A research report from the Conference Board. New York: The Conference Board.

MEFFERT, H. (1973): Konsumerismus – neue Dimension des Marketing. In: Der Markenartikel, 6/1973, S. 320 – 331.

MEFFERT, H. (1975): Marketing und Konsumerismus. In: Zeitschrift für Betriebswirtschaft, Jg. 45; H. 2; S. 68 – 90.

MEFFERT, H. (1982): Kundendienst-Mangement. Entwicklungstand und Entscheidungsprobleme der Kundendienstpolitik. Frankfurt/M.: Lang.

MEFFERT, H. (1982 a): Der Kundendienst als Marketinginstrument – Einführung in die Problemkreise des Kundendienst-Managements. In: *MEFFERT*, H. (Hg. 1982): Kundendienst-Management. Frankfurt/M.; Bern: Lang, S. 1 – 30.

MEFFERT, H. (1982 b): Interdepedenzen und Koordination zwischen Marketing und Kundendienst. In: *MEFFERT*, H. (Hg. 1982): Kundendienst-Management. Frankfurt/M.; Bern: Lang; S. 171 – 201.

MEFFERT, H.; *BRUHN*, M. (1979): Griesgram im Griff. In: Absatzwirtschaft, 22. Jg., H. 3; S. 106 – 108.

MEYER-DOHM, P. (1965): Sozialökonomische Aspekte der Konsumfreiheit. Untersuchungen zur Stellung des Konsumenten in der marktwirtschaftlichen Ordnung. Freiburg: Rombach.

MIELENHAUSEN; E. (Hg. 1986): Verbraucherpolitik – Politik für Verbraucher? Osnabrücker Studien; Bd. 8/9; Osnabrück: Fachhochschule Osnabrück.

MÜLLER-HEUMANN, G. (1971): Consumerism – Das Ende des Marketing? In: Der Markt, H. 40; S. 109 – 117.

NIESCHLAG, R.; *DICHTL*, E.; *HÖRSCHGEN*, H. (1976): Marketing. 9. Aufl.; Berlin: Duncker & Humblot.

ÖLANDER, F. (1977): Can Consumer Dissatisfaction and Complaints Guide Public Consumer Policy? In: Zeitschrift für Verbraucherpolitik/ Journal of Consumer Policy, 1. Jg., S. 124 – 137.

o. V. (1954): Stichwort Interesse. In: Der große Brockhaus. 16. Aufl., 5. Bd.; Wiesbaden, S. 705.

o. V. (1976): Der europäische Verbraucher: Seine Sorgen, Anliegen und seine Informationen. Brüssel: Europäische Gemeinschaft, Hekt. Man. (X/309/76.D).

o. V. (1987): Geschäftsbericht 1987 der Verbraucherzentrale Baden-Württemberg e.V., Stuttgart.

o. V. (11/1988): Unternehmen bitten Kunden an den "Parlaments"-Tisch. In: Verbraucher Aktuell, 8. Jg., H. 11.

o. V. (1988): Werbung: Berieselung oder Information. In: Verbraucherrundschau, Nr. 10. Köln: Arbeitsgemeinschaft der Verbraucherverbände e.V.

o. V. (1989 a): Wirtschaften heißt Wert schaffen. In: forum, Zeitschrift für Fach- und Führungsnachwuchs, 5. Jg., Nr. 5, S. 8 – 19.

o. V. (1989 b): Messe Schnellinformation: DOMOTECHNICA '89 – Neuheiten. Frankfurt: Hauptberatungsstelle für Elektrizitätsanwendung – HEA e.V.

PETERS, T. J.; *WATERMAN*, R. H. jun. (1984): Auf der Suche nach Spitzenleistungen: Was man von den bestgeführten US-Unternehmen lernen kann. Landsberg/Lech: Verlag Moderne Industrie.

PICOT, A. (1975): Betriebswirtschaftliche Umweltbeziehungen und Umweltinformationen. Grundlagen einer erweiterten Erfolgsbeurteilung von Unternehmungen. Unveröff. Manuskript, München.

PICOT, A. (1982): Der Verbraucher in der sozialen Rechnungslegung. In: *HANSEN*, U.; *STAUSS*, B.; *RIEMER*, M. (Hg. 1982): Marketing und Verbraucherpolitik. Stuttgart: Poeschel, S. 509 – 528.

POTH, L. G. (1986): Grundlagen des Marketing. In: *POTH*, L. G. (Hg. 1986): Marketing. Neuwied: Luchterhand.

RAABE, TH. (1984): Beschwerden als Informationsträger für die Marketingplanung. In: *HANSEN*, U. (Hg. 1984): Konsumentenzufriedenheit und unternehmerische Beschwerdepolitik. Hannover.

RAABE, TH. (1985): Das Dialogkonzept: Grundlagen einer einzelwirtschaftlichen Perspektive. In: *HANSEN*, U.; *SCHOENHEIT*, I. (Hg. 1985): Verbraucherabteilungen in privaten und öffentlichen Unternehmen. Frankfurt/ M.; New York: Campus, S. 41 – 62.

RAFFEE, H.; *SPECHT*, G. (1982): Marketingwissenschaft und Verbraucherpolitik. In: *HANSEN*, U.; *STAUSS*, B.; *RIEMER*, M. (Hg. 1982): Marketing und Verbraucherpolitik. Stuttgart: Poeschel, S. 552 – 568.

REECE, M. M. (1954): The Effect of Shock on Recognition Thresholds. In: Journal of Abnormal Psychology, 49; S. 165 – 172.

REIFNER, U. (1986): Verbraucherschutz – Vom Schutz des Marktes zum kollektiven Schutz des Konsums. In: *MIELENHAUSEN*, E. (Hg. 1986): Verbraucherpolitik – Politik für Verbraucher? Osnabrücker Studien; Bd. 8/9; Osnabrück: Fachhochschule Osnabrück, S. 245 – 295.

REIFNER, U.; *GORGES*, I.; *SCHMIDTMANN*, A. (1980): Ansatzpunkte für eine selbstorientierter Verbraucherberatung. In: Journal for Consumer Policy, 4. Jg, H. 3, S. 212 – 230.

RENOUX, Y. (1973): Consumer Dissatisfaction and Public Policy. In: *ALLVINE*, F. C. (Hg. 1973): Policy and Marketing Practices. Chicago: American Marketing Association, S. 53 – 63.

RENOUX, Y. (1985): Die Verbraucherabteilung – Instrument eines strategischen Dialogs. In: *HANSEN*, U.; *SCHOENHEIT*, I. (Hg. 1985): Verbraucherabteilungen in privaten und öffentlichen Unternehmen. Frankfurt/ M.; New York: Campus, S. 132 – 145.

RICHINS, M. (1980): Consumer Perceptions of the Costs and Benefits Associated with Complaining. In: *DAY*, R.; *HUNT*, K. (Hg.): Refining Concepts and Measures of Consumer Satisfaction and Complaining Behavior. Bloomington: Indiana University, School of Business, Devision of Research, S. 50 – 53.

RICHINS, M. (1983): Negative Word-of-Mouth by Dissatisfied Consumers: A pilot Study. In: Journal of Marketing, Vol. 47; Winter 1983, S. 68 – 78.

RIEMER, M. (1986): Beschwerdemanagement. Frankfurt: Campus.

ROSENBAUM, R. M. (1972): A Dimensional Analysis of the Perceived Causes of Success and Failure. Ph. D. Dissertation, University of California, Los Angelos.

ROSENBERG, L. J.; *CZEPIEL*, J. A.; *COHEN*, L. (1977): Verbraucherorientierte Rechnungslegung – Bewertung und Analyse. In: *HANSEN*, U.; *STAUSS*, B.; *RIEMER*, M. (Hg. 1982): Marketing und Verbraucherpolitik. Stuttgart: Poeschel, S. 494 – 508.

ROSENBERGER, G. (1985): Dialog aus sozialer Verantwortung. In: *HANSEN*, U.; *SCHOENHEIT*, I. (Hg. 1985): Verbraucherabteilungen in privaten und öffentlichen Unternehmen. Frankfurt/ M.; New York: Campus, S. 27 – 39.

von ROSENSTIEL, L. ; *EINSIEDLER*, H. E.; *STREICH*, R. (1987): Wertewandel als Herausforderung für die Unternehmenspolitik. Stuttgart: Schäffer.

SCHERHORN, G. (1975): Verbraucherinteresse und Verbraucherpolitik. Göppingen: Schwartz.

SCHERHORN, G. (1983): Die Funktionsfähigkeit von Konsumgütermärkten. In: *IRLE*, M. (Hg. 1983): Marktpsychologie als Sozialwissenschaft, S. 45 – 150; Göttingen: Verlag für Psychologie Hogrefe.

SCHERHORN, G. (1987): Die Unzufriedenheit der Verbraucher. In: *HANSEN*, U.; *SCHOENHEIT*, I. (Hg.1987): Verbraucherzufriedenheit und Beschwerdeverhalten. Frankfurt/M.; New York: Campus, S. 31 – 48.

SCHNABL, H. (1979): Verhaltenswissenschaftliche Konsumtheorie. Stuttgart, Berlin, Köln, Mainz: Kohlhammer.

SCHOENHEIT, I. (1987): Beschwerdeinteraktion und Verbraucherinteresse. In: *FISCHER*, G. H. (Hg. 1987): Strategie und Taktik der Interaktion im Verkauf und Marketing. Gernsbach: Deutscher Betriebswirte Verlag, S. 147 – 167.

SCHÖNROCK, A. (1982): Die Gestaltung des Leistungsmix im marktorientierten Kundendienst. In: *MEFFERT*, H. (Hg. 1982): Kundendienst - Managment. Frankfurt/M.; Bern: Lang; S. 81 – 112.

SCHREYÖGG, G. (1985): Die Beteiligung von Verbraucherabteilungen am unternehmerischen Entscheidungsprozeß. In: *HANSEN*, U.; *SCHOENHEIT*, I. (Hg. 1985): Verbraucherabteilungen in privaten und öffentlichen Unternehmen. Frankfurt/ M.; New York: Campus, S. 197 – 208.

SCITOVSKY, T. (1977): Psychologie des Wohlstands. Frankfurt/M.: Campus.

SELIGMAN, M. E. (1975): Helplessness. San Francisco. *Deutsch (1979):* Erlernte Hilflosigkeit. München: Urban und Schwarzenberg.

SELTER, G. (1973): Idee und Organisation des Konsumerismus – Eine empirische Untersuchung der Konsumerismusbewegung in den USA. In: Soziale Welt, Jg. 24, H. 2/3, S. 185 - 205.

SETTLE, R. B.; *GOLDEN*, L. L. (1974): Attribution and Action – When Product Fails. Fifth Annual Conference of the Association of Consumer Research, Chicago.

SMITH, N.C. (1985) Consumer Boycotts and Consumer Souvereignity. In: European Journal of Marketing 21, 5, S. 7 – 19.

SPECHT, G. (1979): Die Macht aktiver Konsumenten. Stuttgart: Poeschel.

SPECHT, K. G.; *WISWEDE*, G. (1976): Marketing-Soziologie – ein neuer Forschungsansatz. In: *SPECHT*, K. G.; *WISWEDE*, G. (Hg. 1976): Marketing-Soziologie. Soziale Interaktion als Determinanten des Marktverhaltens. Berlin: Dunker & Humblot, S. 11 – 25.

STAUSS, B. (1985): Strategische Marketingreaktionen auf verbraucher- und umweltpolitische Herausforderungen – ein Erklärungsmodell. In: *HANSEN*, U.; *SCHOENHEIT*, I. (Hg. 1985): Verbraucherabteilungen in privaten und öffentlichen Unternehmen. Frankfurt/ M.; New York: Campus, S. 65 – 108.

STAUSS, B. (1987): Verbraucherzufriedenheit und Wertwandel. In: *HANSEN*, U.; *SCHOENHEIT*, I. (Hg.1987): Verbraucherzufriedenheit und Beschwerdeverhalten. Frankfurt/M.; New York: Campus, S. 67 – 77.

STEINMANN, H. (1969): Das Großunternehmen im Interessenkonflikt. Ein wirtschaftswissenschaftlicher Diskussionsbeitrag zu Grundfragen der Unternehmensordnung in hochentwickelten Industriegesellschaften. Stuttgart: Poeschel.

STEINMANN, H.; *GERUM*, E. (1978): Die Unternehmung als Koalition. In: Wirtschaftswissenschaftliches Studium (WiSt), 7. Jg.; Nr. 10; S. 469 – 475.

STEINMANN, H.; *GERUM*, E. (1982): Zur Reform der Unternehmensverfassung – Über einige Begründungsprobleme und Modellvorstellungen. Nürnberg.

STIDSEN, B.; *SCHUTTE*, T. F. (1972): Marketing as a Communication System – The Marketing Concept Revisited. In: Journal of Marketing, October 1972, S. 22 – 27.

STINNER, R. (1976): Konsumenten als Organisationsteilnehmer. Frankfurt/M.: Haag + Herrchen.

STITZEL, M. (1977): Unternehmerverhalten und Gesellschaftspolitik. Stuttgart; Berlin; Köln; Mainz.

TARP (Technical Assistance Research Programs Inc.; 1979): Consumer Complaint Handling in America: Final Report. Washington D.C.: United States Departement of Health, Education and Welfare.

TARP (Technical Assistance Research Programs Inc.; 1984): Improving the Utility and Impact of Consumer Communication Activity Reports. Working Paper.

THE NIELSEN RESEARCHER (1974), No. 1; S. 12 – 13.

TRIVOLI, G.W. (1972): Has the Consumer really lost his Souvereignity? In: *GAEDEKE*, R.M.; *ETCHESON*, W.W. (eds, 1972): Consumerism: Viewpoints from Business, Government and the Public Interest. San Francisco: Canfield Press, S. 48 – 56.

VOLLRATH, M. (1988): Studentinnen: Stress und Stressbewältigung im Studium. Frankfurt/M.; New York: Campus.

WÄCHTER, H. (9177): Zusammenhänge zwischen Marketing und Humanisierung der Arbeit. In: *FISCHER-WINKELMANN*, W. R.; *ROCK*, R. (Hg. 1977): Marketing und Gesellschaft. Wiesbaden: Gabler, S. 215 – 225.

WALL, M.; *DICKEY*, L. E.; *TALARZYK*, W. W. (1977): Predicting and Profiling Consumer Satisfaction and Propensity to Complain. In: *DAY*, R. L. (ed. 1977): Consumer Satisfaction, Dissatisfaction and Complaining Behavior; Bloomington: Indiana University, S. 91 – 101.

WARLAND, R. H.; *HERMANN*, R. O.; *WILLIS*, J. (1975): Dissatisfied Consumers: Who Gets Upset and Who Takes Action. In: Journal of Consumer Affairs, Vol. 9, No. 2, S. 146 – 163.

WEBER, M. (1972): Wirtschaft und Gesellschaft. Grundriß der verstehenden Soziologie. 5. rev. Aufl., Tübingen: Mohr.

WEBSTER, F. E. Jr. (1973): Does Business Misunderstand Consumerism? In: Harvard Business Review, 51. Jg., Nr. 5, S. 89 – 97.

WEINER, B. (1972): Theories of Motivation: From Mechanism to Cognition. Chicago. *Deutsch (1976):* Theorien der Motivation. Stuttgart: Klett.

WIEKEN, K. (1974): Die schriftliche Befragung. In: *V. KOOLWIJK*, J.; *WIEKEN-MAISER*, M. (Hg. 1974): Techniken der empirischen Sozialforschung, Bd. 4, München: Oldenbourg, S. 146 – 161.

WIEKEN, K. (1976): Die Organisation der Verbraucherinteressen im internationalen Vergleich. Göttingen: Schwartz & Co.

WIKSTRÖM, S. (1984): Consumer Dissatisfaction: Scope and Policy Implications. In: European Management Journal, Vol. 2, No. 4, S. 48 – 56.

WIKSTRÖM, S. (1985): Kundenkontakte von privaten und öffentlichen Unternehmen in Schweden. In: *HANSEN*, U.; *SCHOENHEIT*, I. (Hg. 1985): Verbraucherabteilungen in privaten und öffentlichen Unternehmen. Frankfurt/ M.; New York: Campus, S. 173 – 195.

WILK, L. (1975): Die postalische Umfrage. In: *HOLM*, K. (Hg. 1975): Die Befragung 1. München: UTB.

WIMMER, F. (1985): Beschwerdepolitik als Marketinginstrument. In: *HANSEN*, U.; *SCHOENHEIT*, I. (Hg. 1985): Verbraucherabteilungen in privaten und öffentlichen Unternehmen. Frankfurt/M.; New York: Campus, S. 225 – 254.

WIMMER, F. (1986): Die Interessen der Verbraucher. In: MIELENHAUSEN, E. (Hg. 1986): Verbraucherpolitik – Politik für Verbraucher? Osnabrücker Studien; Bd. 8/9; Osnabrück: Fachhochschule Osnabrück, S. 161 – 185.

WÖHE, G. (1981): Einführung in die allgemeine Betriebswirtschaftslehre. 14. Aufl., München: Vahlen.

ZAICHOWSKY, J.; *LIEFIELD*, J. (1974): Personality Profiles of Consumer Complaint Letter Writers. In: *DAY*, R. L. (Hg. 1977): Consumer Satisfaction, Dissatisfaction and Complaining Behavior. Bloomington: Indiana University.

FSC
www.fsc.org
MIX
Papier | Fördert
gute Waldnutzung
FSC® C083411

Kolibri 360 GmbH
Ferdinand-Jühlke-Straße 7
99095 Erfurt, Deutschland
produktsicherheit@kolibri360.de

Druck:
CPI Druckdienstleistungen GmbH
im Auftrag der
Kolibri 360 GmbH
Ferdinand-Jühlke-Str. 7
99095 Erfurt